PRÁTICA PENAL

DIOGO TOSCANO

GEOVANE MORAES

5ª EDIÇÃO

Copyright © 2023 by Editora Letramento
Copyright © 2023 by Diogo Toscano
Copyright © 2023 by Geovane Moraes

Diretor Editorial Gustavo Abreu
Diretor Administrativo Júnior Gaudereto
Diretor Financeiro Cláudio Macedo
Logística Daniel Abreu e Vinícius Santiago
Comunicação e Marketing Carol Pires
Assistente Editorial Matteos Moreno e Maria Eduarda Paixão
Designer Editorial Gustavo Zeferino e Luís Otávio Ferreira

Conselho Editorial Jurídico

Alessandra Mara de Freitas Silva	Edson Nakata Jr	Luiz F. do Vale de Almeida Guilherme
Alexandre Morais da Rosa	Georges Abboud	Marcelo Hugo da Rocha
Bruno Miragem	Henderson Fürst	Nuno Miguel B. de Sá Viana Rebelo
Carlos María Cárcova	Henrique Garbellini Carnio	Onofre Alves Batista Júnior
Cássio Augusto de Barros Brant	Henrique Júdice Magalhães	Renata de Lima Rodrigues
Cristian Kiefer da Silva	Leonardo Isaac Yarochewsky	Salah H. Khaled Jr
Cristiane Dupret	Lucas Moraes Martins	Willis Santiago Guerra Filho

Todos os direitos reservados. Não é permitida a reprodução desta obra sem aprovação do Grupo Editorial Letramento.

Dados Internacionais de Catalogação na Publicação (CIP)
Bibliotecária Juliana da Silva Mauro – CRB6/3684

T713p   Toscano, Diogo
Prática penal / Diogo Toscano ; Geovane Moraes. - 5. ed. - Belo Horizonte : Letramento, 2023.
320 p. ; 23 cm.
Inclui Bibliografia.
ISBN 978-65-5932-408-8
1. Direito penal. 2. Prática penal. 3. Direito. I. Moraes, Geovane. II. Título.
CDU: 343.2   CDD: 345

Índices para catálogo sistemático:
1. Direito penal 343.2
2. Direito penal 345

LETRAMENTO EDITORA E LIVRARIA
Caixa Postal 3242 – CEP 30.130-972
r. José Maria Rosemburg, n. 75, b. Ouro Preto
CEP 31.340-080 – Belo Horizonte / MG
Telefone 31 3327-5771

É O SELO JURÍDICO DO
GRUPO EDITORIAL LETRAMENTO

1. TEMAS INICIAIS

9	1. CITAÇÃO	20	3. COMPETÊNCIA
9	1.1. CONCEITO	20	1. CRITÉRIOS FIXADORES DA COMPETÊNCIA
10	1.2. ESPÉCIES DE CITAÇÃO	21	2. CRITÉRIOS MODIFICADORES DE COMPETÊNCIA
13	1.3. DISPOSIÇÕES FINAIS		
15	2. REJEIÇÃO LIMINAR DA DENÚNCIA OU QUEIXA	23	4. PRELIMINARES
		23	4.1. CONCEITO
15	2.1. INÍCIO DA AÇÃO PENAL	24	4.2. ESPÉCIES DE PRELIMINARES
16	2.2. HIPÓTESES DE REJEIÇÃO LIMINAR DA DENÚNCIA OU QUEIXA	28	DICAS RÁPIDAS
18	APROFUNDAMENTO		

2. PRISÕES, MEDIDAS CAUTELARES E PEÇAS DE RESTITUIÇÃO DE LIBERDADE

31	1. CONCEITO DE PRISÃO	47	3. MEDIDAS CAUTELARES ALTERNATIVAS
32	2. ESPÉCIES DE PRISÃO		
32	2.1. PRISÃO EM FLAGRANTE	51	PEÇAS DE COMBATE À PRISÃO
32	2.1.1. CONCEITO:		
33	2.1.2. ETAPAS DA PRISÃO EM FLAGRANTE:	51	1. INTRODUÇÃO:
		51	DICA DE IDENTIFICAÇÃO DE PEÇA
37	2.1.3. ESPÉCIES DE PRISÃO EM FLAGRANTE:	52	2. RELAXAMENTO DE PRISÃO:
39	2.2. PRISÃO PREVENTIVA	55	CASO PRÁTICO 01
39	2.2.1. CONCEITO:	56	GABARITO DO CASO PRÁTICO 01
40	2.2.2. ELEMENTOS AUTORIZADORES DA PRISÃO PREVENTIVA:	56	3. LIBERDADE PROVISÓRIA:
44	2.3. PRISÃO TEMPORÁRIA		
44	2.3.1. CONCEITO:	61	CASO PRÁTICO 01
45	2.3.2. REQUISITOS PARA DECRETAÇÃO DA PRISÃO TEMPORÁRIA:	61	GABARITO DO CASO PRÁTICO 01
46	2.3.3. PRAZO DA PRISÃO TEMPORÁRIA:	62	4. REVOGAÇÃO DE PRISÃO PREVENTIVA:
47	OLHA O MACETE		
47	OBSERVAÇÕES FINAIS		

65	CASO PRÁTICO	69	GABARITO DO CASO PRÁTICO
66	GABARITO DO CASO PRÁTICO	70	VAMOS TREINAR?
68	CASO PRÁTICO	72	GABARITO

74   3. QUEIXA-CRIME:

74	1. INTRODUÇÃO	79	6. DIREITO DA QUEIXA-CRIME
74	1.1. AÇÃO PENAL PRIVADA	80	7. PEDIDOS DA QUEIXA-CRIME
76	1.2. QUEIXA-CRIME	81	8. PRAZO DA QUEIXA-CRIME
77	2. FUNDAMENTO DA QUEIXA-CRIME	82	9. QUEIXA-CRIME SUBSIDIÁRIA
77	3. ENDEREÇAMENTO DA QUEIXA-CRIME	83	DICAS RÁPIDAS
		84	CRIMES CONTRA A HONRA
78	4. APRESENTAÇÃO DA QUEIXA-CRIME	86	CASO PRÁTICO
		87	GABARITO DO CASO PRÁTICO
78	5. ESTRUTURA DA QUEIXA-CRIME	88	VAMOS TREINAR?
		92	GABARITO DO CASO PRÁTICO

94   4. DEFESA PRÉVIA E DEFESA PRELIMINAR

94	1. INTRODUÇÃO	98	5. DEFESA PRÉVIA NA LEI DE DROGAS
94	2. CONCEITO		
95	3. PREVISÃO LEGAL	101	CASO PRÁTICO
		102	GABARITO DO CASO PRÁTICO
95	4. DEFESA PRELIMINAR NOS CRIMES FUNCIONAIS AFIANÇÁVEIS	103	VAMOS TREINAR?
		104	DEFESA PRÉVIA
		106	GABARITO DO CASO PRÁTICO

107   5. RESPOSTA À ACUSAÇÃO

107	1. INTRODUÇÃO	108	4. PROCEDIMENTO DA RESPOSTA À ACUSAÇÃO
107	2. PREVISÃO LEGAL DA RESPOSTA À ACUSAÇÃO	109	5. DIREITO NA RESPOSTA À ACUSAÇÃO
108	3. PRAZO DA RESPOSTA À ACUSAÇÃO		

113	6. PEDIDOS NA RESPOSTA À ACUSAÇÃO	114	APROFUNDAMENTO
		121	CASO PRÁTICO
113	7. RESPOSTA À ACUSAÇÃO NO PROCEDIMENTO DO TRIBUNAL DO JÚRI	123	GABARITO DO CASO PRÁTICO
		124	VAMOS TREINAR?
		126	RESPOSTA À ACUSAÇÃO
114	8. RESPOSTA À ACUSAÇÃO NO JUIZADO ESPECIAL CRIMINAL	129	GABARITO DO CASO PRÁTICO

131 — 6. ALEGAÇÕES FINAIS POR MEMORIAIS

131	1. INTRODUÇÃO	142	CASO PRÁTICO
132	2. PREVISÃO LEGAL E PRAZO DOS MEMORIAIS	143	GABARITO DO CASO PRÁTICO
		144	6. AS ALEGAÇÕES FINAIS NO PROCEDIMENTO DO CRIMES CONTRA A VIDA (TRIBUNAL DO JÚRI)
133	3. PROCEDIMENTO DAS ALEGAÇÕES FINAIS		
134	4. DIREITO NAS ALEGAÇÕES FINAIS POR MEMORIAIS	149	VAMOS TREINAR?
		154	GABRITO DO CASO PRÁTICO
139	5. PEDIDOS NAS ALEGAÇÕES FINAIS POR MEMORIAIS		

156 — 7. APELAÇÃO

156	1. INTRODUÇÃO	172	GABARITO DO CASO PRÁTICO
157	2. PREVISÃO LEGAL E PRAZO DA APELAÇÃO	172	6. APELAÇÃO INTERPOSTA PELO ASSISTENTE DE ACUSAÇÃO
158	CUIDADO COM O PRAZO!		
160	3. PROCEDIMENTO DA APELAÇÃO	174	7. APELAÇÃO NO PROCEDIMENTO DOS CRIMES CONTRA A VIDA (2º ETAPA DO TRIBUNAL DO JÚRI)
161	4. DIREITO NA APELAÇÃO		
161	5. PEDIDOS NA APELAÇÃO		
165	CASO PRÁTICO	182	VAMOS TREINAR?
166	GABARITO DO CASO PRÁTICO	184	PADRÃO DE RESPOSTA
167	VAMOS TREINAR?	185	RECURSO DE APELAÇÃO

185	RAZÕES DO RECURSO DE APELAÇÃO	188	8. CONTRARRAZÕES DE APELAÇÃO
187	GABARITO DO CASO PRÁTICO		

194 — 8. RECURSO EM SENTIDO ESTRITO (RESE)

194	1. INTRODUÇÃO	207	6. RECURSO EM SENTIDO ESTRITO INTERPOSTO PELO ASSISTENTE DE ACUSAÇÃO
194	2. PREVISÃO LEGAL E PRAZO DO RECURSO EM SENTIDO ESTRITO		
201	3. PROCEDIMENTO DO RECURSO EM SENTIDO ESTRITO	210	7. RECURSO EM SENTIDO ESTRITO NO PROCEDIMENTO DOS CRIMES CONTRA A VIDA
202	4. DIREITO NO RECURSO EM SENTIDO ESTRITO	214	VAMOS TREINAR?
		215	PADRÃO DE RESPOSTA
203	5. PEDIDOS NO RECURSO EM SENTIDO ESTRITO	216	RECURSO EM SENTIDO ESTRITO (RESE)
205	CASO PRÁTICO	219	GABARITO DO CASO PRÁTICO
207	GABARITO DO CASO PRÁTICO	221	8. CONTRARRAZÕES DE RECURSO EM SENTIDO ESTRITO

224 — 9. EMBARGOS DE DECLARAÇÃO

224	1. INTRODUÇÃO	228	VAMOS TREINAR?
224	2. CABIMENTO	229	PADRÃO DE RESPOSTA
		229	EMBARGOS DE DECLARAÇÃO
225	3. FUNDAMENTO	230	GABARITO
226	4. PRAZO		

231 — 10. CARTA TESTEMUNHÁVEL

231	1. INTRODUÇÃO	232	4. PRAZO
231	2. FUNDAMENTO	234	CASO PRÁTICO
231	3. CABIMENTO	237	GABARITO

238 — 11. EMBARGOS INFRINGENTES E DE NULIDADE

238	1. INTRODUÇÃO	242	CASO PRÁTICO
238	2. COMPETÊNCIA PARA JULGAMENTO	243	PADRÃO DE RESPOSTA
		243	EMBARGOS DE INFRINGENTES E DE NULIDADE
239	3. FUNDAMENTO	245	GABARITO
240	4. PRAZO		

247 — 12. RECURSOS CONSTITUCIONAIS

247	1. INTRODUÇÃO	257	ESTRUTURA DO RECURSO EXTRAORDINÁRIO – REVISÃO
247	2. RECURSO ESPECIAL (RESP)		
249	3. RECURSO EXTRAORDINÁRIO (RE)	258	**5. RECURSO ORDINÁRIO CONSTITUCIONAL (ROC)**
250	4. PROCEDIMENTO DO RECURSO ESPECIAL E DO RECURSO EXTRAORDINÁRIO	260	ESTRUTURA DO RECURSO ORDINÁRIO CONSTITUCIONA – REVISÃO
		262	CASO PRÁTICO
255	ESTRUTURA DO RECURSO ESPECIAL – REVISÃO	262	GABARITO DO CASO PRÁTICO
		263	VAMOS TREINAR?
		264	PADRÃO DE RESPOSTA
		266	GABARITO

268 — 13. AGRAVO EM EXECUÇÃO

268	1. INTRODUÇÃO	271	**5. MÉRITO E PEDIDOS DO AGRAVO EM EXECUÇÃO**
269	2. FUNDAMENTO	273	ESTRUTURA DO AGRAVO EM EXECUÇÃO – REVISÃO
270	3. CABIMENTO	275	VAMOS TREINAR?
270	4. PROCEDIMENTO E PRAZO	276	PADRÃO DE RESPOSTA
		278	GABARITO DO CASO PRÁTICO

14. MANDADO DE SEGURANÇA

279	1. INTRODUÇÃO	282	4. PROCEDIMENTO DO MANDADO DE SEGURANÇA
282	2. FUNDAMENTO DO MANDADO DE SEGURANÇA	285	ESTRUTURA DO MANDADO DE SEGURANÇA - REVISÃO
282	3. PRAZO DO MANDADO DE SEGURANÇA	287	CASO PRÁTICO
		287	PADRÃO DE RESPOSTA
		290	GABARITO

15. HABEAS CORPUS

291	1. INTRODUÇÃO	297	2. FUNDAMENTO DO HABEAS CORPUS
292	1.1. HABEAS CORPUS SUBSTITUTIVO DE RECURSO	297	3. PROCEDIMENTO DO HABEAS CORPUS
294	1.2. HABEAS CORPUS SUCEDÂNEO DE REVISÃO CRIMINAL	298	4. DIREITO E PEDIDO
		301	ESTRUTURA DO HABEAS CORPUS - REVISÃO
295	1.3. HABEAS CORPUS IMPETRADO CONTRA DECISÃO QUE INDEFERIU PEDIDO LIMINAR	303	CASO PRÁTICO
		303	PADRÃO DE RESPOSTA
		306	GABARITO

16. REVISÃO CRIMINAL

307	1. INTRODUÇÃO	311	6. JUSTIFICAÇÃO PRÉVIA
307	2. PRESSUPOSTOS	312	ESTRUTURA DA REVISÃO CRIMINAL
308	3. COMPETÊNCIA	313	CASO PRÁTICO
308	4. PROCEDÊNCIA DA REVISÃO CRIMINAL	314	GABARITO DO CASO PRÁTICO
		315	VAMOS TREINAR?
310	5. LEGITIMIDADE	316	PADRÃO DE RESPOSTA
		318	GABARITO DO CASO PRÁTICO

1. TEMAS INICIAIS

1. CITAÇÃO

1.1. CONCEITO

Podemos conceituar citação como uma forma de comunicação processual, na qual dá-se ciência acerca da instauração da persecução penal contra determinada pessoa. Referido conceito não deve ser confundido com o de intimação ou mesmo o de notificação.

Com efeito, intimação é a comunicação feita quanto a ato já realizado, enquanto a notificação é a comunicação de ato que ainda irá ser praticado.

À título de exemplo: o réu é citado para apresentar a sua resposta à acusação e, posteriormente, intimado do teor de uma sentença penal absolutória. Por sua vez, a testemunha é notificada para comparecer à audiência de instrução e julgamento e prestar as suas declarações sobre os fatos apurados.

A citação inicial válida é parte indispensável à perfeita constituição da ação penal e, exatamente por isso, é que a sua ausência, ou o fato de estar viciada, gera **nulidade** do processo (art. 564, inciso III, "e", do CPP). Nesta esteira, o art. 352 do CPP estabelece os requisitos obrigatórios que deverão ser indicados no mandado de citação:

I. o nome do juiz;
II. o nome do querelante nas ações iniciadas por queixa;
III. o nome do réu, ou, se for desconhecido, os seus sinais característicos;
IV. a residência do réu, se for conhecida;
V. o fim para que é feita a citação;
VI. o juízo e o lugar, o dia e a hora em que o réu deverá comparecer;
VII. a subscrição do escrivão e a rubrica do juiz.

Interessante observar, ainda, a distinção entre circundação e circunduta:

A. Circundação: é o ato de julgar nula ou incapaz de produzir efeitos no processo uma citação;
B. Citação Circunduta: é a citação que foi anulada.

Vejamos as espécies de citação existentes em nosso ordenamento jurídico.

1.2. ESPÉCIES DE CITAÇÃO

No processo penal brasileiro, existem duas espécies de citação:

A. Citação real ou pessoal;
B. Citação ficta ou presumida.

A citação real ou pessoal – regra em nosso ordenamento – poderá ser realizada por mandado, carta precatória, ou carta rogatória. Por outro lado, a citação ficta ou presumida – medida excepcional – pode ser realizada por hora certa ou por edital. Confira-se:

I. Por mandado (regra geral): Quando o acusado está em local certo e sabido, e no território sujeito a jurisdição do juiz que ordenou a citação (art. 351 do CPP):

> Art. 351. A citação inicial far-se-á por mandado, quando o réu estiver no território sujeito à jurisdição do juiz que a houver ordenado.

II. Por carta precatória: Quando o acusado está em local certo e sabido, mas no território diferente da comarca processante (art. 353 do CPP):

> Art. 353. Quando o réu estiver fora do território da jurisdição do juiz processante, será citado mediante precatória.

A citação por carta precatória observa o seguinte procedimento:

- Comarca deprecante – expede a carta;
- Comarca deprecada – recebe a carta;
- Expedição do mandado para efetiva citação do réu.

Aliás, se durante o cumprimento da precatória, o oficial de justiça verificar que o citando se encontra em local certo e sabido, no entanto, em comarca diversa da deprecada, deverá comunicar esse fato ao juízo deprecado, para que haja a remessa dos autos da precatória para outro juízo (novo juízo deprecado), para fins de efetivo cumprimento da citação. Trata-se, pois, da denominada Carta Precatória Itinerante.

Contudo, nas comarcas contíguas de fácil comunicação e nas que se situem na mesma região metropolitana, o oficial de justiça poderá efetuar, em qualquer delas, citações, intimações, notificações, penhoras e quaisquer outros atos executivos (art. 255 do CPC).

III. Por carta rogatória: Quando o citando estiver em local certo e sabido, todavia, fora do território brasileiro (art. 368 do CPP):

> Art. 368. Estando o acusado no estrangeiro, em lugar sabido, será citado mediante carta rogatória, suspendendo-se o curso do prazo de prescrição até o seu cumprimento.

A carta rogatória será expedida pelo magistrado e encaminhada ao Ministério da Justiça, o qual, homologando-a, remeterá ao Ministério das Relações Exteriores para fins de cumprimento no país estrangeiro (Justiça rogada). Importante se observar que a sua tramitação dependerá da existência de acordo de cooperação jurídica entre as respectivas autoridades (tratado assinado pelo Brasil e pelo país onde se pretende cumprir a citação).

IV. Por hora certa: Quando o réu se encontra em local certo e sabido, entretanto, segundo a percepção do oficial de justiça, oculta-se para não ser citado (art. 362 do CPP e arts. 252 a 254 do CPC):

> Art. 362. Verificando que o réu se oculta para não ser citado, o oficial de justiça certificará a ocorrência e procederá à citação com hora certa, na forma estabelecida nos arts. 227 a 229 da Lei no 5.869, de 11 de janeiro de 1973 – Código de Processo Civil.
> Parágrafo único. Completada a citação com hora certa, se o acusado não comparecer, ser-lhe-á nomeado defensor dativo.

Merecem atenção as minúcias que envolvem o procedimento a ser adotado pelo Oficial de Justiça nesse caso. Isto é, para que se proceda à citação por hora certa não basta que se dirija uma única vez à residência do réu e, constatando a sua ausência, de logo, seja certificada a citação por hora certa do acusado.

Com efeito, há que se comparecer por 2 (duas) vezes ao local e, notando-se que o denunciado está se ocultando para evitar o cumprimento do mandado, o Oficial de Justiça deverá intimar qualquer pessoa da família ou, em sua falta, qualquer vizinho, de que, no dia útil imediato, voltará a fim de efetuar a citação, na hora que designar, nos termos do preconizado no art. 252 do Código de Processo Civil:

> Art. 252. Quando, por 2 (duas) vezes, o oficial de justiça houver procurado o citando em seu domicílio ou residência sem o encontrar, deverá, havendo suspeita de ocultação, intimar qualquer pessoa da família ou, em sua falta, qualquer vizinho de que, no dia útil imediato, voltará a fim de efetuar a citação, na hora que designar.
> Parágrafo único. Nos condomínios edilícios ou nos loteamentos com controle de acesso, será válida a intimação a que se refere o caput feita a funcionário da portaria responsável pelo recebimento de correspondência.

Cumpridas essas determinações, o Oficial de Justiça retornará no dia e hora designados e, não encontrando o citando, dará por feita a citação, ainda que ele se tenha ocultado em outra comarca, seção ou subseção judiciárias.

V. Por Edital: Quando o denunciado estiver em local incerto ou não sabido, isto é, não se sabe precisar com exatidão onde ele está, a citação ocorrerá por edital. O CPP dispõe que se o réu não for encontrado, será citado por edital, com prazo de 15 (quinze) dias (art. 361).

Dessa forma, comparecendo o acusado citado por edital, em qualquer tempo, o processo observará o disposto nos arts. 394 e seguintes do CPP. Por outro lado, não havendo o seu comparecimento, ou a constituição de advogado, ficarão <u>SUSPENSOS</u> o processo e o curso do prazo prescricional (art. 366, CPP).

Não obstante, essa suspensão do processo não é de natureza absoluta, pois poderá ser determinar diligências consideradas imprescindíveis, tais como a oitiva de testemunhas; produção de provas que tendem a desaparecer com o tempo e que não poderiam ser repetidas; requerimento a empresas de telefonia, operadores de cartões de crédito ou instituições bancarias de dados do citando, objetivando identificar seu paradeiro; requisição de acesso ao BACEN JUD para averiguar movimentações financeiras do réu; e, até mesmo, a decretação de prisão preventiva, desde de presentes os requisitos dos art. 312 e os pressupostos do art. 313, ambos do CPP.

CUIDADO: Na citação por edital o prazo para apresentação de resposta à acusação também é de **10 (dez) dias**, mas este somente se iniciará quando o réu, ou o seu advogado, comparecer no cartório da vara onde tramita a ação penal. Ou seja, não havendo o seu comparecimento, ficarão suspensos o processo e o curso do prazo prescricional, nos termos do artigo 366 do Código de Processo Penal:

> Art. 366. Se o acusado, citado por edital, não comparecer, nem constituir advogado, ficarão suspensos o processo e o curso do prazo prescricional, podendo o juiz determinar a produção antecipada das provas consideradas urgentes e, se for o caso, decretar prisão preventiva, nos termos do disposto no art. 312.

A propósito, essa suspensão **não é *ad aeternum***, isto é, não é permanente, uma vez que o Colendo Superior Tribunal de Justiça considera que o máximo de suspensão do prazo prescricional é regulado pelo máximo da pena cominada, nos exatos termos do disposto na Súmula 415 daquele Tribunal Superior. Confira:

> PROCESSUAL PENAL. RECURSO ORDINÁRIO EM HABEAS CORPUS. ESTELIONATO MAJORADO TENTADO. CITAÇÃO POR EDITAL. SUSPENSÃO DO CURSO DO PROCESSO E DO PRAZO PRESCRICIONAL. TRANSCURSO DO PRAZO. RETOMADA DO PROCESSO.
> NULIDADE. AUSÊNCIA DE CITAÇÃO PESSOAL. INOCORRÊNCIA. MOTIVO QUE LEVOU À APLICAÇÃO DO ART. 366, DO CÓDIGO DE PROCESSO PENAL. RECURSO ORDINÁRIO DESPROVIDO.
> I – O prazo máximo de suspensão do curso do processo e do prazo prescricional regular-se-á pela pena máxima em abstrato cominada, observados os prazos de prescrição previstos no art. 109, do Código Penal, nos termos do Enunciado n. 415, da Súmula do STJ.
> II – Descabe falar-se em necessária citação pessoal da recorrente quando da retomada do processo, visto que o fato de não ter sido encontrada, quando da instauração da ação penal, deu ensejo à citação por edital e, por conseguinte, à suspensão do curso do processo e do prazo prescricional, de modo que, passados mais de 13 (treze) anos do fato em si, operou-se, sobre essa fase do processo, a preclusão, devendo o feito ter o seu regular prosseguimento. Recurso ordinário desprovido. (STJ, RHC 69.270/SP, Rel. Min. Felix Fischer, Quinta Turma, DJe 26/08/2016).

1.3. DISPOSIÇÕES FINAIS

Como dito anteriormente, a citação pessoal (real) é a regra em nosso ordenamento jurídico, podendo, em situações excepcionais, ser ficta (presumida). Ocorre que, existem 3 (três) situações em que a citação deve ser obrigatoriamente pessoal, sob pena de **nulidade**:

1ª. Quando o réu estiver preso (art. 360 do Código de Processo Penal):

> Art. 360. Se o réu estiver preso, será pessoalmente citado.

2ª. Quando se tratar de intimação do Ministério Público (art. 41, IV da Lei 8.625/1993 e art. 370, § 4º do CPP):

> Art. 41. Constituem prerrogativas dos membros do Ministério Público, no exercício de sua função, além de outras previstas na Lei Orgânica:
> [...]
> IV – receber intimação pessoal em qualquer processo e grau de jurisdição, através da entrega dos autos com vista;
> Art. 370. Nas intimações dos acusados, das testemunhas e demais pessoas que devam tomar conhecimento de qualquer ato, será observado, no que for aplicável, o disposto no Capítulo anterior.
> [...]
> § 4o A intimação do Ministério Público e do defensor nomeado será pessoal.

3ª. Quando se tratar de intimação da Defensoria Pública (art. 44, I, art. 89, I e art. 128, I da Lei Complementar nº 80/94 e art. 370, § 4º do CPP):

> Art. 44. São prerrogativas dos membros da Defensoria Pública da União:
> I – receber, inclusive quando necessário, mediante entrega dos autos com vista, intimação pessoal em qualquer processo e grau de jurisdição ou instância administrativa, contando-se-lhes em dobro todos os prazos;
> Art. 89. São prerrogativas dos membros da Defensoria Pública do Distrito Federal e dos Territórios:
> I – receber, inclusive quando necessário, mediante entrega dos autos com vista, intimação pessoal em qualquer processo e grau de jurisdição ou instância administrativa, contando-se-lhes em dobro todos os prazos;
> Art. 128. São prerrogativas dos membros da Defensoria Pública do Estado, dentre outras que a lei local estabelecer:
> I – receber, inclusive quando necessário, mediante entrega dos autos com vista, intimação pessoal em qualquer processo e grau de jurisdição ou instância administrativa, contando-se-lhes em dobro todos os prazos;

Ou seja, se o réu estiver preso em outra comarca, ainda que esta seja desconhecida, é vedada a sua citação na espécie ficta ou presumida (hora certa ou edital). Portanto, se o citando responde a processo em São Paulo/SP, mas está preso por outro crime em Brasília/DF, a sua citação será realizada mediante a expedição de carta precatória para Brasília/DF. Depois do seu recebimento, o magistrado de Brasília/DF designará a um Oficial de Justiça o mandado de citação, o qual deverá ser cumprido no estabelecimento prisional onde o citando se encontra, procedendo-se, assim, à sua citação pessoal.

Outra peculiaridade é a citação do militar. Isto porque, para figurar como réu na Justiça Comum, a citação do militar deverá ser feita através de expedição, por parte do magistrado, de ofício ao superior hierárquico que figure como comandante da unidade militar a qual o citando esteja diretamente vinculado (lotado), conforme preconiza o art. 358 do CPP:

> Art. 358. A citação do militar far-se-á por intermédio do chefe do respectivo serviço.

Por fim, **muito cuidado** com a contagem do prazo processual em relação à citação (mandado, precatória e hora certa). Nesses casos, o prazo se inicia no momento em que o citando for efetivamente encontrado para ser comunicado da sua citação, pois no processo penal, contam-se os prazos da data da intimação, e não da juntada aos autos do mandado ou da carta precatória ou de ordem, conforme preconiza a Súmula 710 do Egrégio Supremo Tribunal Federal:

> Súmula 710: No processo penal, contam-se os prazos da data da intimação, e não da juntada aos autos do mandado ou da carta precatória ou de ordem.

2. REJEIÇÃO LIMINAR DA DENÚNCIA OU QUEIXA

2.1. INÍCIO DA AÇÃO PENAL

A ação penal tem início logo após o **recebimento** da peça inicial acusatória e posterior citação do réu para se ver processado. O recebimento desta peça (denúncia ou queixa) instaura a ação penal a título precário, sendo necessária a efetiva citação do denunciado para que possa ser considerada como completa a gênese da ação, por força da intelecção do disposto no art. 363 do CPP.

É natural questionar se o magistrado poderá discordar, ou mesmo apresentar dúvidas, sobre as informações narradas na exordial acusatória nesse momento processual. Não obstante, a determinação de diligências para sanar esses pontos pelo magistrado somente poderá ocorrer após o recebimento da denúncia ou queixa. Ou seja, ao ser oferecida a peça acusatória, somente é possível o juiz se manifestar sobre a rejeição ou o seu recebimento.

Nesse passo, o art. 395 do Código de Processo Penal estabelece que a denúncia ou queixa deverá ser rejeitada quando for manifestamente inepta, faltar pressupostos processuais ou condição da ação, ou, por fim, estiver ausente a justa causa. Confira:

> Art. 395. A denúncia ou queixa será rejeitada quando:
> I – for manifestamente inepta;

II – faltar pressuposto processual ou condição para o exercício da ação penal; ou
III – faltar justa causa para o exercício da ação penal.

Oferecida a peça acusatória, o magistrado proferirá um despacho liminar de admissibilidade, o qual poderá ser positivo (recebimento da peça acusatória) ou negativo (presente uma das hipóteses de rejeição liminar da peça acusatória, nos termos do artigo 395 do Código de Processo Penal).

Havendo a rejeição liminar da peça acusatória, a ação penal não será iniciada e, por óbvio, sequer chegará a existir. Sendo recebida, será determinada a expedição de mandado de citação. Destaque-se que o recebimento da peça acusatória não carece de fundamentação, segundo posicionamento dos nossos tribunais superiores. E neste sentido, confira-se o entendimento da Colenda Corte Suprema:

> EMENTA DIREITO PENAL E PROCESSUAL PENAL. RECURSO EXTRAORDINÁRIO INTERPOSTO SOB A ÉGIDE DO CPC/1973. NEGATIVA DE PRESTAÇÃO JURISDICIONAL. ART. 93, IX, DA CONSTITUIÇÃO DA REPÚBLICA. RECEBIMENTO DA DENÚNCIA. FUNDAMENTAÇÃO. NULIDADE. INOCORRÊNCIA. DECISÃO AGRAVADA EM CONSONÂNCIA COM A JURISPRUDÊNCIA CRISTALIZADA DO SUPREMO TRIBUNAL FEDERAL. AGRAVO MANEJADO SOB A VIGÊNCIA DO CPC/1973.
> 1. Inexiste violação do art. 93, IX, da Constituição Federal. A jurisprudência do Supremo Tribunal Federal é no sentido de que "[...] o juízo positivo de admissibilidade da acusação penal, ainda que desejável e conveniente a sua motivação, não reclama, contudo, fundamentação". Precedentes: HC 101.971, Rel. Min. Cármen Lúcia, Primeira Turma, DJE de 05.9.2011; ARE 845.341-AgR, Rel. Min. Dias Toffoli, Segunda Turma, DJE de 28.9.2015; HC 138.413-AgR, Rel. Min. Roberto Barroso, Primeira Turma, DJE de 16.3.2017; RE 929.795-AgR, Rel. Min. Edson Fachin, Segunda Turma, DJE de 24.3.2017.
> 2. As razões do agravo regimental não se mostram aptas a infirmar os fundamentos que lastrearam a decisão agravada.
> 3. Agravo regimental conhecido e não provido. (STF, ARE 749864 AgR, Rel. Min. Rosa Weber, Primeira Turma, DJe 27/09/2017).

2.2. HIPÓTESES DE REJEIÇÃO LIMINAR DA DENÚNCIA OU QUEIXA

I. <u>Inépcia da inicial</u> (art. 395, I, do CPP):

Ocorre quando a peça acusatória não se prestar ao fim ao qual se destina. Uma peça acusatória tem objetivos muito específicos, ou seja, comprovar que o acusado cometeu uma infração penal, além de externar as circunstâncias e as consequências da conduta delituosa, requerendo-se, ao final, a sua condenação.

Entende-se como inepta toda denúncia ou queixa que apresentar uma deficiência de ordem subjetiva ou objetiva, decorrente da existência de lacunas, omissões, contradições, erros materiais ou quaisquer outros fatores que possam dificultar, reduzir ou impedir a manifestação da garantia constitucional fundamental da ampla defesa e da perfeita compreensão, por parte do magistrado, das situações fáticas relacionadas ao caso.

A inépcia da inicial poderá ser **formal** ou **de conteúdo**.

Será **formal** quando a peça acusatória deixar de apresentar um dos requisitos listados no artigo 41 do Código de Processo Penal. São eles:

1. Exposição do fato criminoso (com todas as circunstâncias);
2. Qualificação do acusado ou esclarecimento pelos quais se possa identificá-lo;
3. Classificação do crime; e,
4. Rol das testemunhas, quando necessário.

> **OBSERVAÇÃO:**
> Nem sempre a falta de elementos descritos no art. 41 do CPP provocará a rejeição liminar da peça acusatória. Para tanto, é necessária a ausência de um dos elementos essenciais, quais sejam:
> 1. Exposição do fato criminoso e suas circunstâncias;
> 2. Qualificação do acusado ou meios para identificá-los
> Portanto, a ausência de elementos adjutórios (classificação do crime e rol de testemunhas) não será capaz, por si só, de ensejar a rejeição da exordial acusatória.

A inépcia da inicial poderá ser, ainda, em razão do seu **conteúdo** (também chamado de inépcia por impossibilidade de intelecção ou decorrente).

Em síntese, são fatores que, normalmente, geram a inépcia da peça inicial: descrição de fatos de maneira truncada, incoerente, lacunosa ou impossível de terem ocorrido; inserção de agentes em concurso, quando inexistentes no caso concreto; falta de pedido claro de acusação; etc.

II. Se houver, dentro da peça acusatória, falta de pressuposto ou condição para a ação penal (art. 395, II, do CPP):

Os pressupostos processuais são os elementos que permitem identificar se, de fato, a denúncia ou queixa poderiam ser oferecidas pelo representante do MP, ou mesmo pelo ofendido. Dividem-se em pressupostos processuais de **existência**, associados ao nascimento da ação penal, e de **validade**, associados ao seu prosseguimento adequado. São exemplos de pressupostos processuais: a possibilidade formal de tutela penal, a originalidade da demanda e a competência material do juízo.

Já as condições para ação penal são as situações em que, estando satisfeitos os pressupostos, observar-se-á as peculiaridades do caso concreto. Ou seja, será verificada a existência de alguma regra genérica ou específica do processo penal. São exemplos de condições da ação: a legitimidade da parte, a representação do ofendido, quando a lei exigir, e a necessidade (ou interesse) *ad causam*.

III. Ausência de justa causa (art. 395, III, do CPP):

A **justa causa** é definida como um conjunto de elementos mínimos probatórios associados à materialidade do delito e à sua autoria. É imprescindível que a peça acusatória tenha apresentado de forma clara a prova da materialidade do crime **E** os indícios suficientes de autoria ou participação.

Os indícios suficientes de autoria ou participação do crime se configuram com indicativos de que o denunciado tenha **efetivamente participado** da empreitada criminosa, seja como autor ou partícipe. Por sua vez, a prova da materialidade do fato se caracteriza pela certeza de que o fato efetivamente existiu.

APROFUNDAMENTO

A rejeição da peça acusatória faz **coisa julgada formal**. Assim, retificado o erro ou o vício que ensejou a rejeição, é perfeitamente possível o intento de uma nova denúncia ou queixa-crime, desde que não haja manifesta causa extintiva de punibilidade. Por exemplo, o Ministério Público ofereceu denúncia contra 3 (três) acusados, todavia, o magistrado entendeu que as condutas ali narradas não foram suficientemente individualizadas, rejeitando-a. Nesse caso, poderá a acusação interpor recurso em sentido estrito (art. 581, I, do CPP) e levar a controvérsia para o Tribunal de 2ª Instância, ou então oferecer nova denúncia com as retificações necessárias, salvo se a pretensão punitiva já tiver sido fulminada.

Outra possibilidade é a rejeição parcial da denúncia. Por exemplo, o membro do MP ofereceu a denúncia contra determinada pessoa pela prática de 2 (dois) delitos. Ao analisar a denúncia, o magistrado poderá entender pela existência de elementos probatórios referentes a apenas uma das condutas. Ao assim concluir, a denúncia será recebida pela prática de uma conduta e rejeitada no tocante a outra. Nesta esteira:

> *Ementa: PENAL. PROCESSUAL PENAL. DENÚNCIA. CRIMES DE REDUÇÃO A CONDIÇÃO ANÁLOGA À DE ESCRAVO E DE ALICIAMENTO DE TRABALHADORES. DESNECESSIDADE DE VIOLÊNCIA FÍSICA PARA A OCORRÊNCIA DO DELITO. PARA A CARACTERIZAÇÃO DO DELITO BASTA A REITERADA OFENSA AOS DIREITOS FUNDAMENTAIS DO TRABALHADOR, VULNERANDO SUA DIGNIDADE COMO SER HUMANO. PRESCRIÇÃO QUANTO AO DELITO DE FRUSTRAÇÃO DE DIREITO TRABALHISTA. DENUNCIADO COM IDADE SUPERIOR A SETENTA ANOS. RECEBIMENTO PARCIAL DA DENÚNCIA. I – A inicial acusatória contemplou a qualificação do acusado, a classificação do crime e o rol de testemunhas, apresentou informações essenciais sobre a prática das condutas, preenchendo os requisitos do art. 41 do CPP. II – Prescrição da pretensão punitiva estatal em relação ao delito de frustração de direito trabalhista, considerando a pena máxima cominada ao tipo penal (dois anos de detenção) e o fato de o prazo do art. 109, V, do Código Penal necessitar ser reduzido à metade (art. 115 do CP); a prescrição é, inclusive, anterior à remessa dos autos a esta Corte. III – A jurisprudência do Supremo Tribunal Federal entende ser desnecessário haver violência física para a configuração do delito de redução à condição análoga à de escravo. É preciso apenas a coisificação do trabalhador, com a reiterada ofensa a direitos fundamentais, vulnerando a sua dignidade como ser humano (Inq 3.412, Redatora p/ Acórdão: Min. Rosa Weber, Tribunal Pleno, DJe 12/11/2012). IV – Presentes os indícios de materialidade e autoria, a denúncia foi parcialmente recebida para os crimes de redução a condição análoga à de escravo e de aliciamento de trabalhadores de um local para outro do território nacional, tipificados nos arts. 149 e 207, caput e § 1º, ambos do Código Penal.* (STF, Inq 3564, Rel. Min. Ricardo Lewandowski, DJe 17/10/2014).

Destaque-se, por fim, que, conquanto haja expressa previsão de cabimento de recurso contra a decisão que rejeitar a inicial acusatória, o nosso ordenamento jurídico não prevê qualquer recurso contra a decisão que recebê-la, podendo ser impetrado *habeas corpus* nas situações de flagrante e notória ilegalidade.

3. COMPETÊNCIA

Primeiramente, jurisdição é a aplicação do direito previsto em nosso ordenamento jurídico a um determinado caso. Ou seja, é o Poder-Dever do Estado de aplicar o direito. O Estado, ao assegurar o poder exclusivo de solução legal das demandas penais, detém o monopólio da jurisdição e retira dos cidadãos o exercício da autotutela. A jurisdição é o todo, do qual a competência é uma porção/uma parte e, por isso, não é razoável que uma única pessoa possa exercer, em todo o território nacional, referido Poder-Dever do Estado. Desta forma, delimitou e organizou-se os órgãos jurisdicionais por meio de critérios de competência.

A competência é dividida em absoluta ou relativa. A primeira não admite prorrogação, tendo em vista envolver interesse público, cabendo ser arguida em qualquer tempo e grau de jurisdição, inclusive, de ofício, sob pena de nulidade. A competência será absoluta em razão da matéria, de prerrogativa de função, do local e funcional (a depender da fase do processo, do objeto do juízo e em face do grau de jurisdição). Na competência relativa, sobressai o interesse das partes e se admite a prorrogação, ou seja, pode ser modificada, devendo ser observado o tempo de alegação, o qual, após passado, não se admitirá o reconhecimento da incompetência.

As regras de distribuição da competência têm previsão no art. 69 do Código de Processo Penal e podemos dividi-las em:

1. CRITÉRIOS FIXADORES DA COMPETÊNCIA

A. O lugar da infração: a competência pelo lugar da infração será determinada, em regra, pelo lugar onde o crime produziu o seu resultado, e no caso de tentativa o lugar do último ato de execução, conforme intelecção do art. 70 do CPP:

> Art. 70. A competência será, de regra, determinada pelo lugar em que se consumar a infração, ou, no caso de tentativa, pelo lugar em que for praticado o último ato de execução.

B. O domicílio do réu: a competência pelo domicílio do réu é subsidiária, ou seja, quando não é conhecido o lugar da infração, consoante dispõe o art. 72 do CPP:

> Art. 72. Não sendo conhecido o lugar da infração, a competência regular-se-á pelo domicílio ou residência do réu.

C. A natureza da infração: a competência pela natureza da infração será determinada pelas regras de organização judiciária de cada Estado, ressalvada a competência privativa do Tribunal do Júri, de acordo com o art. 74 do CPP:

> Art. 74. A competência pela natureza da infração será regulada pelas leis de organização judiciária, salvo a competência privativa do Tribunal do Júri.

D. A distribuição: a competência por distribuição ocorrerá quando, na mesma circunscrição judiciária, houver mais de um juiz competente para apreciar a demanda, conforme preconiza o art. 75 do CPP:

> Art. 75. A precedência da distribuição fixará a competência quando, na mesma circunscrição judiciária, houver mais de um juiz igualmente competente.

2. CRITÉRIOS MODIFICADORES DE COMPETÊNCIA

A. Conexão: Ocorre conexão nas hipóteses em que duas ou mais infrações são praticadas, possuindo, entre elas, um mesmo nexo causal. Ou seja, uma relação entre os fatos;

B. Continência: Ocorre continência quando uma única infração – uma única ação ou uma única omissão – produz vários resultados, ou ainda quando foi praticada por várias pessoas e, em decorrência, vários serão acusados pela mesma infração;

C. Prevenção: Ocorre quando, concorrendo dois ou mais juízes igualmente competentes ou com jurisdição cumulativa, um deles tiver antecedido aos outros na prática de algum ato do processo ou de medida a este relativa, ainda que anterior ao oferecimento da denúncia ou da queixa;

D. Prerrogativa de função: Ocorre quando o agente, em face das funções que desempenha, é julgado por determinado Tribunal. **Cuidado**, a competência por prerrogativa de função não visa resguardar a pessoa que exerce o cargo, e sim a própria função exercida.

OBSERVAÇÃO:

A competência constitucional do Tribunal do Júri prevalece sobre o foro por prerrogativa de função estabelecido exclusivamente pela Constituição Estadual (Súmula 721 do STF):

A competência constitucional do Tribunal do Júri prevalece sobre o foro por prerrogativa de função estabelecido exclusivamente pela constituição estadual.

Exemplo: Deputados Estaduais, Vereadores e Secretários de Estado têm sua prerrogativa definida na Constituição Estadual.

Muita atenção: a competência do Tribunal de Justiça para julgar prefeitos restringe-se aos crimes de competência da Justiça Comum Estadual; nos demais casos, a competência originária caberá ao respectivo Tribunal de Segundo Grau. Ou seja, se o crime praticado pelo Prefeito for federal ou eleitoral, deverá ele ser processado e julgado pelo TRF ou TRE, respectivamente. Contudo, se o crime for praticado por Juízes Estaduais e membros do Ministério Público Estadual, a competência será do Tribunal de Justiça Estadual, mesmo sendo crime federal, ressalvada a competência da Justiça Eleitoral.

Em relação à competência por prerrogativa de função, podemos fazer a seguinte correlação entre as funções nos Tribunais competentes para apreciação:

STF	STJ	TRF	TJ
1. Presidente e Vice-Presidente da República, Ministro da República e Ministros e Comandantes das Forças Armadas; 2. Ministros dos Tribunais Superiores e dos Tribunais de Contas da União; 3. Senadores e Deputados Federais; 4. Procurador-Geral da República e Chefes de Missão Diplomática de caráter permanente.	1. Governadores dos Estados e do Distrito Federal; 2. Desembargadores dos Tribunais Regionais Federais, Estaduais e do Distrito Federal e dos Tribunais Eleitorais e do Trabalho; 3. Membros do Ministério Público da União (que oficiem perante os Tribunais); 4. Membros dos Tribunais de Contas dos Estados e do Distrito Federal; 5. Membros dos Conselhos ou Tribunais de Contas dos Municípios.	1. Juízes Federais, da Justiça Militar e da Justiça do Trabalho; 2. Prefeitos; 3. Membros do Ministério Público da União; 4. Secretários de Estado.	1. Deputados Estaduais; 2. Juízes Estaduais e do Distrito Federal e Territórios; 3. Prefeitos; 4. Membros do Ministério Público Estadual; 5. Vereadores

Em suma, podemos organizar os conceitos de competência da seguinte forma:

4. PRELIMINARES

4.1. CONCEITO

Conceituamos as preliminares como toda e qualquer matéria, cuja análise deva ser feita pelo magistrado antes de se adentrar ao mérito da acusação. Em regra, são questões associadas às falhas no procedimento realizado ou ao poder (interesse) do Estado em punir o agente em razão de alguma especificidade.

Por exemplo, o Ministério Público oferece denúncia contra o agente pela prática do crime de furto, previsto no art. 155 do Código Penal. Contudo, o nobre representante do *parquet* não se atentou, quando do seu oferecimento, da ocorrência da extinção da punibilidade pela prescrição da pretensão punitiva em abstrato. Neste caso, antes de se analisar se o denunciado praticou ou não o crime de furto, o magistrado deverá verificar se o Estado ainda tem o poder punitivo.

4.2. ESPÉCIES DE PRELIMINARES

As preliminares podem ser:

I. de nulidade;
II. de extinção da punibilidade;
III. de rejeição da denúncia;
IV. causas de exclusão de ilicitude.

> **DICA:**
>
> Para a 2ª Fase do Exame e Ordem, a alegação de uma tese em sede de preliminar **não afasta a necessidade de reiterá-la no mérito**. Por exemplo, uma tese de preliminar de extinção da punibilidade pela prescrição deverá ser arguida em preliminar e, em seguida, ratificada no mérito.
>
> A diferença é que o apontamento "nas preliminares" será feito de forma sucinta com a indicação dos artigos de lei pertinentes. Já no mérito, deverá ser desenvolvido o raciocínio de forma completa, com a explicação da tese, sua adequação ao caso em apreço e a correspondência com os artigos de lei.
>
> À título de exemplo, vejamos a construção no tocante ao princípio da insignificância pela prática do crime de furto de um objeto de R$ 10,00 (dez reais):
>
> **Preliminarmente**, a defesa aduz que a exordial acusatória sequer deveria ter sido recebida, pois sendo manifesta e clara a atipicidade da conduta não existiria interesse ou necessidade para existência da presente ação penal, com fundamento no art. 395, II, do Código de Processo Penal.
>
> **No mérito**: O Princípio da Insignificância ou Princípio da Bagatela permite afastar a **tipicidade material** de fatos que, por serem de pouca expressividade, provocariam no ordenamento jurídico efeitos quase que irrisórios, desprovidos de reprovabilidade, não merecendo, portanto, incidência da norma penal.
>
> No caso em análise, o objeto do crime de furto praticado pela ré perfaz a quantia de R$ 10,00 (dez reais), valor esse considerado insignificante para o direito penal. Veja-se, portanto, a desproporcionalidade existente ao se movimentar a máquina estatal apenas por conta de um objeto avaliado em patamar irrisório.
>
> Tem-se, assim, que a conduta praticada pelo réu tem o caráter de bagatela, revelando-se, como necessária, a sua absolvição com fundamento no art. 386, III, do Código de Processo Penal (**OU** art. 397, III, do CPP), em face da atipicidade material do ato praticado.

Vejamos agora cada uma dessas possibilidades:

I. Nulidades:

As nulidades são vícios decorrentes da produção equivocada de um ato (seja ela total ou parcial) ou mesmo do desrespeito a uma formalidade exigida. O art. 564 do Código de Processo Penal apresenta um rol exemplificativo de algumas nulidades que poderão ocorrer durante a marcha processual, de onde destacamos o inciso IV (por omissão de formalidade que constitua elemento essencial do ato) em razão do seu alcance quase que ilimitado.

A título de exemplo: João, cumprindo pena pela prática do crime de roubo em regime fechado na penitenciária de Brasília/DF, é citado por edital para apresentar a sua resposta à acusação pela prática do crime de homicídio na Comarca de São Paulo/SP. Indaga-se: há algum vício nessa citação? Sim! Se João está preso, a sua citação deve ser **obrigatoriamente** pessoal, nos termos do art. 360 do CPP. Logo, teremos uma nulidade absoluta, que ensejará a anulação de todos os atos que eventualmente serão praticados, para que nova citação seja realizada, nos moldes do estabelecido no art. 360 do CPP. Esta tese deverá ser arguida em sede de preliminar.

Além da anulação do processo em sua totalidade, a nulidade poderá alcançar apenas um ato específico. Por exemplo, o art. 400 do CPP dispõe que na audiência de instrução e julgamento, a ser realizada no prazo máximo de 60 (sessenta) dias, proceder-se-á à tomada de declarações do ofendido, à inquirição das testemunhas arroladas pela acusação e pela defesa, nesta ordem, ressalvado o disposto no art. 222 do CPP, bem como os esclarecimentos dos peritos, às acareações e ao reconhecimento de pessoas e coisas, interrogando-se, em seguida, o acusado.

Imagine agora que o Magistrado da Vara Criminal de Belo Horizonte/MG, ao invés de seguir exatamente essa ordem, entende pela **inversão** do interrogatório, iniciando-o como primeiro ato. Ao agir desta maneira, há flagrante ofensa aos Princípios da Ampla Defesa e do Contraditório, o que evidencia uma nulidade. Contudo, nesse caso não haverá anulação do processo em sua totalidade, mas apenas do ato praticado (audiência de instrução e julgamento).

Por fim, a nulidade praticada poderá, ainda, ser associada à produção de uma determinada prova. A Lei nº 9.296/96 prevê alguns requisitos essenciais para a decretação da interceptação telefônica. Entre eles, exige-se a ordem de um juiz devidamente fundamentada. Ou seja, se o Delegado encarregado de uma investigação policial decretar por conta própria a interceptação telefônica do acusado, ter-se-á uma nulidade. Não obstante, essa nulidade será apenas das provas produzidas por essa interceptação, as quais deverão ser desentranhadas do processo (art. 157 do CPP).

Em síntese, as nulidades poderão ensejar a nulidade do processo em sua totalidade, a nulidade de determinado ato ou ainda o desentranhamento de uma prova ilícita.

II. Extinção da Punibilidade:

O art. 107 do Código Penal elenca algumas hipóteses de extinção da punibilidade, mas existem outras dispostas no Código Penal - parte especial e, ainda, em Legislações Extravagantes.

As causas extintivas de punibilidades previstas no art. 107 do CP são:

A. Morte do Agente:

A extinção da punibilidade pela morte do agente deriva da aplicação do Princípio da Intranscendência da Pena ou da Pessoalidade, segundo o qual, a pena aplicada não poderá ultrapassar a pessoa do condenado, podendo a obrigação de reparar o dano e a decretação do perdimento de bens ser, nos termos da lei, estendidas aos sucessores e contra eles executadas, até o limite do valor do patrimônio transferido (art. 5º, inciso XLV, da CF/88):

> Art. 5º Todos são iguais perante a lei, sem distinção de qualquer natureza, garantindo-se aos brasileiros e aos estrangeiros residentes no País a inviolabilidade do direito à vida, à liberdade, à igualdade, à segurança e à propriedade, nos termos seguintes:
> [...]
> XLV – nenhuma pena passará da pessoa do condenado, podendo a obrigação de reparar o dano e a decretação do perdimento de bens ser, nos termos da lei, estendidas aos sucessores e contra eles executadas, até o limite do valor do patrimônio transferido;

B. Anistia, Graça ou Indulto:

A anistia é a declaração pelo Poder Público de que certos fatos se tornaram impuníveis por motivo de utilidade social. Duas questões merecem muita atenção em relação a ela: *a)* somente é concedida por meio de Lei editada pelo Congresso Nacional; e *b)* possui efeito *ex tunc* (retroage pata apagar os efeitos da sentença, salvo os efeitos civis).

Noutro giro a graça é uma clemência destinada à determinada pessoa e não aos fatos por ela praticados. É concedida pelo Presidente da República e poderá ser total (todas as sanções impostas ao condenado) ou parcial, também conhecida como comutação.

Por fim, o Indulto também conhecido como graça coletivo, ou seja, em escala ampla, é a clemência aplicada a um grupo de pessoas.

C. **Retroatividade da Lei que não mais considera o fato como criminoso:**

No Direito Penal brasileiro, a <u>regra</u> é que a Lei penal não retroage (Princípio da Irretroatividade) e a exceção, prevista no parágrafo, do art. 2º do CP, é a retroatividade da Lei penal benigna. Ou seja, se a nova lei de alguma forma beneficiar o réu, ela poderá ser aplicada ao caso, ainda que decididos por sentença condenatória transitada em julgado.

A causa extintiva a que se refere o inciso III do art. 107 é a *abolitio criminis*. Trata-se de nova Lei que torna atípico fato anteriormente previsto em Lei como proibido, desaparecendo do mundo jurídico aquele tipo penal. É o que ocorreu, por exemplo, com o crime de adultério (art. 240 do CP), que fora revogado pela Lei nº 11.106/2005.

D. **Prescrição, Decadência ou perempção:**

Dentre as diversas espécies de extinção da punibilidade, destacam-se a decadência (art. 103 do CP) e a prescrição (art. 109 do CP).

A decadência pode ser conceituada como a perda por parte do ofendido (ou vítima) do direito de queixa ou de representação se não exercido dentro do prazo de 6 (seis) meses, contado do dia em que veio a saber quem é o autor do crime, ou, no caso do § 3º do art. 100 do CP, do dia em que se esgota o prazo para oferecimento da denúncia.

Por sua vez, a prescrição é a perda do Estado do direito de punir (prescrição da pretensão punitiva) ou de exigir o cumprimento da pena aplicada ao réu (prescrição da pretensão executória).

> **CUIDADO:**
>
> É inadmissível a extinção da punibilidade pela prescrição da pretensão punitiva com fundamento em pena hipotética, independentemente da existência ou sorte do processo penal (Súmula 438 do STJ).
> A referida Súmula veda a aplicação da chama prescrição virtual, hipotética, projeta ou perspectiva.

Já a perempção, tendo a natureza de sanção, é uma punição aplicada ao ofendido (vítima) pela sua inércia (desídia) nas hipóteses de crime de ação penal privada, que impede o prosseguimento da ação penal. A sua previsão legal está no art. 60 do CPP, segundo o qual, nos crimes que somente se procedem mediante queixa, considerar-se-á **perempta** a ação penal, quando:

I. iniciada esta, o querelante deixar de promover o andamento do processo durante 30 dias seguidos;
II. falecendo o querelante, ou sobrevindo sua incapacidade, não comparecer em juízo, para prosseguir no processo, dentro do prazo de 60 (sessenta) dias, qualquer das pessoas a quem couber fazê-lo, ressalvado o disposto no art. 36 do CPP;
III. o querelante deixar de comparecer, sem motivo justificado, a qualquer ato do processo a que deva estar presente, ou deixar de formular o pedido de condenação nas alegações finais;
IV. sendo o querelante pessoa jurídica, esta se extinguir sem deixar sucessor.

DICAS RÁPIDAS

EXTINÇÃO DA PUNIBILIDADE	CRIMES	PRAZO
DECADÊNCIA	Crimes de ação penal privada **e** pública condicionada à representação.	6 (seis) mês contados do dia em que o ofendido veio a saber quem é o autor do crime.
	Na hipótese de queixa-crime subsidiária (Ação Penal Privada subsidiária da Pública).	6 (seis) mês contados do dia em que se esgota o prazo para oferecimento da denúncia.

MODALIDADE DE PRESCRIÇÃO (Rito Comum)	SUBESPÉCIE	PRAZO
PRESCRIÇÃO DA PRETENSÃO PUNITIVA	ABSTRATA	Contam-se os prazos do art. 109 do CP: entre a data do fato até a data da decisão que recebeu a denúncia/queixa, **e** entre a data da decisão que recebeu a denúncia/queixa e a data da publicação da sentença ou acórdão condenatórios recorríveis.
	RETROATIVA (é necessário que a acusação não recorra ou que seu recurso seja improvido)	Contam-se os prazos do art. 109 do CP: entre a data da publicação da sentença ou acórdão condenatórios recorríveis até a data da decisão que recebeu a denúncia (queixa).
	INTERCORRENTE (é necessário que a acusação não recorra ou que seu recurso seja improvido)	Contam-se os prazos do art. 109 do CP: entre a data da publicação da sentença ou acórdão condenatórios recorríveis) até o trânsito em julgado para a defesa. **Obs.:** Não pode haver o início do cumprimento de pena.
PRESCRIÇÃO DA PRETENSÃO EXECUTÓRIA	NÃO SE DIVIDE EM SUBESPÉCIES.	Contam-se os prazos do art. 109 do CP: Entre o trânsito em julgado para a acusação e o início do cumprimento da pena.

E. **Pela renúncia do direito de queixa ou pelo perdão aceito, nos crimes de ação privada, e pela retratação do agente, nos casos em que a lei a admite:**

A renúncia nada mais é do que a desistência do ofendido (ou vítima) de propor a ação penal privada. Ela não se confunde com o perdão do ofendido, que é a desistência no prosseguimento da ação penal privada. Por outro lado, a retratação ocorre quando o agente delituoso reconhece o seu erro e "retira" o que por ele foi dito. A retratação poderá ser reconhecida nos crimes de calúnia e difamação (art. 143, CP) e nos crimes de falso testemunho e falsa perícia (art. 342, § 2.º, CP).

F. **Pelo perdão judicial, nos casos previstos em lei:**

Diferentemente do perdão do ofendido, o perdão judicial é a clemência concedida pelo Estado para situações expressamente previstas em Lei. Por exemplo, na hipótese de homicídio culposo, o juiz poderá deixar de aplicar a pena, se as consequências de a infração atingirem o próprio agente de forma tão grave que a sanção penal se torne desnecessária (art. 121, § 5º, do CP).

III. Rejeição da Denúncia ou Queixa:

As hipóteses de rejeição da denúncia ou queixa foram devidamente analisadas linhas volvidas, razão pela qual, remete-se o leitor às explicações ali apresentadas.

IV. Excludente de ilicitude:

A última tese, recomendada para aqueles que irão prestar a segunda fase do Exame de Ordem, está relacionada ao segundo substrato do crime. Deverá ser demonstrado a ocorrência de alguma excludente de ilicitude (estado de necessidade, legítima defesa, estrito cumprimento de dever legal e exercício regular de direito). Neste aspecto, é essencial destacar a desnecessidade de aprofundamento da tese nas preliminares, uma vez que o raciocínio jurídico deverá ser minuciosamente explicado no mérito de sua peça.

2.
PRISÕES, MEDIDAS CAUTELARES E PEÇAS DE RESTITUIÇÃO DE LIBERDADE

1. CONCEITO DE PRISÃO

O direito de locomoção constitucionalmente assegurado como direito fundamental do indivíduo, encontra-se alocado na primeira dimensão ou geração dos direitos humanos, ou seja, deve ser exercido sem intervenção do Estado ou de qualquer outra pessoa. Entretanto, não se trata de previsão absoluta, cabendo exceções constitucionalmente previstas[1] e desdobradas no ordenamento jurídico pátrio.

Como forma de relativização do direito de liberdade de locomoção, surge a prisão. Assim sintetizamos que a regra é a liberdade, sendo a prisão uma exceção.

No ordenamento jurídico brasileiro existem 3 (três) espécies de prisão:

A. PRISÃO EXTRAPENAL: subdivide-se em prisão civil e prisão militar;
B. PRISÃO PENAL: decorrente de sentença ou acórdão penais condenatórios com trânsito em julgado;
C. PRISÃO CAUTELAR: subdivide-se em prisão em flagrante, prisão temporária e prisão preventiva.

A prisão civil é aquela aplicada em virtude do não cumprimento de uma obrigação de natureza cível. A Constituição Federal preconiza a possibilidade de sua decretação quando houver o inadimplemento

---

[1] O artigo 5º, inciso LXI, CF prevê que "ninguém será preso senão em flagrante delito ou por ordem escrita e fundamentada de autoridade judiciária competente, salvo nos casos de transgressão militar ou crime propriamente militar, definidos em lei".

de obrigações alimentícias e no caso do depositário infiel. Contudo, em atenção ao disposto no art. 7º, § 7º, do Pacto de São José da Costa Rica – Decreto 678/1992 – o Colendo Supremo Tribunal Federal editou a Súmula Vinculante nº 25, vedando a possibilidade de prisão civil de depositário infiel, qualquer que seja a modalidade do depósito, razão pela qual, permanece, atualmente, apenas, a prisão civil nos casos do devedor de alimentos. Confira-se o teor da Súmula Vinculante nº 25:

> É ilícita a prisão civil de depositário infiel, qualquer que seja a modalidade do depósito.

A outra espécie de prisão extrapenal é a prisão militar, aplicada nas hipóteses de transgressão militar, ou seja, para as situações em que há ofensas aos princípios morais e éticos, aos deveres e às obrigações inerentes à vida na caserna. Não se trata, portanto, de uma conduta delituosa, e sim, do desrespeito aos respectivos Regulamentos Disciplinares dos militares (STM, Rel. Min. Marco Antônio de Farias, HC n. 0000196-21.2016.7.00.0000, DJe 16/12/2016).

A prisão penal, por outro lado, como dito acima, é aquela decorrente do trânsito em julgado do édito condenatório. Por razões óbvias, para o seu cumprimento é necessário que haja na sentença ou no acórdão condenatórios a imposição de uma pena privativa de liberdade ao agente delituoso.

Há, por fim, a prisão cautelar – decretada pelo juízo competente antes do trânsito em julgado da decisão condenatória e com fim de garantir a eficácia da investigação criminal ou mesmo da ação penal – que se subdivide em 3 (três) modalidades: a) prisão em flagrante, b) prisão temporária e c) prisão preventiva.

2. ESPÉCIES DE PRISÃO

2.1. PRISÃO EM FLAGRANTE

2.1.1. CONCEITO:

Trata-se de hipótese de prisão cautelar, isto é, espécie que antecede o trânsito em julgado da sentença penal condenatória, prevista no art. 302 do Código de Processo Penal (CPP), que, segunda a doutrina, é considerada de natureza precária. Isto porque, ninguém poderá ser mantido preso em flagrante por período superior a 24 (vinte e quatro) horas.

Exatamente por isso é que para a manutenção da segregação do autor do fato é necessária uma decisão judicial fundamentada, convertendo a prisão em flagrante em prisão preventiva.

2.1.2. ETAPAS DA PRISÃO EM FLAGRANTE:

A prisão em flagrante é dividida em 6 etapas, a captura, a condução, a apresentação, a lavratura do Auto de Prisão em Flagrante Delito (APFD), as formalidades posteriores e, por último, a convalidação judicial. Vejamos cada uma dessas etapas:

A. Captura: constitui o momento de **retenção do sujeito** que se encontra em situação de prática de conduta delitiva, não importando a natureza da infração penal, cabendo tanto nos casos de flagrante facultativo, quanto de flagrante obrigatório.

A captura em flagrante poderá ser realizada:

I. Se for hipótese de flagrante facultativo, espontâneo ou não obrigatório – art. 301, primeira parte, do CPP – por qualquer pessoa tem a faculdade de realizar a prisão:

> Art. 301. *Qualquer do povo poderá* e as autoridades policiais e seus agentes deverão prender quem quer que seja encontrado em flagrante delito. (destaque e grifo acrescidos).

II. Se for hipótese de flagrante necessário, normativo ou obrigatório – art. 301, segunda parte, do CPP – pelas forças de segurança, as quais têm o dever de realizar a prisão:

> Art. 301. Qualquer do povo poderá e as *autoridades policiais e seus agentes deverão prender quem quer que seja encontrado em flagrante delito.* (destaque e grifo acrescidos).

Por outro lado, não poderão ser capturados em flagrante:

A. Por vedação absoluta, o Presidente da República (art. 86, § 3º, da CF/88), aqueles que gozem de imunidade diplomática (Convenção de Viena) e os menores de 18 (dezoito) anos.

B. Por vedação relativa, os Senadores, Deputados Federais, Estaduais e Distritais, que somente podem ser presos em flagrante por crimes inafiançáveis (art. 53, parágrafo 2º, c/c art. 27, parágrafo 1º, da CF/88), os Magistrados, salvo em caso de crime inafiançável (Lei

Orgânica da Magistratura – Lei Complementar 35/79, art. 33, II), os Membros do Ministério Público, salvo em caso de crime inafiançável (Lei Orgânica Nacional do MP – Lei 8625/93, art. 40, III) e os Advogados no exercício da profissão, salvo em caso de crime inafiançável (Estatuto da OAB – Lei nº 8906/94, art. 7º, parágrafo 3º).

Pergunta: Essa imunidade abrange também os Governadores de Estado?

Resposta: Não. Conforme entendimento do Colendo STF, sedimentado no julgamento da ADI nº 4772/RJ, de relatoria do Eminente Min. Luiz Fux, a prerrogativa de imunidade à prisão em flagrante não é aplicada ao Governadores de Estado.

B. Condução: é um desdobramento da etapa de captura, onde a pessoa responsável pela retenção do sujeito encaminhará este até a autoridade policial competente, onde ali será apresentada e se analisará a legalidade da prisão.

Pergunta: A segunda etapa da prisão em flagrante é a condução. Mas quem poderá realizá-la?

Resposta: A condução é desempenhada por qualquer indivíduo, seja a vítima, a autoridade policial ou mesmo por qualquer outra pessoa do povo. Efetivada a prisão em flagrante, em regra, o agente deverá ser conduzido para a presença da autoridade de polícia judiciária mais próxima da captura, salvo nos casos de delito de circunscrição de alguma delegacia especializada.

C. Apresentação:

A apresentação é o ato em que o capturado é entregue à autoridade policial competente. Apresentado o preso, será ouvido o condutor, colhendo-se, desde logo, a sua assinatura, concedendo a ele a cópia do termo e recibo de entrega do preso. Em seguida, proceder-se-á à oitiva das testemunhas, se existente, e ao interrogatório do conduzido, lavrando a autoridade policial, ao final, o auto (art. 304 do CPP).

Pergunta: No momento da apresentação, o Delegado pode reconhecer insignificância, excludentes de ilicitude e outros excludentes?

Resposta: Sim! Atualmente, a atuação do Delegado não pode ser entendida como uma ação de um mero operador administrativo da persecução criminal, razão pela qual, ele deve realizar esse filtro primário e, eventualmente, aplicar os princípios e institutos norteadores do Direito Penal.

D. Lavratura do Auto de Prisão em Flagrante Delito (APFD): é a documentação do flagrante (em regra, feita da forma escrita), constituindo a atribuição do delegado de polícia, como regra, que, analisando a situação apresentada, assim como os motivos e circunstâncias, exporá os fundamentos fáticos e jurídicos que autorizam a legalidade da prisão.

São formalidades a serem observadas **no momento da lavratura do APFD** a redução à termo, o registro em relação a filhos e/ou pessoas que necessitem de cuidados (art. 304, § 4º, do CPP), o arbitramento de fiança (art. 322 do CPP), e as comunicações imediatas ao juiz competente, ao representante do Ministério Público e à pessoa indicada pelo preso (art. 5º, inciso LXII, da CF/88 c/c 306, caput, do CPP).

Após a lavratura do auto de prisão em flagrante delito, este deve ser encaminhado ao juiz competente para análise e confirmação de sua legalidade, conforme prescreve o art. 306 do CPP:

> Art. 306. A prisão de qualquer pessoa e o local onde se encontre serão comunicados imediatamente ao juiz competente, ao Ministério Público e à família do preso ou à pessoa por ele indicada.
> § 1º Em até 24 (vinte e quatro) horas após a realização da prisão, será encaminhado ao juiz competente o auto de *prisão em flagrante e, caso o autuado não informe o nome de seu advogado, cópia integral para a Defensoria Pública.*
> § 2º No mesmo prazo, será entregue ao preso, mediante recibo, a nota de culpa, assinada pela autoridade, com o motivo da prisão, o nome do condutor e os das testemunhas.

Referidas exigências legais – remessa dos autos ao juiz competente, de cópia à Defensoria Pública (quando não há advogado particular) e a entrega da nota de culpa ao preso (assinada pela autoridade e com o motivo da prisão, o nome do condutor e os das testemunhas) – são denominadas **formalidades posteriores à lavratura do APFD**.

Há, todavia, uma importante distinção a ser observada: as comunicações da prisão ao magistrado competente, ao representante do MP, e à pessoa indicada pelo preso deverão ser realizadas pela autoridade policial **IMEDIATAMENTE**, situação que não deve ser confundida com a remessa dos autos ao próprio juiz e à Defensoria Pública, cujo prazo é de **até 24 horas da captura**.

F. Convalidação Judicial (realização da audiência de custódia):

O art. 1º da Resolução 213/2015 do CNJ dispõe que toda pessoa presa em flagrante delito, independentemente da motivação ou natureza do ato, seja obrigatoriamente apresentada, em até 24 horas da comunicação do flagrante, à autoridade judicial competente, e ouvida sobre as circunstâncias em que se realizou sua prisão ou apreensão. Confira:

> *Resolução Nº 213 de 15/12/2015*
> *Art. 1º Determinar que toda pessoa presa em flagrante delito, independentemente da motivação ou natureza do ato, seja obrigatoriamente apresentada, em até 24 horas da comunicação do flagrante, à autoridade judicial competente, e ouvida sobre as circunstâncias em que se realizou sua prisão ou apreensão.*

Nesse sentido, o art. 310 do CPP preconiza que, após receber o auto de prisão em flagrante, no prazo máximo de até 24 (vinte e quatro) horas após a realização da prisão, o juiz deverá promover audiência de custódia com a presença do acusado, seu advogado constituído ou membro da Defensoria Pública e o membro do Ministério Público.

No referido ato, o magistrado deverá relaxar a prisão ilegal, converter a prisão em flagrante em preventiva, se presentes os requisitos do art. 312 do mesmo Códex e as medidas cautelares se revelarem insuficientes, ou, por fim, conceder a liberdade provisória, com ou sem fiança.

Sobre o tema, a Lei nº 13.964/19 introduziu 3 (três) importantes questões no mencionado art. 310:

1. Se o juiz verificar que o agente é reincidente ou que integra organização criminosa armada ou milícia, ou que porta arma de fogo de uso restrito, **deverá denegar a liberdade provisória, com ou sem medidas cautelares**;
2. A autoridade que deu causa, **sem motivação idônea**, à não realização da audiência de custódia no prazo estabelecido no caput deste artigo responderá administrativa, civil e penalmente pela omissão;
3. Transcorridas 24 (vinte e quatro) horas após o decurso do prazo estabelecido no caput do artigo 310, a não realização de audiência de custódia sem motivação idônea **ensejará também a ilegalidade da prisão, a ser relaxada pela autoridade competente, sem prejuízo da possibilidade de imediata decretação de prisão preventiva.**

2.1.3. ESPÉCIES DE PRISÃO EM FLAGRANTE:

- Flagrante Próprio – Inciso I e II do art. 302 do CPP – ocorre quando alguém está cometendo, praticando ou desempenhando o delito e é preso em flagrante (art. 302, I, CPP), ou quando o sujeito acaba de cometer a conduta delituosa, estando no mesmo local, nas mesmas circunstâncias indicativas da prática do delito (art. 302, II, CPP). Assim, está em flagrante próprio ou real quem está cometendo a infração ou quem acabou de cometer a infração;
- Flagrante Impróprio – Inciso III do art. 302 do CPP – ocorre quando o agente é perseguido, **logo após a prática do crime**, pela autoridade policial, pela vítima ou por qualquer pessoa, ou seja, tem que haver perseguição, seja pela vítima, autoridade policial ou qualquer pessoa do povo. Caso não tenha perseguição não há que se falar em flagrante impróprio;
- Flagrante Presumido – Inciso IV do art. 302 do CPP – neste caso, não houve perseguição. A pessoa é encontrada com instrumentos que façam presumir ser ela a autora do crime. Trata-se muitas vezes de um encontro até mesmo casual, apesar de certas críticas doutrinárias. Não existe um lapso temporal formal para a ocorrência do flagrante presumido, devendo ser utilizado um critério de razoabilidade.

INVIOLABILIDADE DE DOMICÍLIO EM CONFLITO COM A PERSEGUIÇÃO NO FLAGRANTE IMPRÓPRIO:

I. **SITUAÇÃO 1**: o perseguido entra em residência alheia sem autorização do morador. Nesse caso, o perseguidor poderá adentrar no domicílio para prendê-lo em flagrante, mesmo porque, haverá na espécie, no mínimo, o crime de violação de domicílio por parte do perseguido;

II. **SITUAÇÃO 2**: o perseguido adentra em casa alheia, com consentimento do morador. Nesse caso, o posicionamento majoritário da doutrina é no sentido de que o estado de flagrância autoriza que os persecutores adentrem ao domicílio, dia ou noite, independentemente de mandado, desde que a perseguição venha ocorrendo de forma ininterrupta;

III. **SITUAÇÃO 3**: o perseguido adentra na sua própria residência. Nesse caso, aplica-se o mesmo entendimento da "**SITUAÇÃO 2**".

Pergunta: É possível a captura, em flagrante impróprio, quando o autor da infração penal estiver sem os objetos ou os instrumentos do crime no momento da sua captura?

Resposta: Sim. A jurisprudência dos Tribunais Superiores já consolidou o entendimento de que é irrelevante para configuração do flagrante impróprio o fato de ser o sujeito capturado com os objetos ou os instrumentos do crime. A presença desses itens é exigida, apenas, para as hipóteses de flagrante presumido, no qual não há perseguição.

> **ATENÇÃO:**
>
> 1. **Flagrante nos casos de CRIMES PERMANENTES**: Conforme art. 303 do CPP, nas infrações permanentes, entende-se o agente em flagrante delito, enquanto não cessar a permanência.
> 2. **Flagrante nos casos de crimes HABITUAIS**: A doutrina majoritária entende não ser cabível a prisão em flagrante de crime habitual, pois o instante do flagrante não seria compatível com a prova da habitualidade. Ademais, o art. 303 do CPP se refere, apenas, aos crimes permanentes, vedando-se, portanto, a sua aplicação por analogia. Contudo, o Colendo STF entende de forma contrária, ou seja, permite-se o reconhecimento do estado de flagrância em crimes habituais, mas, somente, se no momento da prisão houver evidências suficientes da habitualidade.

Outras classificações de FLAGRANTE:

- Preparado (Provocado, crime de ensaio ou delito de experiência): Manifesta-se quando alguém induz o indivíduo a praticar um crime objetivando ter motivo para efetuar a captura em flagrante;
- Esperado: O indivíduo que irá efetuar a captura, toma ciência previamente da possibilidade de ocorrência futura de crime e aguarda tal ocorrência para fins caracterizar o flagrante;
- Retardado (Prorrogado, deferido ou protelado): Manifesta-se nos casos de ações policiais controladas, como o que ocorre nos crimes praticados por organizações criminosas, onde a autoridade aguarda o momento mais oportuno para fins de efetuar a captura em flagrante;
- Forjado (Fabricado, maquinado ou urdido): Manifesta-se quando a situação de flagrante é completamente criada para fins de incriminação do agente.

OBSERVAÇÃO: Flagrante forjado é diferente do flagrante preparado. No primeiro há fato inexistente, haja vista que a conduta imputada ao preso jamais ocorreu. Por sua vez, no segundo, não há crime, porque o autor age motivado por instigação do agente provocador, sem a qual não haveria a prática daquela conduta. Sobre a temática, estabelece a Súmula 145 do Colendo STF que "Não há crime, quando a preparação do flagrante pela polícia torna impossível a sua consumação".

> **OBSERVAÇÃO:**
> Não cabe prisão em flagrante em **infrações de menor potencial ofensivo**. As infrações de menor potencial ofensivo estão previstas na Lei nº 9.099/1995. O art. 61 desta lei define como infrações de menor potencial ofensivo as contravenções penais e os crimes a que a lei comine pena máxima não superior a 2 anos, cumulada ou não com multa. **Em regra**, não cabe prisão em flagrante em infração de menor potencial ofensivo, devendo o delegado, neste caso, lavrar um Termo Circunstanciado de Ocorrência (TCO), a ser imediatamente remetido ao Juizado Especial Criminal competente, acompanhado do suposto autor do fato e da vítima. No caso de impossibilidade de remessa imediata, será exigido do suposto autor do fato um termo de compromisso de comparecimento, não se impondo a prisão em flagrante.

2.2. PRISÃO PREVENTIVA

2.2.1. CONCEITO:

Trata-se de hipótese de prisão cautelar – espécie de prisão que antecede o trânsito em julgado da sentença penal condenatória – decretada pelo Magistrado, que poderá ocorrer na fase pré-processual ou na fase processual - atendendo a representação da autoridade policial ou a requerimento do Ministério Público, quando estiverem presentes os requisitos autorizadores do art. 312 e os pressupostos do art. 313, ambos do Código de Processo Penal.

Por outro lado, a análise acerca da competência do Juízo para apreciar e julgar o(s) ato(s) praticado(s) ocorrerá no momento na instauração da ação penal, ou seja, na formação da tríade processual. Contudo, se no momento em que a autoridade judiciária decretar a prisão preventiva existirem elementos que indiquem a sua competência para o ato, não haverá que se falar em nulidade da prisão decretada, ainda que no futuro seja reconhecida a incompetência do juízo para processar o feito. Trata-se da aplicação da **Teoria do Juízo Aparente**.

> **CUIDADO:**
>
> **Art.** 311 do CPP: Em qualquer fase da investigação policial ou do processo penal, caberá a prisão preventiva decretada pelo juiz, a requerimento do Ministério Público, do querelante ou do assistente, ou por representação da autoridade policial.

Pergunta: O Magistrado pode decretar a prisão preventiva de ofício?

Resposta: Não! A Lei nº 13.964/2019 alterou o texto do art. 311 do CPP, vedando a decretação da prisão preventiva de ofício em qualquer das fases da persecução penal. Portanto, em nosso ordenamento jurídico, a prisão preventiva depende de provocação, independentemente do momento processual.

2.2.2. ELEMENTOS AUTORIZADORES DA PRISÃO PREVENTIVA:

A prisão preventiva exige, além da prova da existência do crime e de indícios suficientes de autoria, a presença de, ao menos, um dos requisitos do art. 312 do Código de Processo Penal:

- Art. 312. A prisão preventiva poderá ser decretada como **garantia da ordem pública, da ordem econômica, por conveniência da instrução criminal** ou **para assegurar a aplicação da lei penal**, quando houver **prova da existência do crime** e **indício suficiente de autoria e de perigo gerado pelo estado de liberdade do imputado**.

§ 1º A prisão preventiva também poderá ser decretada em caso de descumprimento de qualquer das obrigações impostas por força de outras medidas cautelares (art. 282, § 4ª).

Destarte, a decisão que decretar a prisão preventiva deve ser motivada e fundamentada **em receio de perigo** e **existência concreta de fatos novos** ou **contemporâneos que justifiquem a aplicação da medida adotada** (§ 2º, art. 312, CPP).

Isto é, a decretação da custódia cautelar exige a demonstração - com base em elementos concretos - de que a liberdade do acusado possa gerar perturbações reais na vítima e/ou na sociedade, não bastando, pois, que se baseie em ilações ou meras conjecturas.

Afora o fato de estar estribada em fatos concretos, é essencial a **contemporaneidade** entre o fato apurado e a decretação da prisão preventiva (demonstração da atualidade), conforme teor do § 1º do art. 315 do CPP:

> Art. 315. *A decisão que decretar, substituir ou denegar a prisão preventiva será sempre motivada e fundamentada*
> § 1º Na motivação da decretação da prisão preventiva ou de qualquer outra cautelar, o juiz deverá indicar concretamente a existência de fatos novos ou contemporâneos que justifiquem a aplicação da medida adotada.

Imagine, por exemplo, uma prisão, decretada por garantia da ordem pública no ano de 2019, mas em decorrência de fatos supostamente praticados em 2014, sem que tenha sido imputado qualquer outro fato criminoso ao réu.

Noutros dizeres, o magistrado decretou a custódia preventiva do denunciado depois de 5 anos da prática do fato criminoso, sem a existência de nova conduta nesse intervalo, sob o único argumento de que *"a gravidade em concreto da conduta revela sua incapacidade para o convívio em sociedade, sendo necessária a prisão para garantir a ordem pública"*.

Data maxima venia, o decreto prisional não nos parece razoável, porque, se se aguardou cinco anos para decretar a prisão preventiva, sem outra situação capaz de demonstrar a periculosidade do agente, é de se reconhecer a ausência de contemporaneidade.

Nesse mesmo sentido, confira-se o entendimento jurisprudencial do Colendo STJ, consubstanciado no seguinte precedente:

> (...) 5. *Em que pese a existência de materialidade e de robustos indícios de autoria dos crimes cuja prática se atribui ao Paciente, bem como a destacada gravidade concreta do delito, não ficou evidenciada nos autos a contemporaneidade entre os fatos apurados e a decretação da prisão preventiva. Notadamente porque os fatos, embora graves, foram praticados em 2017 e apurados pela Polícia Federal em operação deflagrada em 09/11/2017, com requisição para instauração de inquérito policial no final de janeiro de 2018, tendo sido a prisão decretada apenas em 05/10/2018.*
> 6. *Nesse passo, ante a ausência de demonstração da atualidade dos crimes imputados ao Paciente, deve ser aplicado à hipótese o princípio da contemporaneidade dos motivos que ensejam a decretação da segregação cautelar, em consonância com julgados desta Corte, sendo suficiente a imposição de medidas cautelares previstas no art. 319 do Código de Processo Penal. Precedentes.*
> 7. *Ordem de habeas corpus parcialmente conhecida e, nessa parte, concedida para, ratificando a liminar deferida, revogar a prisão cautelar do Paciente, e aplicar medidas cautelares previstas no art. 319, incisos I, II e IV, do Código de Processo Penal, sem prejuízo de que outras sejam impostas pelo Relator do feito na origem, podendo, ainda, a custódia ser novamente decretada em caso de descumprimento das referidas medidas (art. 282, § 4.º, c.c. o*

art. 316 do Código de Processo Penal) ou de superveniência de fatos novos. (STJ, HC 476.180/PE, Rel. Min. Laurita Vaz, Sexta Turma, DJe 11/03/2019, destaque acrescido).

Noutro aspecto, é indispensável, ainda, que, cumulativamente com os requisitos acima elencados, estejam presentes as condições do art. 313 do Código de Processo Penal:

- Art. 313. Nos termos do art. 312 deste Código, **será admitida a decretação da prisão preventiva:**
I. **nos crimes dolosos** punidos com pena privativa de liberdade máxima superior a 4 (quatro) anos;
II. **se tiver sido condenado por outro crime doloso**, em sentença transitada em julgado, ressalvado o disposto no inciso I do caput do art. 64 do Decreto-Lei no 2.848, de 7 de dezembro de 1940 – Código Penal;
III. se o crime envolver **violência doméstica e familiar contra a mulher, criança, adolescente, idoso, enfermo ou pessoa com deficiência, para garantir a execução das medidas protetivas de urgência;**
§ 1º Também será admitida a prisão preventiva quando houver **dúvida sobre a identidade civil da pessoa ou quando esta não fornecer elementos suficientes para esclarecê-la**, devendo o preso ser colocado imediatamente em liberdade após a identificação, salvo se outra hipótese recomendar a manutenção da medida.

Por outro lado, é incabível a decretação da prisão preventiva com a finalidade de antecipação de cumprimento de pena ou como decorrência imediata de investigação criminal ou da apresentação ou recebimento de denúncia (§ 2º, art. 313, CPP).

Portanto, podemos definir os PRESSUPOSTOS da prisão preventiva como sendo a prova da existência do crime e os indícios suficientes de autoria. Já os seus FUNDAMENTOS são a garantia da ordem pública, a garantia da ordem econômica, a conveniência da instrução crimina, a aplicação da lei penal e/ou descumprimento de qualquer das obrigações impostas por força de outras medidas cautelares. Por fim, as suas CONDIÇÕES de admissibilidade são a prática de crime doloso punido com pena privativa de liberdade máxima superior a 4 (quatro anos), ter sido o agente condenado por outro crime doloso em sentença transitada em julgado, ou o crime envolver violência doméstica e familiar contra a mulher, criança, adolescente, idoso, enfermo ou pessoa com deficiência, ou então seja ela decretada para garantir a execução das medidas protetivas de urgência ou quando houver dúvida sobre a identidade civil da pessoa ou quando ela não fornecer elementos suficientes para esclarecê-la.

> **OBSERVAÇÃO:**
>
> i. *Fumus comissi delicti*: Binômio, Prova da Existência do Crime e Indícios Suficientes de Autoria;
> ii. *Periculum Libertatis*: Garantia da Ordem Pública ou Garantia da Ordem Econômica ou Conveniência da Instrução Criminal ou para Assegurar a Aplicação da Lei Penal).

Mas, cuidado: <u>NÃO É CABÍVEL PRISÃO PREVENTIVA</u> em crimes com pena máxima *in abstracto* igual ou inferior a 4 (quatro) anos (inciso I do art. 313 do CPP), salvo se o indiciado ou réu for reincidente (inciso II do art. 313 do CPP), se houver necessidade de garantia das tutelas de urgência nos casos de violência doméstica (veja inciso III do art. 313 do CPP), ou ainda nos casos em que há dúvida sobre a identidade civil (parágrafo único do art. 313 do CPP). Nesta toada, também não é possível a decretação da prisão preventiva fundamentada <u>EXCLUSIVAMENTE</u> na repercussão social do crime, na gravidade em abstrato da conduta ou mesmo no clamor público, haja vista que uma prisão decretada por tais motivos não possui fundamentação idônea, configurando-se, dessa maneira, verdadeira prisão ilegal, passível de *habeas corpus* ou de relaxamento de prisão.

> **DICA**: - Fórmula para cabimento da **PRISÃO PREVENTIVA**:
>
> PP = 2p + 1f + 1ca
> Sendo:
> **PP** = prisão preventiva;
> **p** = **pressupostos** = prova da existência do crime e indício suficiente de autoria (*fumus comissi delicti*) - art. 312 do CPP;
> **f** = **fundamentos** = garantia da ordem pública, da ordem econômica, por conveniência da instrução criminal, ou para assegurar a aplicação da lei penal (*periculum in mora* ou *periculum libertatis*) - art. 312 do CPP;
> **ca** = **condições de admissibilidade** = hipóteses de cabimento da preventiva - art. 313 do CPP.

Uma vez decretada a custódia preventiva pelo magistrado, a sua manutenção dependerá, necessariamente, da permanência do(s) risco(s) que ensejaram a sua decretação, isto é, o seu prazo será mantido enquanto persistirem os seus requisitos autorizativos.

Em outras palavras, a prisão preventiva é *rebus sic stantibus*, ou seja, dura enquanto durar o estado das coisas. Por exemplo, João foi preso preventivamente, pois, durante a fase probatória, ameaçou matar a única testemunha que presenciou quando ele praticou determinada infração penal. Se essa mesma testemunha vier a falecer por causas naturais, a prisão decretada deverá ser imediatamente revogada, salvo se houver outro motivo.

Não obstante, havendo a sua decretação, mas entendendo a defesa que não mais persistem os seus requisitos, é cabível o pedido de revogação, conforme adiante será estudado.

> **CUIDADO:**
>
> Art. 316. O juiz poderá, de ofício ou a pedido das partes, revogar a prisão preventiva se, no correr da investigação ou do processo, verificar a falta de motivo para que ela subsista, bem como novamente decretá-la, se sobrevierem razões que a justifiquem.
>
> Parágrafo único. Decretada a prisão preventiva, deverá o órgão emissor da decisão revisar a necessidade de sua manutenção a cada 90 (noventa) dias, mediante decisão fundamentada, de ofício, sob pena de tornar a prisão ilegal.

Pergunta: A prisão preventiva pode ser decretada na fase recursal?

Resposta: A prisão preventiva poderá ser decretada em **qualquer tempo** desde que não tenha existido o trânsito em julgado da sentença penal condenatória. Logo, presentes os motivos que a autorizam, é plenamente possível a decretação da prisão preventiva em fase recursal.

2.3. PRISÃO TEMPORÁRIA

2.3.1. CONCEITO:

Trata-se de hipótese de prisão cautelar que visa auxiliar nas investigações policias, cuja previsão está na Lei nº 7.960/89. A prisão temporária somente poderá ser decretada na fase pré-processual (atendendo a representação da autoridade policial ou a requerimento do Ministério Público), e, ainda, no caso de prática de um dos delitos previstos no rol taxativo listados na própria Lei nº 7.960/89.

Pergunta: Esses requisitos são alternativos ou cumulativos?

Resposta: Cumulativos. Embora haja divergência doutrinária, a corrente majoritária entende que para a decretação da prisão temporária é necessário sempre a presença do inciso III (*fumus comissi delicti*), combinado com o inciso I ou o inciso II (*periculum libertatis*).

Portanto, havendo a sua decretação de ofício pelo magistrado, ou não sendo em decorrência de crime apontado no rol do inciso III do art. 1º da referida Lei, a prisão temporária será ILEGAL. Destarte, no caso de termos uma representação da autoridade policial, o Magistrado deverá ouvir o representante do Ministério Público **antes de decidir pela decretação ou não da prisão temporária.**

> **OBSERVAÇÃO:**
>
> A competência jurisdicional para a decretação da prisão temporária será determinada com base na observação de qual juízo seria competente para julgar eventual ação penal decorrente do(s) crime(s) que se configura como objeto da investigação.

2.3.2. REQUISITOS PARA DECRETAÇÃO DA PRISÃO TEMPORÁRIA:

Os requisitos essenciais para a decretação da segregação cautelar são:

I. Imprescindibilidade para as investigações do inquérito policial; <u>ou</u>
II. O indiciado não tiver residência fixa ou não fornecer elementos necessários ao esclarecimento de sua identidade; <u>e</u>
III. Existências de fundadas razões, de acordo com qualquer prova admitida na legislação penal, de autoria ou participação do indiciado nos crimes elencados no inciso III, do art. 1º, da Lei 7.960/1989.

Conclui-se, portanto, que não basta ser a medida cautelar imprescindível para as investigações do inquérito policial, ou mesmo a inexistência de residência fixa ou de elementos necessários para esclarecimentos da identidade do investigado, deve o investigado ter sido o autor de, ao menos, uma das seguintes infrações penais:

A. homicídio doloso (art. 121, caput, e seu § 2º);
B. sequestro ou cárcere privado (art. 148, caput, e seus §§ 1º e 2º);
C. roubo (art. 157, caput, e seus §§ 1º, 2º e 3º);
D. extorsão (art. 158, caput, e seus §§ 1º e 2º);

E. extorsão mediante sequestro (art. 159, caput, e seus §§ 1°, 2° e 3°);
F. estupro (art. 213, caput)
G. epidemia com resultado de morte (art. 267, § 1°);
H. envenenamento de água potável ou substância alimentícia ou medicinal qualificado pela morte (art. 270, caput, combinado com art. 285);
I. associação criminosa (art. 288), todos do Código Penal;
J. genocídio (arts. 1°, 2° e 3° da Lei n° 2.889, de 1° de outubro de 1956), em qualquer de suas formas típicas;
K. crimes contra o sistema financeiro (Lei n° 7.492, de 16 de junho de 1986).
L. crimes previstos na Lei de Terrorismo;
M. tráfico de drogas.

> **ATENÇÃO:** Embora o rol de crimes seja taxativo, a Lei dos Crimes Hediondos estabelece em seu art. 2°, § 4°, que *"a prisão temporária, sobre a qual dispõe a Lei no 7.960, de 21 de dezembro de 1989, nos crimes previstos neste artigo, terá o prazo de 30 (trinta) dias, prorrogável por igual período em caso de extrema e comprovada necessidade"*, razão pela qual passou-se a admitir a PRISÃO TEMPORÁRIA também para os crimes hediondos e para os equiparados, ainda que não estejam expressamente previstos no inciso III, do art. 1°, da Lei 7.960/89.

> **DICA:** - A prisão temporária só pode ser decretada na fase de investigação policial, sendo inadmissível após a instauração da ação penal, não podendo, ainda, ser decretada de ofício pelo Magistrado:
> Art. 2° A prisão temporária será decretada pelo Juiz, em face da representação da autoridade policial ou de requerimento do Ministério Público, e terá o prazo de 5 (cinco) dias, prorrogável por igual período em caso de extrema e comprovada necessidade.

2.3.3. PRAZO DA PRISÃO TEMPORÁRIA:

O prazo da custódia temporária só começará a fluir da data da efetiva prisão do suposto autor do fato e seu lapso temporal é de:

REGRA GERAL (art. 2° da Lei n° 7.960/89)	CRIMES HEDIONDOS OU EQUIPARADOS (art. 2°, § 4°, da Lei n° 8.072/90)
5 dias prorrogáveis por até igual período.	**30 dias** prorrogáveis por até igual período.

> **OBSERVAÇÃO:**
>
> Em regra, havendo a decretação de uma prisão temporária, a peça cabível é a **revogação de prisão temporária**. Contudo, se a prisão temporária for **ilegal**, a peça cabível é o **relaxamento de prisão**. Isto porque, o relaxamento de prisão não é cabível apenas quando estivermos analisando uma PRISÃO EM FLAGRANTE ILEGAL, ele poderá ser manejado também contra uma PRISÃO TEMPORÁRIA ILEGAL, como por exemplo aquela decretada de ofício pela autoridade judiciária ou mesmo por excesso de prazo na sua duração.

OLHA O MACETE

PRISÃO TEMPORÁRIA	Prisão LEGAL	REVOGAÇÃO DE PRISÃO
	Prisão ILEGAL	RELAXAMENTO DE PRISÃO

OBSERVAÇÕES FINAIS

I. O prazo da prisão só começa a ser contado do momento da efetiva captura do agente;

II. A contagem do prazo é feita no modelo penal, incluindo-se no cômputo o dia de início, independentemente da hora capturada, e excluindo o último dia. Exemplo: Prisão Temporária por crime de Roubo de 5 dias, iniciando-se no dia 03 de maio de 2019 (Sexta-Feira) e cessando no dia 07 de maio de 2019 (Terça-Feira);

III. O preso temporário deve ficar apartado dos demais presos;

IV. Decorrido o prazo contido no mandado de prisão, a autoridade responsável pela custódia deverá, independentemente de nova ordem da autoridade judicial, pôr imediatamente o preso em liberdade, salvo se já tiver sido comunicada da prorrogação da prisão temporária ou da decretação da prisão preventiva;

V. Findo o prazo a liberação não dependerá da expedição de alvará de soltura.

3. MEDIDAS CAUTELARES ALTERNATIVAS

As medidas cautelares alternativas são imposições fixadas pelo magistrado com a finalidade de permitir que o acusado – preso em flagrante ou preventivamente – responda ao processo em liberdade. Neste sentido, há duas questões importantíssimas a serem observadas:

1. Em vista da natureza excepcional da prisão preventiva, somente se verifica a possibilidade da sua imposição quando evidenciado, de forma fundamentada e com base em dados concretos, o preenchimento dos pressupostos e requisitos previstos no art. 312 do Código de Processo Penal - CPP. Devendo, ainda, ser mantida a prisão antecipada apenas quando **não for possível a aplicação de medida cautelar diversa**, nos termos previstos no art. 319 do CPP[2];
2. A aplicação das medidas cautelares diversas da prisão, exige-se fundamentação específica que demonstre a necessidade e adequação de cada medida imposta no caso concreto[3].

O art. 282 do CPP estabelece que as medidas cautelares deverão ser aplicadas observando-se a necessidade para aplicação da lei penal, para a investigação ou a instrução criminal e, nos casos expressamente previstos, para evitar a prática de infrações penais e, ainda, a adequação da medida à gravidade do crime, circunstâncias do fato e condições pessoais do indiciado ou acusado.

Por sua vez, o art. 319 do Código de Processo Penal prevê como medidas cautelares diversas da prisão:

I. comparecimento periódico em juízo, no prazo e nas condições fixadas pelo juiz, para informar e justificar atividades;
II. proibição de acesso ou frequência a determinados lugares quando, por circunstâncias relacionadas ao fato, deva o indiciado ou acusado permanecer distante desses locais para evitar o risco de novas infrações;
III. proibição de manter contato com pessoa determinada quando, por circunstâncias relacionadas ao fato, deva o indiciado ou acusado dela permanecer distante;
IV. proibição de ausentar-se da Comarca quando a permanência seja conveniente ou necessária para a investigação ou instrução;
V. recolhimento domiciliar no período noturno e nos dias de folga quando o investigado ou acusado tenha residência e trabalho fixos;
VI. suspensão do exercício de função pública ou de atividade de natureza econômica ou financeira quando houver justo receio de sua utilização para a prática de infrações penais;

---

[2] STJ, HC 585.402/SP, Rel. Min. Joel Ilan Paciornik, Quinta Turma, DJe 10/08/2020.
[3] STJ, HC 534.832/GO, Rel. Min. Ribeiro Dantas, Quinta Turma, DJe 03/03/2020.

VII. internação provisória do acusado nas hipóteses de crimes praticados com violência ou grave ameaça, quando os peritos concluírem ser inimputável ou semi-imputável (art. 26 do Código Penal) e houver risco de reiteração;

VIII. fiança, nas infrações que a admitem, para assegurar o comparecimento a atos do processo, evitar a obstrução do seu andamento ou em caso de resistência injustificada à ordem judicial;

IX. monitoração eletrônica.

As medidas cautelares serão decretadas pelo juiz a requerimento das partes ou, quando no curso da investigação criminal, por representação da autoridade policial ou mediante requerimento do Ministério Público, podendo ser aplicadas isolada ou cumulativamente (§§ 1º e 2º do art. 282 do CPP).

Repita-se, em nosso ordenamento jurídico, a prisão é tida como medida de caráter excepcional, ou, como preferem alguns doutrinadores, *um mal necessário*. Desta forma, o magistrado deverá sempre buscar meios alternativos que possam garantir o regular processamento do feito, devendo, portanto, decretar a custódia antecipada do agente delituoso apenas quando comprovada a ineficácia das diversas espécies de provimentos de natureza cautelar. Trata-se, pois, de meios para a preservação da liberdade de locomoção – direito de ir e vir – do autor do fato.

Em outros termos, o juízo competente buscará sempre formas menos gravosas para atingir o fim proposto, mas, verificando-se a impossibilidade de sua aplicação, determinará o cárcere cautelar. Nesta toada, a Lei nº 13.964/19 (pacote anticrime) introduziu em nosso ordenamento um importante acréscimo no texto do § 6º do art. 282 do CPP:

> § 6º A prisão preventiva somente será determinada quando não for cabível a sua substituição por outra medida cautelar, observado o art. 319 deste Código, *e o não cabimento da substituição por outra medida cautelar deverá ser justificado de forma fundamentada nos elementos presentes do caso concreto, de forma individualizada.*

Portanto, é indispensável a demonstração - por elementos concretos e não por meras conjecturas – da impossibilidade de aplicação das medidas cautelares em substituição à prisão preventiva.

> **OBSERVAÇÃO:**
>
> A cautelar de restrição de recolhimento domiciliar não se confunde com a prisão domiciliar. A primeira é uma medida restritiva de liberdade que permite ao réu responder ao processo em liberdade, substituindo, portanto, a prisão preventiva. Já a prisão domiciliar tem previsão no art. 318 do Código de Processo Penal e a sua natureza é de prisão propriamente dita, na qual, considerando as particularidades do agente, ao invés de cumprir a pena em regime fechado, o agente cumpre em seu próprio domicílio.

Por outro lado, as medidas cautelares previstas no Código de Processo Penal não se aplicam à infração a que não for isolada, cumulativa ou alternativamente cominada pena privativa de liberdade (§ 1º, art. 283, CPP). E não é só, para a aplicação das medidas cautelares diversas da prisão, exige-se fundamentação específica que demonstre a necessidade e adequação da medida em relação ao caso concreto (STJ, HC nº. 399.099/SC, Rel. Min. Nefi Cordeiro, 6ª Turma, DJe 1º/12/2017).

Isto significa dizer que os requisitos cautelares indicados no art. 282, I, do CPP se aplicam a quaisquer medidas previstas em todo o Título IX do CPP, sendo imprescindível ao aplicador do direito indicar o *periculum libertatis* – que também justifica uma prisão preventiva – para decretar medidas cautelares referidas nos arts. 319 e 320 do CPP, com o fim de resguardar a aplicação da lei penal, a investigação ou a instrução criminal, ou evitar a prática de infrações penais (STJ, HC nº 403.345, Rel. Min. Rogério Schietti, 6ª Turma, DJ 16/05/2019).

Portanto, configurar-se-á situação de constrangimento ilegal quando restar evidenciada a inadequação das medidas cautelares impostas, ou seja, não havendo pertinência entre elas e as circunstâncias fáticas da infração penal cometida, ou então quando ausentes no caso o *fumus comissi delicti* e o *periculum libertatis*.

Daí surge a seguinte indagação: a imposição de medidas cautelares nos casos de cometimento de infrações penais de menor potencial ofensivo (art. 61, Lei nº 9.099/85) é compatível com nosso ordenamento jurídico?

Com as mais respeitosas vênias, entendemos que, em regra, não. Tais condutas, cuja pena máxima não ultrapassa 2 (dois) anos, não são capazes de ensejar a decretação da prisão preventiva. Por isso, aplicar a esses casos qualquer medida cautelar será, certamente, impor uma providência altamente desproporcional.

Além das medidas cautelares do art. 319 do CPP, há outras encontradas em legislações especiais, como por exemplo, o afastamento do prefeito do exercício do cargo durante a instrução criminal (art. 2º, inciso II, do Decreto-Lei nº 201/1967) e o afastamento do acusado de suas atividades, se for funcionário público, quando praticadas condutas tipificadas no art. 33, *caput* e seu § 1º, e nos arts. 34 a 37, todas da Lei de Drogas (art. 56, § 1º, da Lei nº 11.343/06).

Eis algumas hipóteses de medidas cautelares diversas da prisão, contidas em nosso ordenamento jurídico:

Regra Geral	Art. 319 do Código de Processo Penal
Crimes de Responsabilidade de Prefeitos	Art. 2º, inciso II, do Decreto-Lei nº 201/1967
Lei de Drogas	Art. 56, § 1, da Lei nº 11.343/2006
Código de Trânsito Brasileiro	Art. 294 da Lei nº 9.603/1997
Lei Maria da Penha	Art. 22 da Lei nº 11.340/2006

PEÇAS DE COMBATE À PRISÃO

1. INTRODUÇÃO:

A constatação sobre qual medida cabível privativa de advogado poderá ser utilizada para restituir a liberdade do autor da infração penal dependerá, primeiramente, da análise sobre a legalidade da prisão realizada. Se a **prisão for considerada ilegal, a peça será o relaxamento de prisão**. Agora se a **prisão for considerada legal**, poderão ser utilizadas a **liberdade provisória, a revogação de prisão preventiva ou mesmo a revogação de prisão temporária**, a depender da espécie do decreto prisional.

DICA DE IDENTIFICAÇÃO DE PEÇA

PRISÃO EM FLAGRANTE	Prisão LEGAL	LIBERDADE PROVISÓRIA
	Prisão ILEGAL	RELAXAMENTO DE PRISÃO
PRISÃO TEMPORÁRIA	Prisão LEGAL	REVOGAÇÃO DE PRISÃO TEMPORÁRIA
	Prisão ILEGAL	RELAXAMENTO DE PRISÃO
PRISÃO PREVENTIVA	Prisão LEGAL	REVOGAÇÃO DE PRISÃO PREVENTIVA
	Prisão ILEGAL	RELAXAMENTO DE PRISÃO

2. RELAXAMENTO DE PRISÃO:

Trata-se da medida privativa de advogado a ser utilizada sempre que a prisão for manifestamente ILEGAL. Convém destacar que, independentemente de ser hipótese de prisão em flagrante, preventiva ou mesmo temporária, sendo a segregação cautelar ilegal deverá ser manejada o relaxamento de prisão.

No relaxamento de prisão, ainda haja prova da materialidade da infração penal e indícios suficientes de autoria, por desrespeitos às formalidades da prisão em flagrante, não se mostra possível a manutenção da custódia cautelar.

Assim, podemos ter 2 (dois) tipos de ilegalidades:

A. ILEGALIDADE MATERIAL:

Havendo uma prisão em flagrante, mas não existindo nenhuma das modalidades de estado de flagrância prevista em Lei, ou mais grave, tratando-se de flagrante preparado ou forjado, haverá uma ilegalidade material. Perceba que o momento de sua existência é, ANTES mesmo, da lavratura do Auto de Prisão em Flagrante Delito (APFD).

CUIDADO, o relaxamento de prisão não é cabível apenas quando estivermos analisando uma PRISÃO EM FLAGRANTE ILEGAL, ele poderá ser manejado também contra uma PRISÃO TEMPORÁRIA ILEGAL, como por exemplo aquela decretada de ofício pela autoridade judiciária ou mesmo por excesso de prazo na sua duração, e também da PRISÃO PREVENTIVA ILEGAL, como por exemplo quando a sua decretação for de ofício ou em se tratando de crime doloso punido com pena privativa de liberdade máxima inferior a 4 (quatro) anos.

B. ILEGALIDADE FORMAL:

Ocorre quando a autoridade policial não cumpre as formalidades da prisão em flagrante. Perceba que o momento de sua existência é DEPOIS da lavratura do Auto de Prisão em Flagrante Delito (APFD). Ao tratarmos da prisão em flagrante, elencamos que as suas 6 (seis) etapas distintas e complementares são:

I. Captura;
II. Condução;
III. Apresentação;
IV. Lavratura do Auto de Prisão em Flagrante Delito (APFD)
V. Formalidades posteriores;

VI. Convalidação judicial.

Observação: Qualquer desrespeito às formalidades dessas etapas configurará uma **ilegalidade formal**. Por exemplo, a inexistência da realização da audiência de custódia é uma ilegalidade apta a relaxar a prisão em flagrante, assim como a sua não comunicação às pessoas a que faz alusão o art. 306 do Código de Processo Penal.

Outro ponto que merece **atenção** é a impossibilidade de substituição da segregação cautelar ilegal por uma medida de natureza diversa da prisão. Isto, porque, a prisão ilegal deve ser imediatamente relaxada em virtude de sua incompatibilidade com as normas do ordenamento jurídico brasileiro, com a expedição do alvará de soltura em favor do agente delituoso, não podendo ela, portanto, ser substituída em face da apontada ilegalidade. Entender de forma contrária seria compactuar com o ato ilegal praticado, mesmo não permanecendo o autor da infração penal recluso.

ESTRUTURA DO RELAXAMENTO DE PRISÃO - REVISÃO:

ENDEREÇAMENTO:

EXCELENTÍSSIMO SENHOR DOUTOR JUIZ DE DIREITO DA _____ VARA CRIMINAL DA COMARCA DE _____ (Regra Geral)

EXCELENTÍSSIMO SENHOR DOUTOR JUIZ FEDERAL DA _____ VARA CRIMINAL DA SEÇÃO JUDICIÁRIA DE _____ (Crimes da Competência da Justiça Federal)

EXCELENTÍSSIMO SENHOR DOUTOR JUIZ DE DIREITO DA _____ VARA DO TRIBUNAL DO JÚRI DA COMARCA DE _____ (Regra geral)

EXCELENTÍSSIMO SENHOR DOUTOR JUIZ FEDERAL DA _____ VARA DO TRIBUNAL DO JÚRI DA SEÇÃO JUDICIÁRIA DE _____ (Crimes da Competência da Justiça Federal)

EXCELENTÍSSIMO SENHOR DOUTOR JUIZ DE DIREITO DA ___ ZONA ELEITORAL DA COMARCA DE _____ (Crimes Eleitorais)

Identificação

(Fazer parágrafo) Nome, nacionalidade, estado civil, profissão, portador da Cédula de Identidade número _____, expedida pela _____ inscrito no Cadastro de Pessoa Física do Ministério da Fazenda sob o número _____, residência e domicílio, por seu advogado abaixo assinado, conforme procuração anexa a este instrumento, vem, com fundamento no artigo 5º, LXV, da Constituição Federal, e art. 310, I, do Código de Processo Penal, requerer

RELAXAMENTO DE PRISÃO

pelos motivos de fato e direito a seguir expostos:

1. Dos Fatos

Deve ser feita uma breve narrativa, expondo o fato de forma sucinta que ensejou a prisão e o contexto da ação praticada. Os períodos devem ser sempre curtos, 5 ou 6 linhas.

2. Do Direito

Exemplos de teses para Prisão em Flagrante ilegal:

Analisar se a prisão se enquadra em uma das modalidades de flagrante previstas em Lei como lícitas.

Observar se as formalidades do flagrante foram respeitadas, como por exemplo:

A. houve a comunicação do juiz competente, do Ministério Público e da família do preso ou da pessoa por ele indicada?
B. fora realizada a oitiva das testemunhas?
C. o autor foi apresentado?
B. o auto de prisão em flagrante delito foi encaminhado ao juiz competente em até 24 (vinte e quatro) horas?
C. no mesmo prazo, foi entregue a nota de culpa ao autor do fato, com o motivo da prisão, o nome do condutor e os das testemunhas?
D. não havendo advogado indicado pelo autor do fato, foi encaminhada em até 24 (vinte e quatro) horas cópia integral do APFD à defensoria pública?
E. a audiência de custódia foi realizada?

Exemplos de teses para Prisão Temporária ilegal:

Consultar se houve ordem de juiz competente e representação da autoridade policial ou de requerimento do Ministério Público.

Verificar se os requisitos autorizadores se encontram presentes – imprescindibilidade da medida para as investigações do inquérito policial ou quando o indicado não tiver residência fixa ou não fornecer elementos necessários ao esclarecimento de sua identidade e, ainda, no caso de prática de uma das infrações penais do art. 1, inciso III, da Lei nº 7.906/1989.

Analisar eventual excesso de prazo na duração da prisão temporária.

Exemplos de teses para Prisão Preventiva ilegal:

Identificar se a prisão preventiva foi decretada por juiz competente e, na hipótese de ser na fase da investigação policial, se houve requerimento do Ministério Público, do querelante ou do assistente, ou por representação da autoridade policial.

Se o crime praticado for doloso e punido com pena privativa de liberdade máxima superior a 4 (quatro) anos.

3. Do Pedido

Por todo o exposto, requer seja imediatamente relaxada a prisão ilegal, nos termos do no artigo 5º, LXV da Constituição Federal, e art. 310, I, do Código de Processo Penal, com a expedição do alvará de soltura.

Termos em que,

Pede deferimento.

Comarca, data
Advogado, OAB

CASO PRÁTICO 01

No dia 10/11/2016, André praticou o crime de furto, subtraindo da vítima Luana um aparelho de telefone celular avaliado em R$ 1.500,00 (mil e quinhentos reais). Dois dias após a data do delito, André, arrependido de ter praticado a conduta, decidiu comparecer à delegacia de polícia da cidade de Teresina/PI para devolver o referido aparelho.

Em suas declarações, André informou que praticou o crime, pois o seu aparelho de telefone havia sido furtado há 4 (quatro) meses e, mesmo após ter comunicado o ocorrido e dado a descrição do autor da infração penal, não houve sucesso em localizá-lo. Desta forma, por não ter condição financeira de adquirir um novo aparelho, entendeu que não seria um problema se subtraísse um celular semelhante ao seu.

Após ouvi-lo e receber o objeto furtado, a autoridade policial deu voz de prisão a André, prendendo-o em flagrante pela prática do crime de furto, previsto no art. 155, caput, do Código Penal.

No dia 16/11/2016, a família de André o procura em seu escritório e o informa sobre a sua prisão, esclarecendo, ainda, que o Auto de Prisão em Flagrante sequer havia sido concluído pela autoridade policial. Com base apenas nas informações expostas no enunciado e naquelas que puderem ser inferidas, apresente a medida cabível privativa de advogado visando a restituição da liberdade de André.

GABARITO DO CASO PRÁTICO 01

Peça: RELAXAMENTO DE PRISÃO, com fundamento no art. 5º, inciso LXV, da Constituição Federal de 1988, e arts. 310, I, do Código de Processo Penal.

Competência: EXCELENTÍSSIMO SENHOR JUIZ DE DIREITO DA VARA CRIMINAL DA COMARCA DE TERESINA DO ESTADO DO PIAUÍ.

Direito:
- Narrar os fatos demonstrando que a prisão em flagrante do requerente não se adequa às hipóteses legais da prisão em flagrante, estabelecidas no art. 302 do Código de Processo Penal.
- O requerente se apresentou e não foi apresentado como preconiza o art. 304 do Código de Processo Penal.
- Ademais, a autoridade policial ultrapassou o prazo estabelecido no art. 306, § 1º, do Código de Processo Penal para conclusão do Auto de Prisão em Flagrante e remessa ao juízo competente.

Pedidos:
- Relaxamento da prisão em flagrante, com a expedição do alvará de soltura.

3. LIBERDADE PROVISÓRIA:

Trata-se da medida privativa de advogado a ser utilizada sempre que a prisão for LEGAL e a autoridade judiciária não houver convertido a prisão em flagrante em prisão preventiva. Isto, porque, uma vez determinada a prisão preventiva, a medida não mais será a liberdade provisória, e sim a revogação de prisão preventiva, ressalvados os casos de ilegalidade da medida.

Na liberdade provisória deverá ser demonstrado que, mesmo sendo a prisão em flagrante legal, não há os requisitos essenciais para a conversão em prisão preventiva – *fumus comissi delicti* e *periculum libertatis* – previstos nos artigos do Código de Processo Penal, quais sejam:

> Art. 312. *A prisão preventiva poderá ser decretada como garantia da ordem pública, da ordem econômica, por conveniência da instrução criminal, ou para assegurar a aplicação da lei penal, quando houver prova da existência do crime e indício suficiente de autoria*
> *Parágrafo único. A prisão preventiva também poderá ser decretada em caso de descumprimento de qualquer das obrigações impostas por força de outras medidas cautelares (art. 282, § 4º).*
> Art. 313. *Nos termos do art. 312 deste Código, será admitida a decretação da prisão preventiva:*
> *I – nos crimes dolosos punidos com pena privativa de liberdade máxima superior a 4 (quatro) anos;*
> *II – se tiver sido condenado por outro crime doloso, em sentença transitada em julgado, ressalvado o disposto no inciso I do caput do art. 64 do Decreto-Lei no 2.848, de 7 de dezembro de 1940 – Código Penal;*
> *III – se o crime envolver violência doméstica e familiar contra a mulher, criança, adolescente, idoso, enfermo ou pessoa com deficiência, para garantir a execução das medidas protetivas de urgência;*
> *IV – (Revogado pela Lei nº 12.403, de 2011).*
> *Parágrafo único. Também será admitida a prisão preventiva quando houver dúvida sobre a identidade civil da pessoa ou quando esta não fornecer elementos suficientes para esclarecê-la, devendo o preso ser colocado imediatamente em liberdade após a identificação, salvo se outra hipótese recomendar a manutenção da medida.*

Como exposto anteriormente, ao receber o auto de prisão em flagrante (APF), o magistrado aplicará o estabelecido no art. 310 do Código de Processo Penal, devendo:

1. Relaxar a prisão ilegal;
2. Converter a prisão em flagrante em preventiva, quando presentes os requisitos constantes do art. 312 deste Código, e se revelarem inadequadas ou insuficientes as medidas cautelares diversas da prisão;
3. Conceder liberdade provisória, com ou sem fiança.

Em se tratando de crime praticado sob o amparo das causas excludentes de ilicitude do art. 23 do Código Penal, a prisão preventiva

NÃO poderá ser decretada pelo magistrado, por expressa vedação legal (art. 314 do Código de Processo Penal). Ou seja, o agente que pratica uma infração penal em legítima defesa, estado de necessidade, estrito cumprimento do dever legal ou em exercício regular de direito, deverá responder ao processo em liberdade.

Ao contrário do relaxamento de prisão, em que se discute a legalidade da prisão, na liberdade provisória a matéria a ser ventilada é a desnecessidade de manter a segregação cautelar do agente. Em síntese, deverá ser demonstrado que os pressupostos para a conversão da prisão não estão presentes, ou há possibilidade de aplicação de outra medida menos gravosa, como as do art. 319 do Código de Processo Penal, requerendo-se a expedição do alvará de soltura.

Há que se destacar que a decretação da prisão deve ser sempre em *ultima ratio*, razão pela qual o magistrado deverá fundamentar o porquê de não ser possível a aplicação de nenhuma das medidas cautelares previstas no Código de Processo Penal. Aliás, o art. 282, § 6º, do CPP, assevera:

> Art. 282. *As medidas cautelares previstas neste Título deverão ser aplicadas observando-se a:*
> [...]
> § 6o A prisão preventiva será determinada quando não for cabível a sua substituição por outra medida cautelar (*art. 319*).

De todo modo, a prisão preventiva depende da impossibilidade de se aplicar ao caso uma das medidas do art. 319 do Código de Processo Penal. Neste mesmo sentido, é o entendimento do Superior Tribunal de Justiça:

> *Em vista da natureza excepcional da prisão preventiva, somente se verifica a possibilidade da sua imposição quando evidenciado, de forma fundamentada e com base em dados concretos, o preenchimento dos pressupostos e requisitos previstos no art. 312 do Código de Processo Penal – CPP. Deve, ainda, ser mantida a prisão antecipada apenas quando não for possível a aplicação de medida cautelar diversa, nos termos previstos no art. 319 do CPP.* (STJ, HC 402.544/SP, Rel. Ministro Joel Ilan Paciornik, 5ª Turma, DJe 06/11/2017)

A condição de pobreza do agente também deverá ser utilizada como tese de defesa, pois possibilita ao magistrado conceder a liberdade provisória sem fiança, como preceitua o art. 325, § 1º, inciso I, e art. 350, todos do Código de Processo Penal. É importante, ainda, destacar as condições pessoais do agente, como por exemplo, ser primário, de bons antecedentes, ter residência e trabalho fixos, e outras que o enunciado da questão apresentar.

ESTRUTURA DA LIBERDADE PROVISÓRIA

ENDEREÇAMENTO:

EXCELENTÍSSIMO SENHOR DOUTOR JUIZ DE DIREITO DA ____ VARA CRIMINAL DA COMARCA DE _____ (Regra Geral)

EXCELENTÍSSIMO SENHOR DOUTOR JUIZ FEDERAL DA ____ VARA CRIMINAL DA SEÇÃO JUDICIÁRIA DE _____ (Crimes da Competência da Justiça Federal)

EXCELENTÍSSIMO SENHOR DOUTOR JUIZ DE DIREITO DA ____ VARA DO TRIBUNAL DO JÚRI DA COMARCA DE _____ (Regra geral)

EXCELENTÍSSIMO SENHOR DOUTOR JUIZ FEDERAL DA ____ VARA DO TRIBUNAL DO JÚRI DA SEÇÃO JUDICIÁRIA DE _____ (Crimes da Competência da Justiça Federal)

EXCELENTÍSSIMO SENHOR DOUTOR JUIZ DE DIREITO DA ___ ZONA ELEITORAL DA COMARCA DE _____ (Crimes Eleitorais)

Identificação

(Fazer parágrafo) Nome, nacionalidade, estado civil, profissão, portador da Cédula de Identidade número _____, expedida pela _____ inscrito no Cadastro de Pessoa Física do Ministério da Fazenda sob o número _____, residência e domicílio, por seu advogado abaixo assinado, conforme procuração anexa a este instrumento, vem, com fundamento no artigo 5º, LXVI, da Constituição Federal, e arts. 310, III, e 321, ambos do Código de Processo Penal, requerer

LIBERDADE PROVISÓRIA

pelos motivos de fato e direito a seguir expostos:

Observação:

Se for crime afiançável, deverão constar ainda no fulcro os arts. 323 e 324 do CPP;

Se for o agente pobre, deverá constar ainda no fulcro o art. 350 do CPP;

Se for houver excludente de ilicitude, deverá constar ainda no fulcro o art. 310, § 1º, do CPP.

1. Dos Fatos

Deve ser feita uma breve narrativa, expondo o fato de forma sucinta que ensejou a prisão e o contexto da ação praticada, em especial, se houver alguma das excludentes de ilicitude do art. 23 do Código Penal. Os períodos devem ser sempre curtos, 5 ou 6 linhas.

2. Do Direito

Ressaltar que não há na hipótese necessidade para conversão da prisão em flagrante em prisão preventiva, pois os requisitos do art. 312 do Código de Processo Penal não estão presentes.

Demonstrar que a conduta foi praticada sob o amparo de uma das excludentes de ilicitude do art. 23 do Código Penal.

Além disso, aduzir não haver qualquer impedimento para aplicação de uma das medidas cautelares diversas da prisão, presentes nos arts. 282 e 319, ambos do Código de Processo Penal.

Se for o caso, alegar a possibilidade de aplicação de fiança, por não se tratar de crime inafiançável, nos termos do art. 323 e 324, ambos do Código de Processo Penal.

Dissertar sobre eventual condição de pobreza e as condições pessoais do agente (primariedade, bons antecedentes, trabalho e residência fixa).

3. Do Pedido

Por todo o exposto, requer:

A. a concessão da liberdade provisória, mediante compromisso de comparecer a todos os atos do processo, com a expedição do alvará de soltura em favor do requerente, conforme artigo 5º, LXVI, da CF/88 e art. 310, III, do CPP;
B. ou, a concessão da liberdade provisória, aplicando-se uma das medidas cautelares diversas da prisão, nos termos dos arts. 282 e 319, ambos do Código de Processo Penal;
C. ou, a concessão da liberdade provisória, mediante o arbitramento de fiança, nos termos do art. 323 e 324, do Código de Processo Penal.

Termos em que,

Pede deferimento.

Comarca, data
Advogado, OAB

CASO PRÁTICO 01

Marcelo, primário, de bons antecedentes, brasileiro, solteiro, auxiliar administrativo na empresa Bl, nascido em 20/02/1994, residente e domiciliado na cidade do Rio de Janeiro/RJ, foi preso em flagrante pela suposta prática do crime de furto qualificado pelo uso de chave falsa, previsto no art. 155, § 4º, inciso III, do Código Penal no dia 11/02/2018.

Conforme consta no Auto de Prisão em Flagrante (APF), Marcelo, utilizando uma chave falsa, abriu um veículo estacionado no Shopping Al e subtraiu diversos itens que se encontravam no interior do veículo, avaliados em R$ 1.450,00 (mil e quatrocentos e cinquenta reais). Concluído o APF no dia 12/02/2018, e respeitadas todas as formalidades do procedimento, os autos foram encaminhados para o Núcleo de Audiências de Custódia do estado do Rio de Janeiro.

Na mesma data, a família de Marcelo o procura em seu escritório, consultando-o acerca da possibilidade de buscar junto ao Poder Judiciário alguma medida para a concessão da liberdade de Marcelo antes da realização da Audiência de Custódia.

Com base apenas nas informações expostas no enunciado e naquelas que puderem ser inferidas, apresente a medida cabível privativa de advogado visando a restituição da liberdade de Marcelo.

GABARITO DO CASO PRÁTICO 01

Peça: LIBERDADE PROVISÓRIA, com fundamento no art. 5º, inciso LXVI, da Constituição Federal de 1988, e arts. 310, III e 321, ambos do Código de Processo Penal.

Competência: EXCELENTÍSSIMO SENHOR JUIZ DE DIREITO DA VARA CRIMINAL DA COMARCA DO RIO DE JANEIRO DO ESTADO DO RIO DE JANEIRO.

Direito:
- Narrar os fatos demonstrando que a inexistência dos requisitos do art. 312 e do CPP, razão pela qual não há justificativa para conversão da prisão em flagrante em prisão preventiva.
- Destacar que as condições pessoas do requerente favoráveis (primariedade, bons antecedentes, residência e emprego fixo), além de não

se tratar de crime inafiançável, nos termos dos arts. 323 e 324 do CPP e que não há impedimento para a aplicação das medidas cautelares diversas da prisão, elencadas no art. 319 do CPP.

Pedidos:

- Concessão da liberdade provisórias sem fiança, com a expedição do alvará de soltura.
- Subsidiariamente, a concessão da liberdade provisória cumulada com uma das medidas cautelares, estabelecidas no art. 319 do CPP.

4. REVOGAÇÃO DE PRISÃO PREVENTIVA:

Trata-se da medida privativa de advogado a ser utilizada sempre que a prisão for LEGAL e a autoridade judiciária converter a prisão em flagrante em prisão preventiva.

Assim como na liberdade provisória, na revogação de prisão preventiva não se discute a legalidade da prisão, e sim os fundamentos que a decretaram. A diferença entre essas 2 (duas) peças é o momento para a sua utilização. Caso o problema informe que ainda NÃO HOUVE a decretação da prisão preventiva, a peça cabível será a liberdade provisória. Por outro lado, havendo a decretação da prisão preventiva, a peça cabível será a revogação de prisão preventiva.

Explicamos anteriormente que, para decretação da prisão preventiva, são necessários:

1. Os Pressupostos:
A. a prova da existência do crime;
B. os indícios suficientes de autoria.
2. Os Fundamentos:
A. a garantia da ordem pública;
B. a garantia da ordem econômica;
C. a conveniência da instrução crimina;
D. a aplicação da lei penal; e/ou
E. descumprimento de qualquer das obrigações impostas por força de outras medidas cautelares
3. As condições:
A. a prática de crime doloso punido com pena privativa de liberdade máxima superior a 4 (quatro anos);

B. condenado por outro crime doloso em sentença transitada em julgado;
C. o crime envolver violência doméstica e familiar contra a mulher, criança, adolescente, idoso, enfermo ou pessoa com deficiência, para garantir a execução das medidas protetivas de urgência;
D. ou quando houver dúvida sobre a identidade civil da pessoa ou quando ela não fornecer elementos suficientes para esclarecê-la.

Nesse aspecto, ao desenvolver o raciocínio jurídico na revogação de prisão preventiva, o intuito é demonstrar a ausência dos requisitos autorizadores do art. 312 do Código de Processo Penal. Embora tenha havido uma prisão legal, a sua manutenção se mostra desproporcional ao caso em análise.

> **ATENÇÃO:**
> O art. 312 do CPP estabelece os requisitos para decretação da prisão preventiva (garantia da ordem pública, da ordem econômica, por conveniência da instrução criminal, ou para assegurar a aplicação da lei penal, quando houver prova da existência do crime e indício suficiente de autoria, ou ainda em caso de descumprimento de qualquer das obrigações impostas por força de outras medidas cautelares).
> Por sua vez, no art. 313 do CPP estão os pressupostos para decretação da prisão preventiva (crimes dolosos punidos com pena privativa de liberdade máxima superior a 4 (quatro) anos, se tiver sido condenado por outro crime doloso, em sentença transitada em julgado, ressalvado o disposto no art. 64, I, do CP, se o crime envolver violência doméstica e familiar contra a mulher, criança, adolescente, idoso, enfermo ou pessoa com deficiência, para garantir a execução das medidas protetivas de urgência, ou ainda quando houver dúvida sobre a identidade civil da pessoa ou quando esta não fornecer elementos suficientes para esclarecê-la).
> Mas **CUIDADO**, a ausência dos requisitos deve ser pontuada em liberdade provisória ou revogação de prisão preventiva, mas a dos pressupostos em sede de relaxamento de prisão!

Aliás, é importante destacar as condições pessoais do autor do fato, como por exemplo, ser primário, de bons antecedentes, ter residência e trabalho fixos, e outras que o enunciado da questão apresente, bem como a inexistência qualquer impedimento para a aplicação de medidas cautelares diversas da prisão.

ESTRUTURA DA REVOGAÇÃO DE PRISÃO PREVENTIVA

ENDEREÇAMENTO:

EXCELENTÍSSIMO SENHOR DOUTOR JUIZ DE DIREITO DA _____ VARA CRIMINAL DA COMARCA DE _____ (Regra Geral)

EXCELENTÍSSIMO SENHOR DOUTOR JUIZ FEDERAL DA _____ VARA CRIMINAL DA SEÇÃO JUDICIÁRIA DE _____ (Crimes da Competência da Justiça Federal)

EXCELENTÍSSIMO SENHOR DOUTOR JUIZ DE DIREITO DA _____ VARA DO TRIBUNAL DO JÚRI DA COMARCA DE _____ (Regra geral)

EXCELENTÍSSIMO SENHOR DOUTOR JUIZ FEDERAL DA _____ VARA DO TRIBUNAL DO JÚRI DA SEÇÃO JUDICIÁRIA DE _____ (Crimes da Competência da Justiça Federal)

EXCELENTÍSSIMO SENHOR DOUTOR JUIZ DE DIREITO DA ____ ZONA ELEITORAL DA COMARCA DE _____ (Crimes Eleitorais)

Identificação

(Fazer parágrafo) Nome, nacionalidade, estado civil, profissão, portador da Cédula de Identidade número _____, expedida pela _____ inscrito no Cadastro de Pessoa Física do Ministério da Fazenda sob o número _____, residência e domicílio, por seu advogado abaixo assinado, conforme procuração anexa a este instrumento, vem, com fundamento no artigo 5º, LVI E/OU LXVI, da Constituição Federal, e arts. 316 e 282, § 5º, todos do Código de Processo Penal, requerer

REVOGAÇÃO DE PRISÃO PREVENTIVA

pelos motivos de fato e direito a seguir expostos:

1. Dos Fatos

Deve ser feita uma breve narrativa, expondo o fato de forma sucinta que ensejou a prisão e o contexto da ação praticada. Os períodos devem ser sempre curtos, 5 ou 6 linhas.

2. Do Direito

Demonstrar e confrontar que todos os fundamentos jurídicos que motivaram a decretação da prisão preventiva não se revelam proporcionais ou mesmo existentes.

Dissertar sobre eventual condição de pobreza e as condições pessoais do agente (primariedade, bons antecedentes, trabalho e residência fixa).

Demonstrar não haver restrição para a aplicação das medidas cautelares diversas da prisão, previstas no art. 319 do Código de Processo Penal.

3. Do Pedido

Por todo o exposto, requer:

A. a revogação da prisão preventiva decretada por esse juízo, tendo em vista a ausência dos requisitos autorizadores do art. 312 do Código de Processo Penal, com a consequente expedição de alvará de soltura em favor do requerente;

B. **subsidiariamente**, entendendo Vossa Excelência de outra forma, a revogação da custódia cautelar, condicionando-a à imposição de medidas cautelares, nos termos do art. 282 c/c 319, ambos do Código de Processo Penal.

Termos em que,

Pede deferimento.

Comarca, data
Advogado, OAB

CASO PRÁTICO

Fred foi preso em flagrante pela suposta prática do crime de tráfico de drogas, previsto no art. 33, caput, da Lei 11.343/2006. Consoante exposto no Auto de Prisão em Flagrante, no dia dos fatos, por volta de 20h30min, em via pública, uma guarnição da Polícia Militar local estava em patrulhamento quando se deparou com Fred sozinho em uma praça da cidade.

Ato contínuo, Fred foi abordado pelos policiais e com ele foi encontrado uma pequena porção supostamente parecida com a droga popularmente conhecida como "maconha". Após ser questionado pelos policiais sobre a destinação da droga, Fred informou que a droga era sua, mas para consumo próprio. O Laudo de Exame Preliminar apontou que a substância encontrada era de fato "maconha".

Concluído o Auto de Prisão em Flagrante, o Magistrado da 1ª Vara de Entorpecentes da Comarca de Curitiba/PR converteu a prisão em flagrante em prisão preventiva, mesmo não existindo qualquer indício de que Fred fizesse parte de uma organização criminosa, destacando a garantia da ordem pública e que as condições de admissibilidade da custódia cautelar estavam presentes, pois o delito imputado a ele possui pena privativa de liberdade máxima maior que 4 (quatro) anos de reclusão, exigência do inciso I, do art. 313, do CPP.

A família de Fred o(a) procura em seu escritório profissional, apresentando documentos que comprovavam que ele é primário, possui endereço certo, possui ocupação lícita como garçom. Com base apenas nas informações expostas no enunciado e naquelas que puderem ser inferidas, apresente a medida cabível privativa de advogado visando a restituição da liberdade de Fred.

GABARITO DO CASO PRÁTICO

Peça: REVOGAÇÃO DE PRISÃO PREVENTIVA, com fundamento no art. 5º, inciso LXI E/OU LXVI, da Constituição Federal de 1988, e arts. 282, § 5º, 316, e 321, todos do Código de Processo Penal.

Competência: EXCELENTÍSSIMO SENHOR JUIZ DE DIREITO DA VARA DE ENTORPECENTES CRIMINAL DA COMARCA DE CURITIBA DO ESTADO DO PARANÁ.

Direito:
- Narrar os fatos demonstrando que não há risco à garantia da ordem pública quando o réu é primário e não há qualquer indício de sua participação em organização criminosa.
- Além disso, há dúvidas acerca da materialidade do crime de tráfico de drogas, em face da mínima quantidade de drogas e da afirmação do requerente de ser ela destinada ao uso pessoal.
- Por fim, deve ser ressaltada a primariedade do requerente, bem como o fato de ter ele residência fixa e ocupação lícita.

Pedidos:
- Revogação da prisão preventiva pela inexistência dos requisitos autorizadores do art. 312 do Código de Processo Penal, com a expedição do alvará de soltura;

- A substituição da aludida prisão preventiva por uma das medidas cautelares estabelecidas no artigo 319 do Código de Processo Penal.

ESTRUTURA DA REVOGAÇÃO DE PRISÃO TEMPORÁRIA

ENDEREÇAMENTO:

EXCELENTÍSSIMO SENHOR DOUTOR JUIZ DE DIREITO DA ____ VARA CRIMINAL DA COMARCA DE _____ (Regra Geral)

EXCELENTÍSSIMO SENHOR DOUTOR JUIZ FEDERAL DA ____ VARA CRIMINAL DA SEÇÃO JUDICIÁRIA DE _____ (Crimes da Competência da Justiça Federal)

EXCELENTÍSSIMO SENHOR DOUTOR JUIZ DE DIREITO DA ____ VARA DO TRIBUNAL DO JÚRI DA COMARCA DE _____ (Regra geral)

EXCELENTÍSSIMO SENHOR DOUTOR JUIZ FEDERAL DA ____ VARA DO TRIBUNAL DO JÚRI DA SEÇÃO JUDICIÁRIA DE _____ (Crimes da Competência da Justiça Federal)

EXCELENTÍSSIMO SENHOR DOUTOR JUIZ DE DIREITO DA ____ ZONA ELEITORAL DA COMARCA DE _____ (Crimes Eleitorais)

Identificação

(Fazer parágrafo – regra dos dois dedos) Nome, nacionalidade, estado civil, profissão, portador da Cédula de Identidade número _____, expedida pela _____ inscrito no Cadastro de Pessoa Física do Ministério da Fazenda sob o número _____, residência e domicílio, por seu advogado abaixo assinado, conforme procuração anexa a este instrumento, vem, com fundamento no artigo 5º, LXVI, da Constituição Federal, requerer

REVOGAÇÃO DE PRISÃO TEMPORÁRIA

pelos motivos de fato e direito a seguir expostos:

1. Dos Fatos

Deve ser feita uma breve narrativa, expondo o fato de forma sucinta que ensejou a prisão e o contexto da ação praticada. Os períodos devem ser sempre curtos, 5 ou 6 linhas.

2. Do Direito

Demonstrar e confrontar que todos os fundamentos jurídicos que motivaram a decretação da prisão temporária não se revelam proporcionais ou mesmo existentes.

Dissertar sobre as condições pessoais do agente (primariedade, bons antecedentes, trabalho e residência fixa).

Demonstrar não haver restrição para a aplicação das medidas cautelares diversas da prisão, previstas no art. 319 do Código de Processo Penal.

3. Do Pedido

Por todo o exposto, requer:

A. a revogação da prisão temporária decretada por esse juízo, tendo em vista a ausência dos requisitos autorizadores do art. 1º da Lei nº 7.960/1989, com a consequente expedição de alvará de soltura em favor do requerente;

B. subsidiariamente, entendendo Vossa Excelência de outra forma, a revogação da custódia cautelar, condicionando-a à imposição de medidas cautelares, nos termos do art. 282 c/c 319, ambos do Código de Processo Penal.

Termos em que,

Pede deferimento.

Comarca, data
Advogado, OAB

CASO PRÁTICO

Em 17/08/2017, foi instaurado inquérito policial para identificar o autor de diversos crimes de roubo perpetrados na cidade de Maceió/AL. Após alguns meses de investigação, e ouvidas diversas testemunhas, a autoridade policial reuniu informações acerca de um suspeito conhecido na cidade como Tião.

Ato contínuo, Tião foi identificado como Sebastião e notificado para comparecimento na delegacia para prestar suas declarações acerca do fato. Contudo, em razão de impossibilidade de o delegado responsável pela investigação comparecer na data designada para o procedimento, o ato foi remarcado para data nova.

Isto, porque, o inquérito policial foi encaminhado ao Poder Judiciário, solicitando fosse concedido novo prazo para a sua conclusão. O Ministério Público, todavia, ao tomar conhecimento dos fatos, requereu fosse determinada a prisão temporária de Sebastião, para que houvesse uma melhor colheita de informações sobre a autoria dos delitos e de sua materialidade, com o reconhecimento formal por parte de todas as vítimas.

Atendendo à manifestação ministerial, o Magistrado da 2ª Vara Criminal da Comarca de Maceió/AL decretou a prisão temporária de Sebastião, nos termos do aduzido pelo Ministério Público.

Após o cumprimento do mandado de prisão, a família de Sebastião o procura em seu escritório, informando o seu endereço residencial e apresentando documentos necessários para o esclarecimento de sua identidade, solicitando, por fim, sejam tomadas as medidas cabíveis para restituir a sua liberdade. Com base apenas nas informações apresentadas, apresente a medida cabível privativa de advogado, visando resguardar os direitos de Sebastião.

GABARITO DO CASO PRÁTICO

Peça: REVOGAÇÃO DE PRISÃO TEMPORÁRIA, com fundamento no art. 5º, inciso LXVI, da Constituição Federal de 1988.

Competência: EXCELENTÍSSIMO SENHOR JUIZ DE DIREITO DA SEGUNDA VARA CRIMINAL DA COMARCA DE MACEIO DO ESTADO DE ALAGOAS.

Direito:
- Narrar os fatos demonstrando que não estão presentes os requisitos ensejadores da prisão temporária, pois o fato de haver mero juízo de possibilidade de autoria que levem o requerente a ser considerado como suspeito não é suficiente para demonstração de que a sua custódia é imprescindível para o êxito das investigações.
- Além disso, a decretação da prisão temporária é admitida na fase investigatória de crimes estabelecidos na Lei n. 7.960/1989, quando o indiciado não tiver residência fixa ou não fornecer elementos necessários ao esclarecimento de própria identidade, o que não se enquadra no caso em análise.

Pedidos:
- Revogação da prisão temporária, em razão da inexistência dos requisitos autorizadores da prisão, estabelecidos na Lei art. 7.960/1989, com a expedição do competente alvará de soltura.

VAMOS TREINAR?

Em 12/06/2017, Aldair, primário e de bons antecedentes, foi indiciado pela suposta prática do crime de homicídio, previsto no art. 121, *caput*, do Código Penal. Consta no Inquérito Policial que a autoridade policial foi comunicada acerca do crime por uma testemunha e, a partir de então, iniciaram-se as investigações para identificar o autor do delito.

Decorrida algumas semanas e ouvidas diversas testemunhas, Aldair foi notificado para comparecer à delegacia de polícia para prestar declarações na condição de indiciado. Contudo, Aldair, por intermédio de seu advogado, informou que na data designada para a realização do ato não estaria na cidade, pois estava com procedimento cirúrgico marcado em outra cidade, apresentando a documentação comprobatória, incluindo a cópia de seu prontuário médico e as suas passagens áreas de ida e volta, solicitando, por fim, fosse adiado o procedimento.

Contudo, a autoridade policial, temendo pelo desaparecimento de Aldair, e justificando seu requerimento na necessidade de realização do seu interrogatório, requereu fosse determinada a sua prisão temporária. Em 17/07/2017, o Magistrado da Vara do Tribunal do Júri da Comarca de Porto Velho/RO decretou a prisão temporária de Aldair nos exatos termos do requerimento da autoridade policial, sendo o mandado de prisão cumprido no dia seguinte.

Com base apenas nas informações apresentadas, apresente a medida cabível privativa de advogado, visando resguardar os direitos de Aldair.

PADRÃO DE RESPOSTA

EXCELENTÍSSIMO SENHOR JUIZ DE DIREITO DA VARA DO TRIBUNAL DO JÚRI DA COMARCA DE PORTO VELHO DO ESTADO DE RONDÔNIA.

Aldair, nacionalidade, estado civil, profissão, portador da Cédula de Identidade número ___, expedida pela ___, inscrito no Cadastro de

Pessoa Física do Ministério da Fazenda sob o número ___, residência e domicílio em _____, por seu advogado abaixo assinado, procuração anexa, vem, respeitosamente, à presença de Vossa Excelência, com fundamento no art. 5º, inciso LXVI, da Constituição Federal de 1988, requerer:

REVOGAÇÃO DA PRISÃO TEMPORÁRIA

pelos motivos de fato e de direitos a seguir aduzidos:

I – Dos Fatos (é necessário aduzir de forma objetiva os fatos narrados no enunciado, sem que haja a inclusão de informações que não possam ser inferidas do caso):

Conforme consta nos autos, o requerente indiciado pela suposta prática do crime de homicídio, previsto no art. 121, *caput*, do Código Penal, sendo designada data para a realização do seu interrogatório.

Contudo, em razão de uma palestra profissional, o requerente solicitou fosse redesignado o seu interrogatório, apresentando os documentos comprobatórios, incluindo a cópia de seu prontuário médico e as suas passagens áreas de ida e volta.

Não obstante, atendendo ao requerimento da autoridade policial, foi decretada a prisão temporária do requerente por esse Juízo, mesmo não havendo motivação idônea, conforme passa-se a expor.

II – Do Direito:

Destaque-se, por primeiro, que a decretação da prisão temporária tem previsão na Lei n. 7.960/1989, e sua ocorrência dependerá da demonstração da imprescindibilidade para as investigações do inquérito policial ou quando o indicado não tiver residência fixa ou não fornecer elementos necessários ao esclarecimento de sua identidade, bem como da prática de uma ou mais infrações penais previstas no inciso III, do art. 1º, da referida Lei.

No caso em análise, conquanto haja a prática do crime de homicídio doloso, um dos delitos estabelecidos na Lei n. 7.960/1989 com ensejadores da medida cautelar, não há que se falar de imprescindibilidade para as investigações do inquérito policial, tampouco de ausência de elementos que possam identificar a identidade do requerente ou mesmo de seu endereço residencial.

Ao contrário, a prisão cautelar do requerente somente foi decretada para garantir que haja a realização do interrogatório do requerente!

Convém destacar, por oportuno, que conforme estabelecido pelo Supremo Tribunal Federal, o interrogatório é uma faculdade, podendo o requerente, inclusive, fazer uso, se lhe for conveniente, do seu direito de permanecer calado. Nessa tônica, não se mostra razoável que alguém seja preso para que haja o exercício de uma faculdade!

Observe-se, por outro lado, que o requerente não se negou a comparecer ao ato, e sim, requereu, tão somente, fosse designada nova data para a sua realização, em razão de um procedimento cirúrgico a ser realizado em outra cidade!

Assim sendo, sabendo-se que o requerente é primário e de bons antecedentes, e considerando que a prisão temporária é medida excepcional que só deve ser decretada quando indispensável à elucidação do fato criminoso, bem como que a investigação pode prosseguir sem a sua prisão, necessário se faz a sua revogação.

III – Dos Pedidos:

Ex postis, requer seja revogada a prisão temporária do requerente, em razão da inexistência dos requisitos autorizadores da prisão, estabelecidos na Lei nº 7.960/1989, com a expedição do competente alvará de soltura.

Nestes termos,

Pede o deferimento.

Porto Velho/RO, Data...
Advogado
OAB

GABARITO

Peça: REVOGAÇÃO DE PRISÃO TEMPORÁRIA, com fundamento no art. 5º, inciso LXVI, da Constituição Federal de 1988.

Competência: EXCELENTÍSSIMO SENHOR JUIZ DE DIREITO DA VARA DO TRIBUNAL DO JÚRI DA COMARCA DE PORTO VELHO DE RONDÔNIA.

Direito:

- Narrar os fatos demonstrando que não estão presentes os requisitos ensejadores da prisão temporária.

- Além disso, o interrogatório é uma mera faculdade, não se revelando razoável a decretação da prisão temporária apenas para que haja a sua realização.
- Por fim, não houve recusa no comparecimento do requerente ao interrogatório, mas apenas a solicitação de mudança da data em razão de procedimento cirúrgico em outra cidade, com a apresentação dos documentos comprobatórios, incluindo a cópia de seu prontuário médico e as suas passagens áreas de ida e volta.

Pedidos:

- Revogação da prisão temporária, em razão da inexistência dos requisitos autorizadores da prisão, estabelecidos na Lei art. 7.960/1989, com a expedição do competente alvará de soltura.

3.

QUEIXA-CRIME:

1. INTRODUÇÃO

1.1. AÇÃO PENAL PRIVADA

A ação penal privada é aquela em que o titular da ação é o ofendido ou seu representante legal. Em caso de morte ou declaração de ausência da vítima, o direito de ação se transfere ao cônjuge (companheiro), ascendente, descendente ou irmão.

O crime será sempre de ação penal privada quando o Código Penal aduzir que o delito somente se procede mediante queixa. A menção a essa informação pode ser percebida nos seguintes artigos do Código Penal:

> Art. 145 – Nos crimes previstos neste Capítulo somente se procede **mediante queixa**, salvo quando, no caso do art. 140, § 2º, da violência resulta lesão corporal. [Crimes contra a honra];
> Art. 161 – [...]
> § 1º – Na mesma pena incorre quem:
> I – invade, com violência a pessoa ou grave ameaça, ou mediante concurso de mais de duas pessoas, terreno ou edifício alheio, para o fim de esbulho possessório.
> [...]
> § 3º – Se a propriedade é particular, e não há emprego de violência, somente se procede **mediante queixa**. [Crime de Esbulho possessório];
> Art. 167 – Nos casos do art. 163, do inciso IV do seu parágrafo e do art. 164, somente se procede **mediante queixa**. [Crime de dano];
> Art. 179 – Fraudar execução, alienando, desviando, destruindo ou danificando bens, ou simulando dívidas:
> Pena – detenção, de seis meses a dois anos, ou multa.
> Parágrafo único – Somente se procede **mediante queixa**. [Crime de fraude à execução]; e

> Art. 345 – *Fazer justiça pelas próprias mãos, para satisfazer pretensão, embora legítima, salvo quando a lei o permite:*
> *Pena – detenção, de quinze dias a um mês, ou multa, além da pena correspondente à violência.*
> *Parágrafo único – Se não há emprego de violência, somente se procede mediante queixa.* [Crime de exercício arbitrário das próprias razões].

A **primeira modalidade** de ação penal privada é a exclusivamente privada ou propriamente dita, a qual é exercida pela vítima ou por seu representante legal, e seu processamento se dá mediante o oferecimento de queixa-crime. Importante reiterar a necessidade de expressa previsão legal para os crimes serem processados mediante queixa.

Exemplificando, na prática de um crime contra a honra – calúnia (art. 138 do CP), difamação (art. 139 do CP) ou injúria (art. 140 do CP) – a ação penal somente será promovida por iniciativa da vítima ou de seu representante legal, mediante o oferecimento de queixa-crime. A atuação do representante do Ministério Público nesses casos será apenas como *custos legis* e não na condição titular da ação penal.

A **segunda modalidade** é a ação personalíssima, cujo exercício somente poderá ser feito pela própria vítima, sem que haja previsão para sua substituição, mesmo nos casos de morte ou procurador com poderes especiais. Logo, na hipótese de morte da vítima, extinguir-se-á a punibilidade do agente.

> **OBSERVAÇÃO:**
> O crime de induzimento a erro essencial e ocultação de impedimento, previsto no art. 236 do Código Penal, é o único delito de ação penal privada personalíssima.

Por fim, a **terceira e última modalidade** de ação penal privada é a subsidiária da pública ou supletiva, cuja previsão legal está no art. 5º, inciso LIX, da Constituição Federal de 1988. Trata-se de medida a ser adotada quando o Ministério Público, mesmo tomando ciência sobre a prática de uma infração penal, e havendo prova da materialidade delitiva e de indícios suficientes de autoria, manter-se INERTE, ou seja, não promover o oferecimento da denúncia, ou requerer seja realizada nova diligência pela autoridade policial, descumprindo os prazos estabelecidos em Lei.

> **OBSERVAÇÃO:**
>
> O elemento essencial para propositura de queixa-crime subsidiária – instrumento a ser utilizado para provocar o Poder Judiciário na hipótese de ação penal privada subsidiária da pública – é a **INÉRCIA** do representante do Ministério Público. Não se trata, portanto, de divergências de entendimento entre a vítima ou seu representante legal e o membro do *parquet*, **e sim da sua atuação nos casos de desídia do órgão acusatório.**

Pergunta: Na ação penal privada subsidiária da pública, oferecida a queixa-crime subsidiária (ou substitutiva), o representante do Ministério Público poderá aditar[4] a queixa?

Resposta: Sim, o representante do Ministério Público poderá aditar a queixa, repudiá-la e oferecer denúncia substitutiva, bem como intervir em todos os termos do processo, fornecer elementos de prova, interpor recurso e, a todo tempo, no caso de negligência do querelante, retomar a ação como parte principal (art. 29 do CPP):

> Art. 29. Será admitida ação privada nos crimes de ação pública, se esta não for intentada no prazo legal, cabendo ao Ministério Público aditar a queixa, repudiá-la e oferecer denúncia substitutiva, intervir em todos os termos do processo, fornecer elementos de prova, interpor recurso e, a todo tempo, no caso de negligência do querelante, retomar a ação como parte principal.

1.2. QUEIXA-CRIME

A queixa-crime é o instrumento utilizado para dar início à persecução penal dos crimes na ação penal privada. Assim como na denúncia, que é o instrumento utilizado nos casos de infrações penais de ação penal pública, os seus requisitos estão previstos no art. 41 do Código de Processo Penal:

> Art. 41. A denúncia ou queixa conterá a exposição do fato criminoso, com todas as suas circunstâncias, a qualificação do acusado ou esclarecimentos pelos quais se possa identificá-lo, a classificação do crime e, quando necessário, o rol das testemunhas.

Ao tratarmos da ação penal privada, foi explicado que a sua instauração dependerá de iniciativa da vítima ou de seu representante

---

[4] Aditar significa acrescentar ou alterar determinado ponto ou circunstância posta na queixa-crime.

legal. Neste sentido, assim dispõe o parágrafo 2º, do art. 100, do Código Penal:

> Art. 100 – A ação penal é pública, salvo quando a lei expressamente a declara privativa do ofendido.
> [...]
> § 2º – A ação de iniciativa privada é promovida mediante queixa do ofendido ou de quem tenha qualidade para representá-lo.

Aliás, há que se ressaltar o disposto no art. 31 do Código de Processo Penal:

> Art. 31. No caso de morte do ofendido ou quando declarado ausente por decisão judicial, o direito de oferecer queixa ou prosseguir na ação passará ao cônjuge, ascendente, descendente ou irmão.

Observação: A exceção a essa sucessão processual é apenas para o crime de ação penal privada personalíssima.

2. FUNDAMENTO DA QUEIXA-CRIME

A queixa-crime terá com fundamento os artigos 30 e 41 do Código de Processo Penal, e art. 100, § 2º do Código Penal.

3. ENDEREÇAMENTO DA QUEIXA-CRIME

A autoridade judiciária competente para julgar as infrações penais de ação penal privada poderá ser definida pelo **somatório das penas das condutas praticadas**, sendo facultado à vítima ou seu representante legal escolher oferece-la no foro de domicílio ou da residência do réu, ainda quando o lugar da infração for diverso (art. 73 do CPP).

Veja:

1. Somatório das penas máximas das condutas igual ou inferior a 2 (dois) anos: Competência dos Juizados Especiais Criminais[5].
2. Somatório das penas máximas das condutas superior a 2 (dois) anos: Competência das Varas Criminais;

Observação: Havendo prática de conduta nos termos do disposto no art. 41 da Lei 11.340/2006 (Lei Maria da Penha), a competência será

---

[5] Aos crimes previstos na Lei 10.741/03 (Estatuto do Idoso), cuja pena máxima privativa de liberdade não ultrapasse 4 (quatro) anos, aplica-se o procedimento sumaríssimo previsto na Lei nº 9.099/95, conforme ADI 3.096.

dos Juizados de Violência Doméstica e Familiar contra a mulher, independentemente da soma das penas das condutas praticadas, salvo disposição em contrário. Confira-se:

> Art. 41. Aos crimes praticados com violência doméstica e familiar contra a mulher, independentemente da pena prevista, não se aplica a Lei no 9.099, de 26 de setembro de 1995.

A título de exemplo, se o autor do fato pratica um crime de injúria contra um terceiro, a competência será de um dos juizados especiais criminais da comarca, pois a pena do crime praticado é de até 6 (seis) meses.

Por outro lado, se o meliante pratica o crime de calúnia em concurso material com o crime de injúria, a pena máxima a ser aplicada é de 2 (dois) anos do crime de calúnia mais 6 (seis) meses do crime de injúria, resultando em uma reprimenda superior a 2 (dois) anos, tornando competente uma das varas criminais da respectiva comarca.

4. APRESENTAÇÃO DA QUEIXA-CRIME

A qualificação na queixa-crime é OBRIGATÓRIA, sendo a vítima ou seu sucessor, denominados querelante, e, o autor do fato, denominado querelado. A propósito, por se tratar de peça privativa de advogado, é necessário a constituição de um profissional para representar os interesses do querelante e, ainda, a outorga de procuração com poderes especiais, nos ditames do art. 44 do Código de Processo Penal:

> Art. 44. A queixa poderá ser dada por **procurador com poderes especiais**, devendo constar do instrumento do mandato o nome do querelante e a menção do fato criminoso, salvo quando tais esclarecimentos dependerem de diligências que devem ser previamente requeridas no juízo criminal.

IMPORTANTÍSSIMO: Não sendo a queixa oferecida pela vítima, ou seja, constando no polo ativo um representante legal – sucessor ou terceiro com procuração – é essencial a abertura de tópico na peça para justificar a legitimidade ativa.

5. ESTRUTURA DA QUEIXA-CRIME

1. DOS FATOS;
2. DO DIREITO;
3. DOS PEDIDOS.

6. DIREITO DA QUEIXA-CRIME

Como dito, na ação penal privada, o querelante atuará de forma semelhante à função acusatória exercida pelo representante do Ministério Público. Depreende-se, assim, haja a explanação da infração penal praticada, associando a conduta praticada pelo querelado à conduta típica prevista em Lei como proibida. Ter-se-á, por óbvio, uma narrativa, amoldando-se o quê, como e o local da prática da ação.

Por exemplo:

Ação Praticada: Mauro, desejando ofender a honra objetiva de André, passou a comentar para os presentes no evento, que o seu veículo somente poderia ter sido obtido por meio de algum ato ilícito ou, então, que o automóvel utilizava peças falsas ou adulteradas.

Infração Penal: Difamação, prevista no art. 139 do Código Penal.

Tese Jurídica: A conduta do querelado ao afirmar que o automóvel do querelante era de origem ilícita, ou utilizava peças falsas/adulteradas, configura a prática do delito de difamação, previsto no art. 139 do Código Penal, pois desabonou a honra do querelante. Isto, porque, o referido crime ofendeu à honra objetiva da vítima, pois o ato macula a sua imagem individual frente à sociedade e o seu convívio nesta. Além disso, para a consumação do crime de difamação não importa a veracidade ou não do fato disseminado, o que importa é a intenção do agente em macular a honra da vítima, razão pela, resta perfeitamente amoldada a conduta praticada com o preceito primário estabelecido no art. 139 do Código Penal.

> **ATENÇÃO:**
> No caso de concurso de agente, a queixa-crime deverá ser oferecida em desfavor de todos os ofensores, conforme art. 48 do Código de Processo Penal. Caso contrário, haverá ofensa ao Princípio da Indivisibilidade, ensejando a extinção da punibilidade em relação a todos por renúncia tácita (art. 49, CPP).

Ademais, é necessário verificar a ocorrência de eventuais agravantes ou causas de aumento de pena, bem como se houve no caso concurso de agentes ou mesmo concurso de crimes – concurso material (art. 69 do CP), concurso formal (art. 70 do CP) e crime continuado (art. 71 do CP):

Concurso material
Art. 69 – Quando o agente, mediante mais de uma ação ou omissão, pratica dois ou mais crimes, idênticos ou não, aplicam-se cumulativamente as penas privativas de liberdade em que haja incorrido. No caso de aplicação cumulativa de penas de reclusão e de detenção, executa-se primeiro aquela.
§ 1º – Na hipótese deste artigo, quando ao agente tiver sido aplicada pena privativa de liberdade, não suspensa, por um dos crimes, para os demais será incabível a substituição de que trata o art. 44 deste Código.
§ 2º – Quando forem aplicadas penas restritivas de direitos, o condenado cumprirá simultaneamente as que forem compatíveis entre si e sucessivamente as demais.
Concurso formal
Art. 70 – Quando o agente, mediante uma só ação ou omissão, pratica dois ou mais crimes, idênticos ou não, aplica-se-lhe a mais grave das penas cabíveis ou, se iguais, somente uma delas, mas aumentada, em qualquer caso, de um sexto até metade. As penas aplicam-se, entretanto, cumulativamente, se a ação ou omissão é dolosa e os crimes concorrentes resultam de desígnios autônomos, consoante o disposto no artigo anterior.
Parágrafo único – Não poderá a pena exceder a que seria cabível pela regra do art. 69 deste Código.
Crime continuado
Art. 71 – Quando o agente, mediante mais de uma ação ou omissão, pratica dois ou mais crimes da mesma espécie e, pelas condições de tempo, lugar, maneira de execução e outras semelhantes, devem os subsequentes ser havidos como continuação do primeiro, aplica-se-lhe a pena de um só dos crimes, se idênticas, ou a mais grave, se diversas, aumentada, em qualquer caso, de um sexto a dois terços.
Parágrafo único – Nos crimes dolosos, contra vítimas diferentes, cometidos com violência ou grave ameaça à pessoa, poderá o juiz, considerando a culpabilidade, os antecedentes, a conduta social e a personalidade do agente, bem como os motivos e as circunstâncias, aumentar a pena de um só dos crimes, se idênticas, ou a mais grave, se diversas, até o triplo, observadas as regras do parágrafo único do art. 70 e do art. 75 deste Código.

7. PEDIDOS DA QUEIXA-CRIME

Na queixa-crime, além do pedido de condenação do querelado pela prática das condutas por ele praticadas, é cabível o pedido de reparação pelo dano(s) acarretado(s), nos ditames do art. 387, inciso IV do Código de Processo Penal:

Art. 387. O juiz, ao proferir sentença condenatória:
[...]
IV – fixará valor mínimo para reparação dos danos causados pela infração, considerando os prejuízos sofridos pelo ofendido;

Temos, portanto, os seguintes pedidos:

1. Pedido de recebimento da queixa-crime, citação do querelado para responder aos termos da ação penal e, ao final, julgado procedente o pedido para condenar o agente nas penas do art. __;
2. Pedido ainda de reparação do dano de que trata o art. 387, IV do Código de Processo Penal. Por fim, intimação do membro do Ministério Público e arrolamento e intimação das testemunhas indicadas no rol;
3. Em caso de procedimento previsto no Juizado Especial Criminal, é necessário ainda o pedido de audiência preliminar constante no art. 72 da Lei nº 9.0995/1995, caso ela não tenha ocorrido;
4. Em crimes contra a honra que o oferecimento da queixa-crime não é no Juizado Especial Criminal, é necessário requerer o pedido de audiência de conciliação prévia, constante no art. 520 do Código de Processo Penal.

8. PRAZO DA QUEIXA-CRIME

O prazo para oferecimento da queixa-crime é de 6 (seis) meses contados da data do conhecimento da autoria do delito por parte da vítima e sua previsão legal está disciplinada no art. 103 do Código Penal. Por se tratar de prazo decadencial não se interrompe, nem se suspende, ou mesmo se prorroga, contando-se na forma do art. 10 do Código Penal (prazo penal).

> *Decadência do direito de queixa ou de representação*
> *Art. 103 – Salvo disposição expressa em contrário, o ofendido decai do direito de queixa ou de representação se não o exerce dentro do prazo de 6 (seis) meses, contado do dia em que veio a saber quem é o autor do crime, ou, no caso do § 3º do art. 100 deste Código, do dia em que se esgota o prazo para oferecimento da denúncia*

CUIDADO: Convém destacar que, nas hipóteses de término do prazo decadencial de 6 (seis) meses aos sábados, domingos, feriados ou mesmo em dias de não funcionamento do Poder Judiciário por outros motivos, o oferecimento da queixa-crime deverá ser ANTECIPADO para o último dia útil, sob pena de perda do direito de queixa.

9. QUEIXA-CRIME SUBSIDIÁRIA

Como dito anteriormente, na prática de crimes de ação pena pública, quando o representante do Ministério Público agir de forma desidiosa e não oferecer a denúncia, negligenciando, assim, as suas funções acusatórias, será permitido ao ofendido ou ao seu representante legal atuar de forma supletiva ao *parquet*, oferecendo a queixa-crime subsidiária.

Assim como na queixa-crime já estudada, o seu fundamento legal também será o art. 41 do Código de Processo Penal, acrescido do art. 29 do mesmo códex e do art. 100, § 3º, do Código Penal.

A sua estrutura será a mesma da analisada na queixa-crime comum, uma narrativa, amoldando-se o quê, como e o local da prática da ação, acrescida de eventuais agravantes ou causas de aumento de penal, bem como a indicação de concurso de agentes ou mesmo concurso de crimes.

O prazo para oferecimento da queixa-crime subsidiária também é de 6 (seis) meses, mas a sua contagem se inicia do primeiro dia APÓS o término do prazo do Ministério Público para oferecimento da denúncia.

Lembre-se, a atuação de forma subsidiária está condicionada à INÉRCIA do órgão ministerial.

Logo, se houve por parte do citado órgão a determinação para arquivamento do inquérito policial, ou pedido para realização de novas diligências ou qualquer outra medida diversa do oferecimento da denúncia, não restará caracterizada negligência do *parquet*.

A presente medida NÃO poderá ser manejada quando a hipótese não for de inércia, mas sim de divergência quanto ao posicionamento manifestado pelo Ministério Público.

Exemplificando, no dia 09/01/2018 (terça-feira), o MP recebeu o inquérito policial com elementos suficientes para oferecer denúncia contra indiciado solto. O seu prazo é de 15 (quinze) dias, conforme art. 46 do Código de Processo Penal, para oferecimento da denúncia. O citado prazo é de natureza processual – em razão de se encontrar o réu em liberdade – iniciando-se no primeiro dia útil subsequente à data do recebimento do inquérito e com término do prazo quinzenal em 24/01/2018 (quarta-feira). Desta forma, mantendo-se inerte o parquet, o prazo de 6 (seis) meses para oferecimento da queixa-crime subsidiária se iniciará no dia 25/01/2018 (quinta-feira), com término em 24/07/2018 (terça-feira), pois o prazo é de natureza penal.

Apesar de sua inércia, o representante do órgão ministerial poderá atuar na queixa-crime subsidiária, cabendo a ele aditar a queixa, repudiá-la e oferecer denúncia substitutiva, intervir em todos os termos do processo, fornecer elementos de prova, interpor recurso e, a todo tempo, no caso de negligência do querelante, retomar a ação como parte principal, consoante art. 29 do Código de Processo Penal. Por esta razão, é necessário requerer a sua intimação.

DICAS RÁPIDAS

RENÚNCIA AO DIREITO DE QUEIXA	PERDÃO JUDICIAL	RETRATAÇÃO DA REPRESENTAÇÃO
A renúncia é a prática de ato incompatível com a vontade de ver processado o infrator ou através de declaração expressa da vítima neste sentido. A renúncia pode ser expressa ou tácita. A renúncia é ato voluntário, unilateral e irretratável, já que em razão dele o direito não mais poderá ser exercido, em virtude da extinção de punibilidade.	O perdão é uma espécie de bondade, em que, por qualquer motivo, a vítima pode não querer mais prosseguir com a ação, perdoando o querelado. O perdão extingue a punibilidade, mas precisa ser aceito pelo imputado, por ser ato bilateral, senão não terá efeito. Havendo mais de um réu, o perdão oferecido a um aproveitará aos demais, porque a ação penal é indivisível. Caso um ou alguns não aceite o perdão, o processo continuará contra aqueles que recusaram o perdão.	Enquanto não oferecida a denúncia, é possível a vítima retratar-se da representação. Após a apresentação da inicial acusatória, a representação é irretratável. A doutrina majoritária entende que caberia a retratação da retratação da representação quantas vezes a vítima quiser, desde que antes do oferecimento da inicial acusatória.

CRIMES CONTRA A HONRA

CRIME	PREVISÃO LEGAL	CONDUTA	EXEMPLO
CALÚNIA	Art. 138, CP	Imputar falsamente fato definido como crime.	João, sabendo ser mentira, diz a Humberto que Maria subtraiu a bolsa de sua irmã na festa de Paulo.
DIFAMAÇÃO	Art. 139, CP	Imputar fato ofensivo à sua reputação.	João diz que Maria se sustenta com o dinheiro recebido por meio de prostituição.
INJÚRIA	Art. 140, CP	Ofender a dignidade ou o decoro por meio de xingamento ou adjetivo depreciativo.	João xinga Maria de ladra e de burra.

CUIDADO!		
Xingar a vítima de bandido, estelionatário ou outro adjetivo depreciativo configura o crime de **INJÚRIA**.	Imputar à vítima a prática de contravenção penal configura o crime de **DIFAMAÇÃO**.	A retratação somente é admitida nos crimes de **CALÚNIA** e **DIFAMAÇÃO**.

ESTRUTURA DA QUEIXA-CRIME

ENDEREÇAMENTO:

EXCELENTÍSSIMO SENHOR DOUTOR JUIZ DE DIREITO DA ____ VARA CRIMINAL DA COMARCA DE _____ (Regra Geral)

EXCELENTÍSSIMO SENHOR DOUTOR JUIZ FEDERAL DA ____ VARA CRIMINAL DA SEÇÃO JUDICIÁRIA DE _____ (Crimes da Competência da Justiça Federal)

Identificação

(Fazer parágrafo – regra dos dois dedos) (Nome da Querelante), ou (Nome da vítima menor ou incapaz), neste ato representada por (Nome do representante legal), ou (Nome do Sucessor), nacionalidade, estado civil, profissão, portador da Cédula de Identidade número __, expedida pela __ inscrito no Cadastro de Pessoa Física do Ministério da Fazenda sob o número __, residência e domicílio, por seu advogado abaixo assinado, conforme procuração com poderes especiais anexa a este instrumento em conformidade com o artigo 44 do Código de Processo Penal vem oferecer

QUEIXA-CRIME

com fundamento nos artigos 30 e 41 do Código de Processo Penal, e art. 100, § 2º do Código Penal ou acréscimo do art. 31 do Código de Processo Penal existindo sucessor em face de (Nome do Querelado), nacionalidade, estado civil, profissão, identidade portador da Cédula de Identidade número __, expedida pela __ inscrito no Cadastro de Pessoa Física do Ministério da Fazenda sob o número __, residência e domicílio, pelos fatos e fundamentos jurídicos a seguir expostos.

Observação:

Sucessor processual – nos casos de morte da vítima ou declarada ausente;

Representante legal – nos casos de incapacidade da vítima ou por meio de procuração.

1. Dos Fatos

Faça um resumo da situação fática, explicando os motivos que ensejaram a propositura da queixa-crime. Nesta peça, é importante abordar de forma esclarecedora os fatos, sob pena de não preenchimento dos requisitos constantes no art. 41 do Código de Processo Penal.

2. Do Direito

Demonstrar a intenção do querelado na prática delitiva, indicando a conduta praticada por este, mencionando, ainda, eventuais agravantes, qualificadoras ou causas de aumento de pena, caso existam.

3. Do Pedido

Pedido de recebimento da queixa-crime, citação do querelado para responder aos termos da ação penal e, ao final, julgado procedente o pedido para condenar o agente nas penas do art. __.

Pedido ainda de reparação do dano de que trata o art. 387, IV do Código de Processo Penal. Por fim, intimação do membro do Ministério Público e arrolamento e intimação das testemunhas indicadas no rol.

Em caso de procedimento previsto no Juizado Especial Criminal, é necessário ainda o pedido de audiência preliminar constante no art. 72 da Lei nº 9.0995/1995, caso ela não tenha ocorrido.

Em crimes contra a honra que o oferecimento da queixa-crime não é no Juizado Especial Criminal, é necessário requerer o pedido de audiência de conciliação prévia, constante no art. 520 do Código de Processo Penal.

Termos em que,

Pede deferimento.

Comarca, data
Advogado, OAB

Rol de Testemunhas:

1. (Nome e qualificação completa);
2. (Nome e qualificação completa);
3. (Nome e qualificação completa).

CASO PRÁTICO

Pedro, brasileiro, solteiro, estudante de direito, é morador de um condomínio na cidade do Rio de Janeiro/RJ. O condomínio é formado por diversas casas, sendo que todas são separadas apenas por cercas de madeira. Há 2 (dois) meses, Flávio, brasileiro, divorciado, aposentado, passou a residir na casa vizinha a de Pedro.

Ocorre que aos sábados Pedro tem como costume lavar o seu veículo automotor em sua garagem, ouvindo música em alto volume. Inconformado com a situação, Flávio solicitou por diversas vezes que Pedro diminuísse o volume, mas as suas solicitações não eram atendidas pelo vizinho.

Incomodado com a situação, Flávio passou a comentar o fato com outros moradores do condomínio. Percebendo a repercussão negativa da conduta de Pedro, Flávio, com intuito de expulsar o vizinho do condomínio, passou a afirmar também que havia investigado a vida de Pedro e que ele foi condenado a uma pena de 9 (nove) anos de reclusão, pois praticou o crime de estupro contra uma jovem estudante de sua faculdade há menos de 2 (dois) anos. Além disso, asseverou que Pedro tinha outra condenação por importunação ofensiva ao pudor, pois tinha o hábito de ficar constrangendo mulheres por meio de atos obscenos e de afirmações de cunho sexual.

No dia 17/09/2017, Juliana e Letícia se dirigiram até a casa de Pedro e o informara sobre o ocorrido. Acrescentaram, ainda, que os fatos a ele atribuídos por Flávio foram ditos em uma reunião do condomínio, na qual estavam presentes mais de 100 (cem) moradores. Ato contínuo, Pedro o procura em seu escritório e o contrata para que sejam tomadas todas as medidas cabíveis para resguardar os seus direitos.

Com base somente nas informações de que dispõe e nas que podem ser inferidas pelo caso concreto acima, redija a peça cabível que atenda aos interesses de Pedro, considerando recebida a pasta devidamente instruída, com todos os documentos pertinentes, inclusive procuração com poderes especiais, sustentando, para tanto, todas as teses jurídicas pertinentes. (Valor: 5,0)

GABARITO DO CASO PRÁTICO

Peça: QUEIXA-CRIME, nos moldes dos artigos 30 do Código de Processo Penal, 100, §2º do Código Penal, além do artigo 41, do Código de Processo Penal. Possibilidade ainda de fundamentação combinando com o artigo 145 do Código Penal.

Competência: EXCELENTÍSSIMO SENHOR JUIZ DE DIREITO DA VARA CRIMINAL DA COMARCA DO RIO DE JANEIRO DO ESTADO DO RIO DE JANEIRO.

Qualificação e Procuração: Qualificação do querelante e do querelado, bem como a menção à existência de procuração com poderes especiais de acordo com o artigo 44 do CPP anexada.

Teses:
- Exposição do fato criminoso referente ao crime de difamação e sua classificação típica (art. 139 do CP);
- Exposição do fato criminoso referente ao crime de calúnia e sua classificação típica (art. 138 do CP);
- Incidência da causa de aumento de pena por estar na presença de várias pessoas ou por meio que facilite a divulgação da difamação ou indicação do Art. 141, III do CP;
- Incidência do concurso material de delitos ou informação do art. 69 do CP;

Pedidos:
- Designação de audiência preliminar ou de conciliação ou pedido constante no art. 520 do Código de Processo Penal;
- Recebimento da queixa-crime e citação do querelado;

- Oitiva das testemunhas arroladas;
- Pedido de condenação de condenação do querelado pela prática dos crimes de calúnia e de difamação majoradas, conforme arts. 138, 139 e 141, III, todos do CP;
- Pedido de aplicação da incidência do concurso material de crimes ou pedido de aplicação do art. 69 do Código Penal;
- Fixação de valor mínimo de indenização ou indicação do Art. 387, IV, do CPP.

Rol de testemunhas.

VAMOS TREINAR?

Luis Otávio, brasileiro, solteiro, aposentado, é morador da cidade de Uberlândia/MG, local em que é conhecido pela sua enorme coleção de carros. Entre os inúmeros veículos de sua propriedade, o seu favorito é o modelo Ford T, fabricado em 1917, o qual, segundo Luis Otávio, é o único da região.

Em 7 de agosto de 2017, Luis Otávio foi convidado para uma exposição de veículos antigos que ocorreria na cidade de São Paulo em 30 de agosto do mesmo ano, evento no qual o proprietário do melhor veículo seria premiado com a quantia de R$ 20.000,00 (vinte mil reais). O convite foi feito durante uma exposição de veículos na cidade Uberlândia, oportunidade em que Luis Otávio também tomou ciência acerca da existência de outro veículo de mesmo modelo e ano que o seu, recém adquirido por Paulo Henrique, outro colecionador de veículos da cidade, mas que, segundo especialistas, encontrava-se em melhor estado de conservação do que o de Luis Otávio.

Inconformado com a notícia, Luis Otávio, desejando ofender a honra objetiva de Paulo Henrique, passou a comentar para os presentes no evento, que o veículo deste somente poderia ter sido obtido por meio de algum ato ilícito ou, então, que o automóvel utilizava peças falsas ou adulteradas, pois nenhum colecionador de verdade iria se desfazer do seu automóvel modelo Ford T. Os comentários pejorativos de Luis Otávio foram presenciados por dezenas de pessoas, entre elas, Marcelo e Eduardo.

Não satisfeito com a repercussão negativa de seus comentários, Luis Otávio decidiu ir até o local onde o veículo de Paulo Henrique se encontrava e, utilizando-se de uma chave de fenda, arranhou em diversos pontos o veículo modelo Ford T. Ao final, Luis Otávio afirmou "não aceito que ninguém exiba um veículo igual ao meu, principalmente, em exposições de colecionadores. Ford T na cidade, é só o meu!".

A ação de Luis Otávio foi registrada pelas câmeras de segurança instaladas no local, as quais captaram, inclusive, os seus dizeres finais.

No dia 14 de agosto de 2017, Paulo Henrique o procura em seu escritório de advocacia, portando cópia da gravação do incidente e acompanhado de Marcelo e Eduardo, para que sejam tomadas as medidas judiciais cabíveis para resguardar os seus direitos.

Com base somente nas informações de que dispõe e nas que podem ser inferidas pelo caso concreto acima, redija a peça cabível que atenda aos interesses de seu cliente, excluindo a possibilidade de impetração de habeas corpus, considerando recebida a pasta devidamente instruída, com todos os documentos pertinentes, inclusive procuração com poderes especiais, sustentando, para tanto, as teses jurídicas pertinentes. (Valor: 5,0)

PADRÃO DE RESPOSTA

EXCELENTÍSSIMO SENHOR DOUTOR JUIZ DE DIREITO DA __ VARA CRIMINAL DA COMARCA DE UBERLÂNDIA/MINAS GERAIS

Paulo Henrique, brasileiro, solteiro, aposentado, portador da Cédula de Identidade número ___, expedida pela ___, inscrito no Cadastro de Pessoa Física do Ministério da Fazenda sob o número ___, residência e domicílio, por seu advogado abaixo assinado, conforme procuração com poderes especiais anexa a este instrumento, consoante art. 44 do Código de Processo Penal, vem oferecer

QUEIXA-CRIME

com base nos artigos 30 e 41 do Código de Processo Penal e artigos 100, § 2º, 145 e 167 do Código Penal, contra Luís Otávio, nacionalidade___, estado civil___, profissão___, portador da Cédula de Identidade número___, expedida pela___, inscrito no Cadastro de Pessoa Física do Ministério da Fazenda sob o número___, residência e domicílio, pelas razões de fato e de direito a seguir expostas:

1. Dos Fatos:

No dia 07/08/2017, o querelante estava em uma exposição de veículos antigos na cidade de Uberlândia/MG, local em que o querelado também se encontrava. Ocorre que, de forma injustificada, o querelado passou a afirmar para diversas pessoas que também estavam na aludida exposição, que o automóvel do querelante modelo Ford T ou era de origem ilícita, ou utilizava peças falsas/adulteradas. Isto porque, segundo o querelado, nenhum colecionador de verdade iria se desfazer de um veículo semelhante ao do querelante.

Essas afirmações foram presenciadas pelas testemunhas Marcelo e Eduardo.

Ato contínuo, o querelado, não satisfeito em macular a honra objetiva do querelante, dirigiu-se ao local onde o referido veículo se encontrava e arranhou-o em diversos pontos, aduzindo que não aceitaria a exposição do veículo para outros colecionadores.

Agindo desta forma, evidencia-se que o querelado cometeu a conduta descrita no art. 139 em combinação com o art. 141, III, ambos do Código Penal, pois o agente difamou a vítima para várias pessoas através de meio que facilitou a divulgação e a propagação da ofensa.

Além disso, ocorreu ainda a prática do delito constante no art. 163, parágrafo único, IV do Código Penal, qual seja, dano qualificado, em virtude da deterioração da coisa alheia, por motivo egoístico.

Ressalte-se que a conduta do querelado amolda-se no concurso material de crimes, constante no art. 69 do Código Penal uma vez que, através de mais de uma conduta, praticou dois crimes, devendo as penas serem somadas.

Dessa forma, não restou ao querelante outra alternativa para resguardar seus direitos, se não buscar guarida no Poder Judiciário.

2. Do Direito

Da narração dos fatos acima elencados, percebe-se que o querelado tinha a intenção de denegrir a imagem da ofendida, imputando-lhe fatos ofensivos a sua reputação, com a clara intenção de ofender a sua honra social.

Desta forma, a conduta do querelado configura o crime de difamação majorada, com fundamento no artigo 139 em combinação com o artigo 141, III, ambos do Código Penal.

Convém destacar que o crime de difamação ofende à honra objetiva da vítima, pois o ato macula a sua imagem individual frente à sociedade e o seu convívio nesta. Além disso, para a consumação do crime de difamação não importa a veracidade ou não do fato disseminado, o que importa é a intenção do agente em macular a honra da vítima.

Nessa seara, a conduta do querelado ao afirmar que o automóvel do querelante modelo Ford T ou era de origem ilícita, ou utilizava peças falsas/adulteradas, configura a prática do delito em questão, pois desabonou a honra do querelante.

Além disso, a prática do delito se na presença de várias pessoas, razão pela qual há que incidir a causa de aumento de pena de 1/3 nos termos do art. 141, III, do Código Penal.

Noutro aspecto, a conduta do querelado de danificar o veículo do querelante configura a prática do delito de dano qualificado, previsto no art. 163, parágrafo único, IV, do Código Penal, uma vez que o crime foi praticado por motivo egoístico. Isto, porque, a intenção do querelado ao praticar a conduta era garantir que seu veículo fosse o único qualificado o suficiente para ser exibido em exposição de colecionadores antigos, conforme se depreende das gravações realizadas na data do fato.

Há que se consignar, por fim, que os crimes foram praticados em concurso material de crime, nos termos do art. 69 do Código Penal, já que o agente, mediante mais de uma conduta, praticou dois crimes, devendo ser punido por estes delitos, somando-se as penas.

3. Pedidos:

Diante do exposto, postula-se a Vossa Excelência seja designada audiência preliminar para eventual composição nos termos do art. 520 do Código de Processo Penal, ou então, se infrutífera, que seja recebida a presente queixa-crime, com a consequente instauração da ação penal privada e a citação do querelado para responder aos termos da ação e, ao final, que seja julgado procedente o pedido para condenar o agente como incurso nas penas do art. 139, em combinação com o art. 141, III, além dos arts. 163, parágrafo único, IV e 69, todos do Código Penal, bem como a fixação de um valor mínimo de indenização a título de reparação por danos causados, nos moldes do art. 387, IV do Código de Processo Penal.

Requer ainda a oitiva do Ministério Público, como *custos legis*, e que sejam oportunamente intimadas e inquiridas as testemunhas abaixo arroladas.

Termos em que,

Pede deferimento.

Uberlândia/Minas Gerais, data.
Advogado, OAB.

Rol de testemunhas:

1. Marcelo;
2. Eduardo.

GABARITO DO CASO PRÁTICO

Peça: QUEIXA-CRIME, nos moldes dos artigos 30 do Código de Processo Penal, 100, §2º do Código Penal, além do artigo 41, do Código de Processo Penal. Possibilidade ainda de fundamentação combinando com os artigos 145 ou 167, ambos do Código Penal.

Competência: EXCELENTÍSSIMO SENHOR DOUTOR JUIZ DA VARA CRIMINAL DA COMARCA DE UBERLÂNDIA/MG.

Qualificação e Procuração: Qualificação do querelante e do querelado, bem como a menção à existência de procuração com poderes especiais de acordo com o artigo 44 do CPP anexada.

Teses:

- Exposição do fato criminoso referente ao crime de difamação e sua classificação típica (art. 139 do CP);
- Incidência da causa de aumento de pena por estar na presença de várias pessoas ou por meio que facilite a divulgação da difamação ou indicação do Art. 141, III do CP;
- Exposição do fato criminoso referente ao crime de dano qualificado e sua classificação típica (art. 163, parágrafo único, inciso IV, do CP);
- Incidência do concurso material de delitos ou informação do art. 69 do CP;
- Desenvolvimento fundamentado acerca da ocorrência do crime de difamação, além da informação de ser a difamação majorada ou ter a pena da difamação aumentada pela presença de várias pessoas ou meio que facilite a divulgação ou difamação majorada pelo constante no artigo 141, III do Código Penal.
- Desenvolvimento fundamentado acerca da ocorrência do crime de dano qualificado.

Pedidos:

- Designação de audiência preliminar ou de conciliação ou pedido constante no art. 520 do Código de Processo Penal;
- Recebimento da queixa-crime e citação do querelado;
- Oitiva das testemunhas arroladas;
- Pedido de condenação do querelado pela prática do crime difamação majorada ou pedido de condenação do querelado pelo crime constante no artigo 139 em combinação com o art. 141, III, ambos do Código Penal;
- Pedido de condenação do querelado pela prática do crime dano qualificado ou pedido de condenação do querelado pelo crime constante no artigo 163, parágrafo único, IV do Código Penal;
- Pedido de aplicação da incidência do concurso material de crimes ou pedido de aplicação do art. 69 do Código Penal;
- Fixação de valor mínimo de indenização ou indicação do Art. 387, IV, do CPP.

Rol de testemunhas.

4.
DEFESA PRÉVIA E DEFESA PRELIMINAR

1. INTRODUÇÃO

A defesa prévia ou preliminar é a peça processual a ser apresentada **antes** de o Magistrado proferir a decisão de recebimento ou rejeição da denúncia. É, portanto, a oportunidade do acusado se defender da(s) imputação(ões) feita(s) pela acusação sem que ainda tenha sido instaurada a ação penal.

Em regra, o Ministério Público oferece a denúncia e, não entendendo o Magistrado pela ocorrência de uma das hipóteses de rejeição do art. 395 do Código de Processo Penal, o réu é citado para apresentar a sua resposta à acusação.

Este NÃO é o caso que será estudado adiante. Isto porque, o momento processual oportuno para a apresentação da defesa preliminar é entre o oferecimento e o recebimento da denúncia.

2. CONCEITO

O Código de Processo Penal e determinadas Legislações Especiais estabelecem um rito especial para a apuração da prática de certas infrações penais, no qual o acusado poderá apresentar a sua defesa sem que a exordial acusatória tenha sido recebida pelo Magistrado competente.

> **OBSERVAÇÃO:**
> A defesa prévia ou preliminar a que se refere o Código de Processo Penal e determinadas Legislações Especiais **NÃO** é aquela anteriormente prevista no art. 395 do Código de Processo Penal e extinta pela

> Lei nº 11.719/2008, que permitia que o réu ou seu defensor pudessem, logo após o interrogatório ou no prazo de 3 (três) dias, oferecer alegações escritas e arrolar testemunhas. Trata-se, na verdade, de modalidade de defesa específica a ser apresentada em hipóteses **expressamente** previstas em nosso Ordenamento Jurídico.

3. PREVISÃO LEGAL

	PREVISÃO LEGAL	PRAZO
LEI DE DROGAS:	Art. 55 da Lei nº 11.343/2006;	10 (DEZ) DIAS;
CRIMES FUNCIONAIS AFIANÇÁVEIS:	Art. 514 do Código de Processo Penal.	15 (QUINZE) DIAS.

4. DEFESA PRELIMINAR NOS CRIMES FUNCIONAIS AFIANÇÁVEIS

Dispõe o art. 514 do Código de Processo Penal:

> Art. 514. Nos crimes afiançáveis, estando a denúncia ou queixa em devida forma, o juiz mandará autuá-la e ordenará a notificação do acusado, para responder por escrito, dentro do prazo de quinze dias.
> Parágrafo único. Se não for conhecida a residência do acusado, ou este se achar fora da jurisdição do juiz, ser-lhe-á nomeado defensor, a quem caberá apresentar a resposta preliminar.

Primeiramente, é importante destacar que não há nenhum crime funcional que seja inafiançável. Ou seja, em todo procedimento para apurar eventual ocorrência de crime funcional praticado por servidor público (arts. 312 a 326 do Código Penal) é **essencial a apresentação da defesa preliminar**.

> **OBSERVAÇÃO:**
>
> A simples prática de crime funcional por parte de servidor público não atrai a necessária apresentação da defesa prévia. Isto porque, existem crimes funcionais, como por exemplo, o previsto no art. 3º da Lei 8.137/90, em que a sua apresentação não é necessária.
> Logo, somente será cabível a apresentação da defesa preliminar a que se refere o art. 514 do Código de Processo Penal nas hipóteses previstas nos arts. 312 a 326 do Código Penal.
> Confira-se, aliás, o entendimento jurisprudencial do Colendo Superior Tribunal de Justiça:
> *"PENAL E PROCESSO PENAL. AGRAVO REGIMENTAL NO RECURSO EM HABEAS CORPUS. CRIME DE DANO AMBIENTAL POR CONDUTA DELITIVA*

> OMISSIVA IMPRÓPRIA. PRINCÍPIO DA COLEGIALIDADE. NÃO OCORRÊNCIA. CERCEAMENTO DE DEFESA. INEXISTÊNCIA DE ARGUMENTOS HÁBEIS A DESCONSTITUIR A DECISÃO IMPUGNADA. NULIDADE PELA NÃO OBSERVÂNCIA DO RITO DO ART. 514 DO CÓDIGO DE PROCESSO PENAL - CPP. NÃO OCORRÊNCIA. RÉU SERVIDOR PÚBLICO. PROCEDIMENTO RESTRITO AOS CRIMES FUNCIONAIS PRÓPRIOS OU TÍPICOS. AGRAVO REGIMENTAL DESPROVIDO.
> (...)
> 3. O procedimento especial previsto no art. 514 do Código de Processo Penal somente é aplicável para crimes praticados por servidor público contra a Administração Pública, elencados nos artigos 312 a 326 do Código Penal - CP.
> (...) Agravo regimental desprovido." (STJ, AgInt no RHC 68.809/RJ, Rel. Min. Joel Ilan Paciornik, Quinta Turma, DJe 20/06/2018).

Merece destaque uma questão específica da defesa preliminar do art. 514 do CPP: a sua não apresentação por si só acarretará nulidade?

A doutrina e a jurisprudência divergem acerca do tema.

O Colendo Superior Tribunal de Justiça editou a Súmula nº 330, *verbis*:

> É desnecessária a resposta preliminar de que trata o artigo 514 do Código de Processo Penal, na ação penal instruída por inquérito policial.

Portanto, segundo entendimento daquele Superior Tribunal, somente haveria nulidade se a ação penal não for instruída com inquérito policial.

Ocorre que o Egrégio Supremo Tribunal Federal sedimentou entendimento diverso[6], ressaltando, por outro lado, que somente há que se falar de nulidade pela não apresentação da defesa preliminar se demonstrado o efetivo prejuízo causado à parte:

> *Ementa:* AGRAVO REGIMENTAL NO RECURSO ORDINÁRIO EM HABEAS CORPUS. PENAL E PROCESSO PENAL. CRIME DE PECULATO. ARTIGO 312, § 1º, DO CÓDIGO PENAL. AUSÊNCIA DE DEFESA PRELIMINAR. INOBSERVÂNCIA DO ARTIGO 514 DO CÓDIGO DE PROCESSO PENAL. ALEGADA NULIDADE PROCESSUAL. SUPERVENIÊNCIA DE SENTENÇA CONDENATÓRIA. PRECLUSÃO. AUSÊNCIA DE PREJUÍZO. INCIDÊNCIA DO PRINCÍPIO DO "PAS DE NULLITÉ SANS GRIEF". INEXISTÊNCIA DE ILEGALIDADE OU CONSTRANGIMENTO ILEGAL. AGRAVO REGIMENTAL DESPROVIDO.

---

6 STF, RHC 114.116, Rel. Min. Gilmar Mendes, Segunda Turma, DJe 01/02/2013.

*1. A posição firme desta Corte é no sentido de que as nulidades alegadas, para serem reconhecidas, pressupõem a **comprovação do prejuízo**, nos termos do artigo 563 do Código de Processo Penal, não podendo esse ser presumido, a fim de se evitar um excessivo formalismo em prejuízo da adequada prestação jurisdicional. Cuida-se de aplicação do princípio cognominado de "pas de nullité sans grief", aplicável tanto a nulidades absolutas quanto relativas.*
(...)
3. A superveniência de sentença condenatória demonstra a inexistência de prejuízo à defesa, eis que a finalidade da defesa preliminar, prevista no artigo 514 do Código de Processo Penal, é evitar a instauração temerária da ação penal.
(...) 5. Agravo regimental desprovido". (STF, RHC 159674 AgR, Relator(a): Min. Luiz Fux, Primeira Turma, DJe 26/09/2018).

Em relação às teses da defesa preliminar, conquanto haja divergência doutrinária, o posicionamento majoritário é no sentido de que se admite trabalhar teses para a rejeição da denúncia e, ainda, teses para a absolvição sumária, aplicando-se o art. 516 em combinação com o art. 397, ambos do CPP.

Outra questão fundamental nos estudos sobre a defesa preliminar é acerca da apresentação posterior da resposta à acusação (arts. 396 e 396-A do CPP).

Mais uma vez, existe **divergência** na doutrina.

Há juristas que entendem que a apresentação da defesa preliminar torna dispensável a apresentação da resposta à acusação, devendo haver naquela a concentração de todas as teses de defesa (principais ou subsidiárias).

Não obstante, e com todas as vênias àqueles que entendem dessa maneira, a apresentação das 2 (duas) defesas em momentos distintos é o procedimento que melhor se adéqua aos Princípios basilares do Ordenamento Jurídico Brasileiro, mormente da Ampla Defesa e do Contraditório.

Nesse contexto, forçoso concluir que a defesa do autor delitivo deverá ser notificada para a apresentação da sua defesa preliminar e, havendo o recebimento da exordial acusatória por parte do d. Juízo, a sua citação para que apresente a resposta à acusação.

5. DEFESA PRÉVIA NA LEI DE DROGAS

Dispõe o art. 55 da Lei nº 11.343/06:

> Art. 55. Oferecida a denúncia, o juiz ordenará a notificação do acusado para oferecer defesa prévia, por escrito, no prazo de 10 (dez) dias.
> § 1º Na resposta, consistente em defesa preliminar e exceções, o acusado poderá arguir preliminares e invocar todas as razões de defesa, oferecer documentos e justificações, especificar as provas que pretende produzir e, até o número de 5 (cinco), arrolar testemunhas.
> § 2º As exceções serão processadas em apartado, nos termos dos *arts. 95 a 113 do Decreto-Lei no 3.689, de 3 de outubro de 1941 – Código de Processo Penal*.
> § 3º Se a resposta não for apresentada no prazo, o juiz nomeará defensor para oferecê-la em 10 (dez) dias, concedendo-lhe vista dos autos no ato de nomeação.
> § 4º Apresentada a defesa, o juiz decidirá em 5 (cinco) dias.
> § 5º Se entender imprescindível, o juiz, no prazo máximo de 10 (dez) dias, determinará a apresentação do preso, realização de diligências, exames e perícias.

Assim como na hipótese dos crimes funcionais inafiançáveis, a Lei de Drogas estabelece que antes do recebimento da denúncia o magistrado deverá determinar a notificação do acusado para que, no prazo de 10 (dez) dias, apresente sua defesa prévia. A inobservância do rito procedimental previsto no art. 55 da Lei n. 11.343/2006 poderá ensejar uma nulidade relativa, desde que demonstrados, concretamente, eventuais prejuízos suportados pela defesa[7].

Convém destacar que a apresentação da defesa prévia deverá anteceder a designação da audiência de instrução e julgamento, devendo ser praticado o ato processual pelo magistrado somente depois de recebida a exordial acusatória.

A propósito, eis o entendimento jurisprudencial do Colendo Superior Tribunal de Justiça:

> RECURSO ORDINÁRIO EM HABEAS CORPUS. TRÁFICO DE DROGAS. DESIGNAÇÃO DE AUDIÊNCIA DE INSTRUÇÃO E JULGAMENTO ANTES DO OFERECIMENTO DE DEFESA PRÉVIA E DO RECEBIMENTO DA DENÚNCIA. DESCUMPRIMENTO DE FORMALIDADE QUE NÃO IMPEDIU O ATENDIMENTO DOS PRECEITOS PROCESSUAIS PENAIS PERTINENTES. AUSÊNCIA DE PREJUÍZO. MÁCULA NÃO CARACTERIZADA. DESPROVIMENTO DO RECLAMO.
> (...)

---

[7] STJ, RHC 52.147/SP, Rel. Min. Ribeiro Dantas, Quinta Turma, DJe 23/06/2017.

3. Na espécie, no despacho por meio do qual se determinou a notificação dos réus para oferecerem a defesa prévia prevista no artigo 55 da Lei 11.343/2006, a magistrada singular designou data para audiência de instrução e julgamento, o que, a princípio, poderia caracterizar ofensa ao dispositivo citado, uma vez que o mencionado ato processual somente deveria ser agendado após o exame da resposta apresentada pelos acusados e o acolhimento da incoativa.

4. Contudo, a mera designação da audiência de instrução e julgamento antes da análise da defesa prévia não impede que a defesa oferte a referida peça, muito menos que as teses veiculadas pelos recorrentes sejam averiguadas e ponderadas pelo Juízo, circunstância que obsta o reconhecimento da eiva suscitada na irresignação, já que se trata de descumprimento de formalidade que não compromete o regular trâmite do processo, tampouco acarreta violação ao devido processo legal. Precedentes.

5. Recurso desprovido." (STJ, RHC 99.230/SP, Rel. Min. Jorge Mussi, Quinta Turma, DJe 15/08/2018).

Ponto importante, no rito da Lei de Drogas não há previsão para apresentação da resposta à acusação. Ou seja, todas as teses possíveis de serem defendidas na resposta à acusação, incluindo a absolvição sumária, deverão ser trabalhadas na defesa prévia.

O procedimento previsto na Lei de Drogas, além de suas especificidades, deve abarcar os institutos inseridos no Código de Processo Penal através da Lei nº 11.719/2008, de forma que o interrogatório seja realizado como último ato processual na audiência de instrução e julgamento.

Nesse sentido:

PENAL. PROCESSUAL PENAL. HABEAS CORPUS. TRÁFICO DE ENTORPECENTES. MOMENTO DO INTERROGATÓRIO. ÚLTIMO ATO DA INSTRUÇÃO. NOVO ENTENDIMENTO FIRMADO PELO PRETÓRIO EXCELSO NO BOJO DO HC 127.900/AM. MODULAÇÃO DE EFEITOS. PUBLICAÇÃO DA ATA DE JULGAMENTO. ACUSADO INTERROGADO NO INÍCIO DA INSTRUÇÃO. SENTENÇA PRETÉRITA. NULIDADE. INEXISTÊNCIA. CAUSA ESPECIAL DE DIMINUIÇÃO DE PENA. NÃO INCIDÊNCIA. CONCLUSÃO DE QUE O PACIENTE SE DEDICAVA ÀS ATIVIDADES CRIMINOSAS. AFERIÇÃO. REVOLVIMENTO FÁTICO-PROBATÓRIO. INVIABILIDADE. SUBSTITUIÇÃO DA PENA. IMPOSSIBILIDADE. PENA SUPERIOR A 4 ANOS. REGIME INICIAL FECHADO. FUNDAMENTAÇÃO IDÔNEA. AUSÊNCIA. REGIME SEMIABERTO. POSSIBILIDADE. CONCESSÃO PARCIAL DA ORDEM, RATIFICADA A LIMINAR DEFERIDA.

1. O Supremo Tribunal Federal, no julgamento do HC n. 127.900/AM, deu nova conformidade à norma contida no art. 400 do CPP (com redação dada pela Lei n. 11.719/08), à luz do sistema constitucional acusatório e dos princípios do contraditório e da ampla defesa. O interrogatório passa a ser

*sempre o último ato da instrução, mesmo nos procedimentos regidos por lei especial, caindo por terra a solução de antinomias com arrimo no princípio da especialidade. Ressalvou-se, contudo, a incidência da nova compreensão aos processos nos quais a instrução não tenha se encerrado até a publicação da ata daquele julgamento (10.03.2016). In casu, o paciente foi sentenciado em 17.11.2014, afastando-se, pois, qualquer pretensão anulatória.
(...)"* (STJ, HC 448.522/SP, Rel. Min. Maria Thereza de Assis Moura, Sexta Turma, DJe 14/08/2018).

ESTRUTURA DA DEFESA PRÉVIA OU PRELIMINAR

ENDEREÇAMENTO:

EXCELENTÍSSIMO SENHOR DOUTOR JUIZ DE DIREITO DA _____ VARA CRIMINAL DA COMARCA DE _____ (Regra Geral)

OU

EXCELENTÍSSIMO SENHOR DOUTOR JUIZ FEDERAL DA _____ VARA CRIMINAL DA SEÇÃO JUDICIÁRIA DE _____ (Crimes da Competência da Justiça Federal)

OU

EXCELENTÍSSIMO SENHOR DOUTOR JUIZ DE DIREITO DA _____ VARA DE ENTORPECENTES DE _____

Processo número:

Identificação

Nome, já qualificado nos autos do processo às folhas ( ), por seu advogado e bastante procurador que a esta subscreve, conforme procuração em anexo, vem, muito respeitosamente a presença de Vossa Excelência, apresentar com fundamento no artigo 514 do Código de Processo Penal (OU artigo 55 da Lei 11.343/06):

DEFESA PRELIMINAR ou DEFESA PRÉVIA

pelos motivos de fato e de direito a seguir aduzidos.

1. **Dos Fatos**

(O candidato deve externar os fatos de forma sucinta.)

2. **Das Preliminares**

(Buscam-se falhas, defeitos que possam inviabilizar a defesa. NÃO se deve entrar no MÉRITO. Apresentar as mesmas preliminares que seriam deduzidas em sede de Resposta à Acusação.)

3. **Do Mérito**

(Apresentar os mesmos argumentos que seriam deduzidos em sede de Resposta à Acusação.)

4. **Do Pedido**

(Procedimento de crimes praticados por funcionário público)

DIANTE DO EXPOSTO, requer seja o acusado(a) absolvido sumariamente, com fundamento no art. 397, __, do CPP, ou seja rejeitada a denúncia, na forma dos arts. 395, __, e 516, ambos do Código de Processo Penal.

4. **Do Pedido**

(Procedimento da Lei de Drogas)

DIANTE DO EXPOSTO, requer seja o acusado(a) absolvido sumariamente, com fundamento no art. 397, __, do CPP, ou seja rejeitada a denúncia, na forma do art. 395 __ do Código de Processo Penal.

Contudo, caso assim não entenda Vossa Excelência, requer desde logo sejam realizadas as diligências e arroladas as testemunhas abaixo indicadas.

Nesses termos,

Pede deferimento.

Comarca, data.
Advogado, OAB

(Procedimento da Lei de Tóxicos)

Rol de testemunhas:

1 –

2 –

3 –

CASO PRÁTICO

Pablo é um famoso professor de direito da cidade de Uberlândia/MG, cujo trabalho é reconhecido por todos os juristas da região. Seus livros, inclusive, são utilizados como referência nos julgados proferidos em todo o país.

No ano de 2016, Pablo foi convidado por um Desembargador do Tribunal de Justiça de Minas Gerais para exercer o cargo comissionado de Oficial de Gabinete, cujas tarefas abarcavam a organização, a supervisão e o controle das atividades administrativas dos gabinetes dos magistrados, bem como a elaboração de minutas de despachos e decisões judiciais.

Insatisfeito com as funções exercidas, Pablo solicitou a sua exoneração do referido cargo em julho de 2018, o que foi realizado no mesmo mês. Tão logo fora publicado no Diário de Justiça o seu desligamento, Pablo retomou as suas atividades na docência e na advocacia.

No dia 05/12/2018 (quarta-feira), Pablo foi notificado pelo Juízo da Segunda Vara Criminal da Comarca de Uberlândia/MG para apresentar sua defesa, em razão de denúncia oferecida pela suposta prática do crime de concussão (art. 316 do Código Penal).

Conforme consta na denúncia, Pablo teria exigido vantagem indevida de outro advogado, ainda que fora da função, mas na qualidade de Oficial de Gabinete do Desembargado, para que um processo fosse colocado com urgência na pauta de julgamento do mês de novembro de 2018.

Desesperado com o ocorrido, Pablo o procura em seu escritório e o informa que, no dia 13/11/2018, foi consultado por um advogado acerca dos valores de seus honorários advocatícios para diligenciar junto ao gabinete em que havia atuado como Oficial, mas que o contrato não havia sido sequer assinado.

Na condição de advogado de Pablo, e com base somente nas informações de que dispõe e nas que podem ser inferidas pelo caso concreto acima, redija a peça cabível, no último dia do prazo, excluindo a possibilidade de impetração de *Habeas Corpus*, sustentando, para tanto, as teses jurídicas pertinentes.

GABARITO DO CASO PRÁTICO

Peça: DEFESA PRELIMINAR, com fundamento no artigo 514 do Código de Processo Penal.

Competência: EXCELENTÍSSIMO SENHOR DOUTOR JUIZ DE DIREITO DA 2ª VARA CRIMINAL DA COMARCA DE UBERLÂNDIA DO ESTADO DE MINAS GERAIS.

Mérito:
- Desenvolvimento fundamentado acerca da atipicidade da conduta, pois, para que haja a prática do delito de concussão (art. 316 do CP) o autor do delito deve ser funcionário público (ou o particular que colabore com o autor funcionário público) e, no caso narrado, Pablo havia sido exonerado de sua função comissionada de Oficial de Gabinete em julho de 2018. Portanto, não há que se falar em vantagem indevida exigida por funcionário público, explícita ou implicitamente, abusando-se da sua autoridade pública como meio de coação.

Pedidos:
- Pedido de absolvição sumária com fundamento no art. 397, inciso III, do Código de Processo Penal;
- Pedido de rejeição da peça acusatória em virtude da ocorrência manifesta de falta de pressuposto processual ou condição para o exercício da ação penal OU por ausência de justa causa para o exercício da ação penal, com fundamento no art. 395, inciso II OU III, do Código de Processo Penal.

Prazo: 20 de dezembro de 2018 (quarta-feira).

VAMOS TREINAR?

Almir e Roberto, amigos há mais de 10 (dez) anos, transitavam pelo parque Cesamar, na cidade Palmas/TO, quando foram abordados por uma viatura da Polícia Militar. Durante a busca pessoal, foi encontrado com Almir uma substância vegetal de tonalidade pardo-esverdeada, envolta por segmento de plástico e acondicionada em sacola plástica, o que motivou a sua condução à delegacia de polícia mais próxima ao local.

Perante a autoridade policial, Almir informou que aquela substância seria utilizada apenas para tratamento médico, ressaltando que, embora Roberto fosse seu amigo desde a sua infância, ele desconhecia a existência do suposto medicamento. Ato contínuo, foi determinada a realização de perícia para identificação da substância.

No dia 21 de maio de 2019 (terça-feira), Almir foi notificado pelo magistrado da Vara de Entorpecentes da Comarca de Palmas/TO para se manifestar acerca da denúncia oferecida pela suposta prática do crime de tráfico de drogas, previsto no art. 33, *caput*, a Lei 11.343/2006.

Desesperado, Almir o procura em seu escritório com cópia da denúncia e do laudo pericial realizado no suposto medicamento apreendido, que apontava não se tratar de substância entorpecente, psicotrópica, precursora ou outra sob controle especial, nos moldes da Portaria do Secretário de Vigilância Sanitária do Ministério da Saúde (SVS/MS) n° 344, de 12 de maio de 1998.

Na condição de advogado de Almir, e com base somente nas informações de que dispõe e nas que podem ser inferidas pelo caso concreto acima, redija a peça cabível, no último dia do prazo, excluindo a possibilidade de impetração de *Habeas Corpus*, sustentando, para tanto, as teses jurídicas pertinentes.

PADRÃO DE RESPOSTA

EXCELENTÍSSIMO SENHOR DOUTOR JUIZ DE DIREITO DA VARA DE ENTORPECENTES DA COMACA DE PALMAS DO ESTADO DE TOCANTIS.

Processo número:

Almir, já qualificado nos autos do processo às folhas (), por seu advogado e bastante procurador que a esta subscreve, conforme procuração anexada, vem, muito respeitosamente à presença de Vossa Excelência, com fundamento no artigo 55 da Lei n° 11.343/2006 (Lei de Drogas), apresentar:

DEFESA PRÉVIA

pelos motivos de fato e de direito a seguir aduzidos:

1. Dos Fatos:

Conforme consta na exordial acusatória, o defendente foi denunciado pela suposta prática do crime de tráfico de drogas, previsto no art. 33, *caput*, da Lei 11.343/2006, pois teria sido abordado portando uma substância vegetal de tonalidade pardo-esverdeada, envolta por segmento de plástico e acondicionada em sacola plástica.

Não obstante o laudo pericial realizado ter apontado não se tratar de substância entorpecente, psicotrópica, precursora ou outra sob controle especial, nos moldes da Portaria do Secretário de Vigilância Sanitária do Ministério da Saúde (SVS/MS) n° 344, de 12 de maio de

1998, a denúncia foi oferecida, o grave equívoco, *data venia*, consoante passa-se a expor.

2. Preliminares:

Preliminarmente cumpre destacar que a exordial acusatória não deve ser recebida, pois sendo manifesta e clara a atipicidade da conduta, não existiria interesse ou necessidade para existência da presente ação penal, devendo a denúncia ter sido rejeitada liminarmente com devido fundamento no art. 395, II, do Código de Processo Penal.

3. Mérito

Colhe-se do artigo 66 da Lei nº 11.343/06 que se denomina drogas as substâncias entorpecentes, psicotrópicas, precursoras e outras sob controle especial, da Portaria SVS/MS no 344, de 12 de maio de 1998.

Portanto, para que o agente seja responsabilizado pelo crime de tráfico de drogas, previsto no art. 33, *caput*, da Lei 11.343/2006, a substância apreendida deve estar prevista na aludida Portaria!

Ocorre que, *in casu*, não há que se falar em substância proibida pela Portaria do Ministério da Saúde, fato devidamente comprovado pelo laudo pericial realizado. Logo, há que se reconhecer o crime impossível, em face da absoluta impropriedade do objeto!

Destaque-se, que o crime impossível, previsto no art. 17 do Código Penal, afasta a atipicidade da conduta, razão pela qual, deve o defendente ser absolvido sumariamente, nos termos do art. 397 do Código de Processo Penal.

4. Pedidos:

Por todo o exposto, a defesa requer seja o réu absolvido sumariamente nos termos do artigo 397, incisos III, do Código de Processo Penal. Não entendendo Vossa Excelência pelo acolhimento do pleito primário, que seja rejeitada a denúncia por ausência de condição da ação, nos termos do art. 395, II, do Código de Processo Penal, ou por ausência de justa causa para persecução penal, nos termos do art. 395, III, do Código de Processo Penal.

Termos em que,

Pede deferimento.

Palmas/TO, 31 de maio de 2019.
Advogado, OAB.

GABARITO DO CASO PRÁTICO

Peça: DEFESA PRÉVIA, com fundamento no artigo 55 da Lei 11.343/06 (Lei de Drogas).

Competência: EXCELENTÍSSIMO SENHOR DOUTOR JUIZ DE DIREITO DA VARA DE ENTORPECENTES DA COMARCA DE PALMAS DO ESTADO DE TOCANTIS.

Preliminar:
- Rejeição da inicial por ausência de condição da ação com fundamento no art. 395, II do Código de Processo Penal.

Mérito:
- Desenvolvimento fundamentado acerca da atipicidade da conduta pelo reconhecimento do crime impossível (absoluta impropriedade do objeto), uma vez que a substância na posse do defendente não se encontra listada na Portaria do Secretário de Vigilância Sanitária do Ministério da Saúde (SVS/MS) nº 344, de 12 de maio de 1998.

Pedidos:
- Pedido de absolvição sumária com fundamento no art. 397, inciso III, do Código de Processo Penal;
- Pedido de rejeição da peça acusatória em virtude da ocorrência manifesta de falta de condição para o exercício da ação penal OU por ausência de justa causa para o exercício da ação penal, com fundamento no art. 395, inciso II OU III, do Código de Processo Penal.

Prazo: 31 de maio de 2019 (sexta-feira).

5.
RESPOSTA À ACUSAÇÃO

1. INTRODUÇÃO

Conforme estudado anteriormente, havendo prova da materialidade delitiva e de indícios suficientes de sua autoria, o Ministério Público, nos crimes de ação penal pública, oferecerá a denúncia. Ato contínuo, o Magistrado deverá analisar se a recebe ou se é caso de sua rejeição, nos termos do art. 395 do Código de Processo Penal. Uma vez recebida a denúncia, será determinada a expedição do mandado de citação em desfavor do denunciado e, após o seu cumprimento por um Oficial de Justiça, iniciar-se-á **no primeiro dia útil forense subsequente** o prazo para apresentação da resposta à acusação.

Trata-se, em regra, do primeiro momento em que o réu falará no processo sobre os fatos a ele imputados na exordial acusatória.

2. PREVISÃO LEGAL DA RESPOSTA À ACUSAÇÃO

A resposta à acusação tem duplo fundamento, ambos previstos no Código de Processo Penal. Confira:

> *Art. 396. Nos procedimentos ordinário e sumário, oferecida a denúncia ou queixa, o juiz, se não a rejeitar liminarmente, recebê-la-á e ordenará a citação do acusado para responder à acusação, por escrito, no prazo de 10 (dez) dias.*
> *(...)*
> *Art. 396-A. Na resposta, o acusado poderá argüir preliminares e alegar tudo o que interesse à sua defesa, oferecer documentos e justificações, especificar as provas pretendidas e arrolar testemunhas, qualificando-as e requerendo sua intimação, quando necessário.*

> **OBSERVAÇÃO:**
> Conquanto a sua apresentação possa ser fundamentada no art. 396 ou no art. 396-A, **recomenda-se seja feita a referência aos dois artigos de forma conjunta.**

No Código Eleitoral, o fundamento será no seu art. 359, parágrafo único.

3. PRAZO DA RESPOSTA À ACUSAÇÃO

O prazo para apresentação da resposta à acusação, previsto no art. 396 do Código de Processo Penal, é de **10 dias**.

Por se tratar de **prazo processual**, a sua contagem deverá ser feita sempre em dias corridos, não se computando no prazo o dia do começo e incluindo o dia do vencimento, os quais deverão ser necessariamente dias úteis forense, nos moldes do estabelecido no *caput* do art. 798 e de seus parágrafos.

Exemplo[1]: Victor foi citado para apresentar a sua resposta à acusação no dia 15/02/2019 (sexta-feira). O primeiro dia do seu prazo será em 18/02/2019 (segunda-feira), pois sábado e domingo não poderão servir para início do prazo, enquanto o término do prazo será em 27/02/2019 (quarta-feira).

Exemplo[2]: Flávio foi citado para apresentar a sua resposta à acusação no dia 13/03/2019 (quarta-feira). O primeiro dia do seu prazo será em 14/03/2019 (quinta-feira) e o último em 25/03/2019 (segunda-feira), porque, conquanto a contagem dos 10 dias corridos se encerre em 23/03/2019 (sábado), trata-se de dia não útil forense e, portanto, será prorrogado até o primeiro dia útil subsequente.

Confira a dica do PLGG:

ESPÉCIE DE PRAZO:	PROVIDÊNCIA A SER ADOTADA:	EXEMPLO:
PENAL OU MATERIAL	**ADIANTAR** A CONTAGEM PARA O ÚLTIMO DIA ÚTIL FORENSE.	Queixa-Crime e Mandado de Segurança.
PROCESSUAL	**PRORROGAR** A CONTAGEM PARA O ÚLTIMO DIA ÚTIL FORENSE.	Resposta à acusação, Alegações Finais por Memoriais e os recursos.

4. PROCEDIMENTO DA RESPOSTA À ACUSAÇÃO

No procedimento comum ordinário e sumário, a resposta à acusação deverá ser apresentada por escrito e subscrita por um advogado. Inclusive, o instrumento de procuração, se ainda não constar nos autos, deverá ser juntado no ato da sua apresentação, a qual será feita ao Juízo que determinou a expedição do mandado de citação.

Ou seja, ainda que o juízo que tenha determinado a expedição do mandado de citação seja incompetente para apreciar e julgar o processo, a ele será apresentada a resposta à acusação. Isto porque, eventual incompetência do juízo deverá ser discutida na própria peça defensiva em sede de preliminar ou mesmo em incidente de exceção de competência.

A sua estrutura, conforme adiante será estudada, é dividida em fatos, direito (preliminares e mérito) e pedido(s), no qual deverá ainda ser requerida a intimação e inquirição de testemunhas, com o respectivo rol.

Apresentada a referida defesa, os autos novamente serão conclusos para o Magistrado, o qual poderá:

A. Determinar o prosseguimento do processo, com a designação de audiência de instrução e julgamento ou, mesmo com a prática de outro ato processual (exemplo, instauração de incidente de insanidade mental e suspensão da ação penal até a sua apreciação);
B. Absolver sumariamente o réu, consoante uma das hipóteses previstas no art. 397 do Código de Processo Penal; e
C. Anular a decisão que recebeu a denúncia e rejeitá-la, nos termos do art. 395 do Código de Processo Penal.

> **CUIDADO:**
> No Processo Penal Brasileiro **não** se aplicam os efeitos da revelia descritos no Código de Processo Civil (por exemplo, tornar incontroversos os fatos narrados na inicial acusatória). Ou seja, se o réu for citado, mas deixar de apresentar a sua resposta à acusação dentro do prazo de 10 (dez) dias, ou se, citado, não constituir defensor, o juiz nomeará defensor para oferecê-la, concedendo-lhe vista dos autos por 10 (dez) dias, conforme estabelecido no § 2º do art. 396-A do Código de Processo Penal.

5. DIREITO NA RESPOSTA À ACUSAÇÃO

A resposta à acusação, como dito anteriormente, é a primeira peça de defesa a ser apresentada na fase processual, isto é, a primeira peça que o denunciado irá apresentar após o recebimento da denúncia. Observe-se, portanto, que a marcha processual estará em seu início, uma vez que a prática de atos, como por exemplo, a realização da audiência de instrução e julgamento, prevista no art. 400 do CPP, ainda não ocorreu.

> **OBSERVAÇÃO:**
>
> Cuidado para não confundir: As exceções (previstas nos arts. 95 a 112 do Código de Processo Penal) são forma de defesa indireta, que **não** tem como finalidade combater o mérito da acusação, mas apenas questões incidentais. São elas:
> I - suspeição;
> II - incompetência de juízo;
> III - litispendência;
> IV - ilegitimidade de parte;
> V - coisa julgada.

Essa fase prematura da ação penal, por sua vez, interferirá diretamente no rol de teses que poderão ser desenvolvidas na resposta à acusação. A título de exemplo, não são compatíveis com esse momento processual eventuais apontamentos sobre a ausência de prova suficiente para condenação ou acerca de futura dosimetria da pena.

Feita essa breve digressão, analisemos algumas teses a serem desenvolvidas em sede de resposta à acusação:

A. Preliminares:

Estudamos no primeiro capítulo (Temas Iniciais) o que são as preliminares, como desenvolvê-las e os momentos oportunos para alegá-las. Assim, para evitarmos repetições desnecessárias, remetemos o leitor às explicações constantes naquele capítulo, reiterando, por oportuno, o rol exemplificativo das preliminares:

- As nulidades decorrentes de omissão de formalidade ou outra hipótese prevista no art. 564 do CPP bem como de vícios contidos na produção de provas, como por exemplo, a prova decorrente de uma interceptação ilegal ilícita (Lei nº 9.296/96).
- As causas extintivas de punibilidade descritas no art. 107 do CP, especialmente, a prescrição (art. 109 do CP) e a decadência (art. 103 do CP) **ou** em outro dispositivo do CP (art. 312, § 3º) **ou** mesmo de Legislações Extravagantes (art. 34 da Lei nº 9249/95);
- As hipóteses de rejeição da denúncia, descritas no art. 395 do CPP;
- As causas de exclusão ilicitude.

É importante ressaltar que, nesse momento processual em que se encontra a defesa, as preliminares poderão ensejar a rejeição da denúncia – uma vez que o juízo poderá anular a decisão que a recebeu – e, também, o desentranhamento de uma prova ilícita existente no processo, conforme disposto no art. 157 do CPP:

> Art. 157. São inadmissíveis, devendo ser desentranhadas do processo, as provas ilícitas, assim entendidas as obtidas em violação a normas constitucionais ou legais. [...]

B. Absolvição Sumária:

A absolvição do réu, normalmente, ocorre em uma sentença proferida após toda a fase probatória, garantindo às partes envolvidas (acusação e defesa) o direito de comprovarem as suas alegações. A exceção, por sua vez, está disposta no art. 397 do Código de Processo Penal, o qual permite que o juízo absolva **sumariamente** o réu quando verificar:

I. a existência manifesta de causa excludente da ilicitude do fato;
II. a existência manifesta de causa excludente da culpabilidade do agente, salvo inimputabilidade;
III. que o fato narrado evidentemente não constitui crime; ou
IV. extinta a punibilidade do agente.

O termo "**sumariamente**" indica uma suposição antecipada do Magistrado acerca da impossibilidade de se ver o réu condenado pelo fato a ele imputado na denúncia. Ou seja, mesmo a ação penal se encontrando em uma fase prematura, o juízo se convenceu de que deverá absolver o réu nos termos do art. 397 do CPP.

Vejamos cada uma das referidas hipóteses:

I. **Causa excludente da ilicitude do fato**:

A ilicitude ou antijuridicidade é o segundo substrato do tipo penal e pode ser conceituada como a contrariedade do fato praticado pelo réu com o ordenamento jurídico por meio de exposição a perigo de dano ou de lesão. O Código Penal prevê quatro hipóteses de exclusão da ilicitude em seu art. 23 (estado de necessidade, legítima defesa, estrito cumprimento do deve legal e exercício regular de direito):

> Art. 23 – Não há crime quando o agente pratica o fato:
> I – em estado de necessidade;
> II – em legítima defesa;
> III – em estrito cumprimento de dever legal ou no exercício regular de direito.

II. **Causa excludente de culpabilidade**:

A culpabilidade é o terceiro substrato do tipo penal e pode ser conceituada como o juízo de reprovação realizado acerca do agente delituoso. As excludentes de culpabilidade não estão previstas em um artigo específico, mas poderão ser evidenciadas no art. 21 (**erro de proibição**), art. 22 (**coação irresistível e obediência hierárquica**), art. 26 (**inimputabilidade**), art. 27 (**menoridade**) e art. 28, § 1º (**embriaguez completa e involuntária**), todos do Código Penal.

III. **Atipicidade da Conduta**:

Considera-se como fato típico o modelo de conduta abstrata prevista em Lei como proibida. Trata-se do primeiro substrato do tipo penal e, sempre que a conduta praticada não se adequar ao que a Lei estabeleceu, o fato será considerado atípico. Assim como as causas excludentes de culpabilidade, as causas que excluem a tipicidade (tornam atípico o fato) não se encontram em um artigo específico, e poderão ser encontradas:

- no Código Penal parte geral, por exemplo o crime impossível (art. 17 do CP) e o erro de tipo (art. 20 do CP);
- em Legislações Extravagantes, como por exemplo nos crimes contra a ordem tributária, previstos no art. 1º, incisos I a IV, da Lei nº 8.137/90, quando não houver ocorrido o lançamento definitivo do tributo (Súmula Vinculante nº 24); e
- em construções doutrinárias e jurisprudenciais, como por exemplo na hipótese de aplicação do Princípio da Insignificância.

IV. **Extinção da Punibilidade**:

A última hipótese de **absolvição sumária** são as causas de extinção da punibilidade. O art. 107 do Código Penal elenca algumas hipóteses de extinção da punibilidade, mas existem outras encontradas no Código Penal parte especial e, ainda, em Legislações Extravagantes.

Merece muita atenção que as causas extintivas de punibilidade **somente deverão ser associadas à absolvição** em sede de **resposta à acusação**, isto é, em qualquer outra peça defensiva (alegações finais, apelação, recurso em sentido estrito, revisão criminal, entre outras) não é adequado associá-las à absolvição. Este fato decorre de expressa previsão legal no inciso IV do 397 do CPP, aplicável, tão somente, à **resposta à acusação**.

6. PEDIDOS NA RESPOSTA À ACUSAÇÃO

Como já estudado, em sede de resposta à acusação o Magistrado poderá *a)* rejeitar a denúncia, anulando-se a decisão que anteriormente havia a recebido; *b)* determinar o desentranhamento de uma prova ilícita; *c)* absolver sumariamente o réu; ou *d)* dar prosseguimento à ação penal.

Assim, podemos organizar os nossos pedidos da seguinte forma:

I. Pedido de rejeição da denúncia, com fundamento em um dos incisos do art. 395 do CPP;

II. Pedido para desentranhamento de determinada prova, com fundamento no art. 157 do CPP;

III. Absolvição sumária, com fundamento em um dos incisos do art. 397 do CPP;

IV. Produção de provas (por exemplo, a juntada de documentos), intimação e inquirição de testemunhas (que deverão constar expressamente no rol de testemunhas), ou mesmo a concessão de determinado benefício (por exemplo, a suspensão condicional do processo).

7. RESPOSTA À ACUSAÇÃO NO PROCEDIMENTO DO TRIBUNAL DO JÚRI

Além da hipótese do rito comum, a resposta à acusação também deverá ser apresentada no procedimento relativo aos processos de competência do Tribunal do Júri (**crimes dolosos contra a vida**). Não obstante se tratar de um procedimento específico, a resposta à acusação ali apresentada será muito semelhante ao já estudado no procedimento do rito comum.

A única mudança será o **fundamento legal**. Quando a resposta à acusação for apresentada no rito comum o fundamento são os artigos 396 e 396-A, ambos do CPP, enquanto no **procedimento do Tribunal do Júri o fundamento é o art. 406 do** CPP. Confira:

> Art. 406. *O juiz, ao receber a denúncia ou a queixa, ordenará a citação do acusado para responder à acusação, por escrito, no prazo de 10 (dez) dias.*

> **OBSERVAÇÃO:**
> Em relação à estrutura da peça e seu prazo, aplica-se as mesmas disposições anteriormente apresentadas, mormente, no tocante ao pedido de absolvição sumária, o qual também será fundamentado no art. 397 do CPP.

8. RESPOSTA À ACUSAÇÃO NO JUIZADO ESPECIAL CRIMINAL

Dispõe o art. 81 da Lei 9.099/95:

> *Art. 81. Aberta a audiência, será dada a palavra ao defensor para responder à acusação, após o que o Juiz receberá, ou não, a denúncia ou queixa; havendo recebimento, serão ouvidas a vítima e as testemunhas de acusação e defesa, interrogando-se a seguir o acusado, se presente, passando-se imediatamente aos debates orais e à prolação da sentença.*

Como é sabido, o rito do procedimento dos Juizados Especiais Criminais (JECRIM) tem como princípio basilar a **celeridade**. Desta forma, diferentemente dos ritos já estudados, aqui não há que se falar em citação para apresentação de defesa, pois a resposta à acusação será apresentada preferencialmente de forma oral na própria audiência.

Isto porque, no JECRIM, o primeiro ato é a realização de audiência para a tentativa de composição civil, oferecimento de transação penal ou mesmo da suspensão condicional do processo. Portanto, somente em casos em que não houver ao menos um desses três benefícios é que o réu deverá apresentar a sua defesa.

APROFUNDAMENTO

Além da resposta à acusação e da defesa prévia, há outra ferramenta de defesa processual denominada **exceção**. Previstas no art. 95 do Código de Processo penal, as exceções são instrumentos de defesa, onde o acusado, sem questionar o mérito da peça acusatória, ataca os fatos processuais, tais como pressupostos processuais ou condições da ação, com o fim de extinguir o processo ou dilatar o feito.

Em outras palavras, enquanto na resposta à acusação, por exemplo, o denunciado poderá se valer de argumentos para demonstrar a sua inocência e, consequentemente, requerer ao d. magistrado que o absolva sumariamente, nas exceções ele irá se valer de uma defesa indireta, ou seja, de questões meramente processuais.

O CPP prevê 5 (cinco) espécies de exceção: i. suspeição; ii. Incompetência de juízo; iii. litispendência; iv. ilegitimidade da parte; e v. coisa julgada. Podemos, ainda, organizá-las em dois grupos: aquelas que, se acolhidas, irão promover apenas a alteração do magistrado ou do juízo (suspeição e incompetência de juízo) e as que, se acolhidas, ensejarão a extinção do processo sem julgamento do mérito (litispendência, ilegitimidade da parte e coisa julgada).

> **OBSERVAÇÃO:**
>
> Salvo a exceção de suspeição, as demais hipóteses poderão ser suscitadas como "preliminar" de resposta à acusação ou de defesa prévia, entretanto, se a defesa optar por alegá-las de forma incidental, as exceções serão autuadas em apartado e tramitarão concomitantemente com a ação penal, haja vista que, em regra, não há suspensão do processo (art. 111, CP).
>
> **Mas cuidado:** para a **2ª Fase do Exame de Ordem**, recomenda-se que essas questões sejam **sempre** tratadas em sede de "preliminar" de resposta à acusação ou mesmo de defesa prévia, exceto no caso de suspeição. Agora, se o fato que justificar a respectiva exceção somente vier a ser conhecido pela defesa **depois de apresentada a resposta à acusação ou defesa prévia**, caberá ao advogado se valer da exceção como instrumento.

Outro ponto a ser observado é que, havendo duas ou mais exceções a serem alegadas pela defesa, há que ser feito em uma só petição (um único instrumento), nos termos do § 1º do art. 110 do CPP. Isto é, não se admite que o denunciado oponha cada uma das exceções em instrumentos distintos, salvo no caso de exceção de suspeição.

Vejamos as espécies de exceção revistas no CPP de forma individual:

1. *Suspeição*:

Dispõe o art. 254 do CPP, em um rol taxativo, que o juiz deverá se dar por suspeito, e, se não o fizer, poderá ser arguida exceção de suspeição, por qualquer das partes, quando:

I. se for amigo íntimo ou inimigo capital de qualquer delas;
II. se ele, seu cônjuge, ascendente ou descendente, estiver respondendo a processo por fato análogo, sobre cujo caráter criminoso haja controvérsia;

III. se ele, seu cônjuge, ou parente, consanguíneo, ou afim, até o terceiro grau, inclusive, sustentar demanda ou responder a processo que tenha de ser julgado por qualquer das partes;
IV. se tiver aconselhado qualquer das partes;
V. se for credor ou devedor, tutor ou curador, de qualquer das partes;
VI. se for sócio, acionista ou administrador de sociedade interessada no processo.

A finalidade da exceção de suspeição é garantir um julgamento justo e imparcial para as partes, ou seja, evita-se que o magistrado, vinculado de alguma forma ao réu, à vítima ou até mesmo aos ilustres advogados e/ou promotores, atue na causa. Neste passo, se reconhecer a suspeição, o juiz sustará a marcha do processo, mandará juntar aos autos a petição do recusante com os documentos que a instruam, e por despacho se declarará suspeito, ordenando a remessa dos autos ao substituto (art. 99, CPP).

Por sua vez, não aceitando a suspeição, o juiz mandará autuar em apartado a petição, dará sua resposta dentro em três dias, podendo instruí-la e oferecer testemunhas, e, em seguida, determinará sejam os autos da exceção remetidos, dentro em 24 vinte e quatro horas, ao juiz ou tribunal a quem competir o julgamento (art. 100, CPP).

Os efeitos da suspeição poderão, ainda, alcançar o representante do MP, os peritos, os intérpretes e os serventuários ou funcionários de justiça, e, até mesmo, os jurados que irão compor o Conselho de Justiça. Por outro lado, não se poderá opor suspeição às autoridades policiais nos atos do inquérito, mas deverão elas declarar-se suspeitas, quando ocorrer motivo legal (art. 107, CPP).

> **CUIDADO:**
>
> A **SUSPEIÇÃO** não ser confunde com o **IMPEDIMENTO**. Este tem suas hipóteses previstas no art. 252 do CPP:
> I. tiver funcionado o cônjuge ou parente, consanguíneo ou afim, em linha reta ou colateral até o terceiro grau, inclusive, como defensor ou advogado, órgão do Ministério Público, autoridade policial, auxiliar da justiça ou perito **do magistrado**;

> **II.** O **magistrado** houver desempenhado qualquer dessas funções (defensor, advogado, membro do MP, autoridade policial, auxiliar da justiça ou perito) ou servido como testemunha;
> **III.** O próprio **magistrado** tiver funcionado como juiz de outra instância, pronunciando-se, de fato ou de direito, sobre a questão;
> **IV.** O próprio **magistrado** ou seu cônjuge ou parente, consanguíneo ou afim em linha reta ou colateral até o terceiro grau, inclusive, for parte ou diretamente interessado no feito.

2. *Incompetência de juízo*:

    Referida espécie de exceção é associada à própria competência para apreciação do mérito da exordial acusatória. Com efeito, a Constituição Federal preconiza que ninguém será processado nem sentenciado senão pela autoridade competente (art. 5º, LIII). Portanto, é indispensável aferir se o magistrado que recebeu a denúncia é a autoridade competente para apreciar e julgar a ação penal. O CPP estabelece que a exceção de incompetência do juízo poderá ser oposta, verbalmente ou por escrito, no prazo de defesa.

    Como dito anteriormente, a defesa do acusado poderá suscitar a incompetência do juízo em sede de preliminar de resposta à acusação, ou, <u>na prática</u>, por instrumento próprio, caso entenda ser mais prudente (mera estratégia defensiva).

    CUIDADO:

COMPETÊNCIA ABSOLUTA	COMPETÊNCIA RELATIVA
Não admite prorrogação.	Admite prorrogação.
Ex.: competência em razão da matéria e competência em razão de prerrogativa de função.	**Ex.:** competência pelo lugar da infração e competência pelo domicílio ou residência do réu.

3. *Litispendência*:

    A litispendência ocorre quando o acusado se encontra no polo passivo de duas ou mais ações penais, cujo fato delituoso seja o mesmo em ambas. A título de exemplo, imagine que Pedro é denunciado por ter furtado a bolsa de Maria no dia 25 de agosto de 2020, às 16h, na frente da agência do Banco do Brasil da cidade de Brasília/DF, sendo a primeira denúncia recebida pelo juízo da Comarca X e a segunda pela da Comar Y.

    Ora, considerando que uma mesma pessoa não pode estar em dois lugares ao mesmo tempo, é evidente se tratar de ações penais relacionadas à mesma imputação. Portanto, somente se admite o prosseguimento de um único processo, sob pena de punir o agente duas vezes pelo mesmo fato.

Assim como a exceção de incompetência, a parte poderá opô-la em resposta à acusação/defesa prévia, ou em instrumento próprio. Neste caso, a sua tramitação será em apartado e, reconhecida a litispendência, uma das ações será extinta sem resolução de mérito. Esclareça-se, a propósito, que a análise sobre qual processo permanecerá e qual será extinto é feita à luz dos critérios de prevenção ou de distribuição.

4. *Ilegitimidade de parte*:

A ilegitimidade da parte pode estar associada tanto ao polo ativo, como ao polo passivo da acusação. Ou seja, da mesma forma que alguém não poderá figurar como réu em uma ação penal sem que haja, ao menos, indícios mínimos de autoria, o representante do MP não poderá figurar, por exemplo, no polo ativo de uma ação penal privada.

Nessa esteira, o Código de Processo Penal estabelece que a denúncia ou queixa deverá ser rejeitada quando faltar pressuposto processual ou condição da ação (art. 395, II). Exatamente por isso é que reconhecida a ilegitimidade da parte, independentemente de ser ativa ou passiva, o processo deverá ser extinto sem resolução de mérito.

Em que pese não se admita preclusão nesse caso, a regra é que a exceção de ilegitimidade de parte seja alegada no prazo de defesa (art. 110 c/c 108, ambos do CPP). Da mesma forma como nas duas exceções anteriores, <u>na prática</u>, faculta-se ao acusado suscitá-la na resposta à acusação ou em instrumento próprio.

5. *Coisa julgada*:

A quinta e última hipótese de exceção do CPP é a de coisa julgada. Uma vez proferida uma sentença penal, e havendo o seu trânsito em julgado definitivo, aquela acusação não mais poderá ser revista, salvo em benefício do denunciado e por meio de revisão criminal.

Não obstante, imagine que Pedro é denunciado pela prática de uma conduta, já apreciada pela autoridade judiciária, onde ali se proferiu uma sentença absolutória, cujo trânsito em julgado foi devidamente certificado. Em outros termos, pretende-se uma reanálise de um fato delituoso em prejuízo ao acusado.

Destarte, para se valer da exceção de coisa julgada é indispensável que haja na hipótese coisa julgada material. Distingue-se coisa julgada formal da material, pois, na primeira, a imutabilidade ocorre no próprio processo em que foi proferida a decisão, enquanto que na segunda, a imutabilidade alcança limites externos ao processo. Além disso, a coisa julgada formal atinge as sentenças terminativas ou de mérito, e, por sua vez, a coisa jugada material apenas as sentenças de mérito.

Arguida a coisa julgada, em instrumento específico ou juntamente com a defesa, e reconhecida esta pelo magistrado, o processo será extinto sem resolução de mérito.

ESTRUTURA DA RESPOSTA À ACUSAÇÃO

ENDEREÇAMENTO:

EXCELENTÍSSIMO SENHOR DOUTOR JUIZ DE DIREITO DA   VARA CRIMINAL DA COMARCA DE _____ Regra Geral)

OU

EXCELENTÍSSIMO SENHOR DOUTOR JUIZ FEDERAL DA   VARA CRIMINAL DA SEÇÃO JUDICIÁRIA DE _____ (Crimes da Competência da Justiça Federal)

OU

EXCELENTÍSSIMO SENHOR DOUTOR JUIZ DE DIREITO DA   VARA DO TRIBUNAL DO JÚRI DA COMARCA _____ DE (Regra geral)

Processo número:

Identificação

Nome, já qualificado nos autos do processo às folhas ( ), por seu advogado e bastante procurador que a esta subscreve, conforme procuração em anexo, vem, muito respeitosamente a presença de Vossa Excelência, com fundamento nos artigos 396 e 396-A do Código de Processo Penal (OU 406 do Código de Processo Penal – Tribunal do Júri), apresentar

RESPOSTA À ACUSAÇÃO

pelos motivos de fato e de direito a seguir aduzidos:

1. Dos Fatos

(O candidato deve externar os fatos de forma sucinta.)

2. Das Preliminares

Buscam-se falhas, defeitos que possam inviabilizar a defesa. NÃO se deve entrar no MÉRITO. Nas alegações das preliminares basta fazer um parágrafo apontando a preliminar, esta é uma indicação inicial de um erro, de um equívoco existente no processo. Ela é uma manifestação de ordem técnica, devendo mencionar o fundamento legal.

DICA! Indique as preliminares na sequência a seguir:

Como já foi explicado existe uma sequência a ser seguida. Abra os artigos na seguinte ordem:

1º) Art. 107 CP – Causas extintivas de punibilidade.

2º) Art. 109 CP – Prescrição

3º) Art. 564 CPP – Nulidades

4º) Art. 23 CP – Causas de exclusão de ilicitude.

5º) Deve-se buscar todo e qualquer outro defeito que levaria a ocorrência rejeição liminar da peça acusatória.

OBS.: Como já foi dito, as preliminares são apenas mencionadas, no mérito é que se poderá aprofundar alguma tese das preliminares, como no caso da preliminar de exclusão da ilicitude.

3. **Do Mérito**

Deve-se alegar o que mais salta aos olhos, devendo demonstrar conhecimento. Se nas preliminares citou-se o instituto jurídico, como, por exemplo, legítima defesa, deve discorrer sobre os requisitos da legítima defesa. Deve-se discorrer sobre os institutos demonstrando os requisitos do instituto. Toda vez que falar de uma preliminar deve-se falar no mérito sobre ela em um parágrafo.

Deve-se mencionar de forma geral, segundo a melhor doutrina, ou segundo o entendimento da doutrina dominante, ou conforme o entendimento dos tribunais superiores.

OBS.: Ao elaborar sua tese de defesa tente sempre demonstrar a necessidade de **absolvição sumária** do réu.

DICAS!

- Sempre quando for discutir o mérito deve-se discorrer sobre o instituto de direito penal já demonstrando que em cada elemento do instituto á o enquadramento deste no caso concreto. Faça períodos sempre curtos, no máximo de 5 ou 6 linhas.

- Deve-se explorar bem a tese principal.
- Entretanto vale ressaltar que no mérito também se deve mencionar as preliminares que já foram suscitadas, comentando-as de forma mais resumida do que a tese principal

4. **Do Pedido**

Diante de todo exposto, requer à Vossa Excelência que decrete a **absolvição sumária** do acusado, nos termos do art. 397 do Código de Processo Penal – indicar o inciso correspondente (Rito do Júri – peça também a **absolvição sumária**, mencionando também o art. 397 do CPP) como medida de preservação da mais lídima justiça.

Subsidiariamente, no caso de não ser acolhida a tese de absolvição sumária, requer que seja decretada a anulação do recebimento da peça acusatória em razão da visível nulidade (alegar a nulidade ou outra tese subsidiária).

No final dos pedidos deve-se fazer parágrafo pedindo o arrolamento e intimação das testemunhas ao final arroladas. Não se esqueça de pedir intimação.

Nesses termos,

Pede deferimento.

Comarca, data.
Advogado, OAB

Rol de testemunhas:

1 –

2 –

3 –

CASO PRÁTICO

Tiago, brasileiro, solteiro, desempregado, analfabeto, residente e domiciliado na cidade de Manaus/AM, nascido em julho de 1991, foi denunciado pela suposta prática do crime de estelionato previdenciário (art. 171, § 3º, do CP), pois, na qualidade de filho de titular de benefício previdenciário, no período de janeiro de 2010 a março de 2011, sacou, mesmo após o falecimento de seu genitor, o valor total de R$ 10.000,00 (dez mil reais). Conforme consta na denúncia, em dezembro de 2009, o senhor Carlos, genitor de Tiago, único provedor do lar, faleceu devido a problemas cardíacos, deixando sua esposa e filhos. Não obstante, mesmo após o seu falecimento, Tiago continuou a sacar o citado benefício, razão pela qual estaria configurado o delito.

Em sede de delegacia, Tiago informou que sua genitora, Maria, apresentava grave quadro de epilepsia e depressão, fazendo uso de vários medicamentos de altíssimo valor e exames clínicos diversos semanais, tudo devidamente comprovado pela farta prova documental acostada ao inquérito policial.

A autoridade policial ouviu, ainda, diversas testemunhas, das quais destaca-se João, que aduziu ser o estado de saúde de Maria péssimo, o qual já perdurava há 8 anos, e que o indiciado e sua família não tinham nenhuma outra fonte de renda, além do valor recebido a título de benefício previdenciário, e Carla, que informou que Carlos faleceu e deixou desamparados Maria, Tiago e Cintia, menor de 7 (sete) anos de idade.

Maria em suas declarações asseverou que não trabalhava em razão de suas doenças, ocupando-se apenas com tarefas domésticas, arrematando que a renda da família era insuficiente e sem o benefício recebido por seu marido, não haveria como comprar seus remédios ou mesmo os itens básicos para sobrevivência de toda a família. Ao final, Maria alegou que Tiago buscava uma oportunidade de trabalho desde antes da morte de seu genitor, mas que jamais conseguiu nem mesmo uma entrevista de emprego.

Concluída a investigação em novembro de 2016, por conta da dificuldade de localizar todas as testemunhas e informantes, o inquérito policial foi encaminhado ao Juízo competente e, ato contínuo, ao Ministério Público.

Em 1º de dezembro de 2017, o Ministério Público ofereceu denúncia pela prática do aludido e, em 8 de dezembro do mesmo ano, a denúncia foi recebida pelo Juízo da Segunda Vara Criminal da Seção Judiciária de Manaus, Capital do Estado do Amazonas.

Em 11 de dezembro de 2017 (segunda-feira), Tiago foi citado para apresentação da medida cabível crime privativa de advogado.

Considerando a situação narrada, apresente, na qualidade de advogado(a) de Tiago, a peça jurídica cabível privativa de advogado, apresentando todas as teses jurídicas pertinentes, datando-a no último dia do prazo para protocolo. (Valor: 5,00)

GABARITO DO CASO PRÁTICO

Peça: RESPOSTA À ACUSAÇÃO, com fundamento nos artigos 396 e 396-A do Código de Processo Penal.

Competência: EXCELENTÍSSIMO SENHOR DOUTOR JUIZ DE DIREITO DA 2ª VARA CRIMINAL DA SEÇÃO JUDICIÁRIA DO ESTADO DE AMAZONAS.

Preliminares:

- Extinção da Punibilidade pela prescrição com indicação dos artigos 107, IV, 109, III e 115, todos do Código Penal;
- Excludente de ilicitude do fato de estado de necessidade com indicação dos artigos 23, I e 24, ambos do Código Penal;
- Rejeição da inicial por ausência de condição da ação com fundamento no art. 395, II do Código de Processo Penal.

Mérito:

- Desenvolvimento fundamentado acerca da excludente de ilicitude pelo estado de necessidade, pois restou perfeitamente demonstrado pelas provas até o momento produzidas que a conduta do réu somente foi praticada em razão do grave estado de saúde de sua genitora, da tenra idade de sua irmã, que à época dos fatos estava com apenas 7 (sete) anos de idade, e pelas dificuldades financeiras da família, sobretudo em virtude dos vultosos gastos com medicamentos e tratamentos para Maria, fatos esses devidamente comprovados pelos relatos das testemunhas, mormente, João e Carla. Logo, diante do confronto entre os bens saúde e patrimônio, revela-se razoável e perfeitamente justificável a escolha do réu pelo sacrifício do segundo. Assim, preenchidos os requisitos do art. 24 do Código Penal, há que ser o réu absolvido sumariamente nos termos do art. 397, I, do CPP.
- Desenvolvimento fundamentado sobre a ocorrência da extinção da punibilidade pela prescrição da pretensão punitiva. O crime de estelionato previdenciário é punido com pena de 5 anos, acrescido do aumento de pena de 1/3, resultando em pena máxima de 6 anos e

8 meses. Sendo assim, o seu prazo prescricional, em regra, é de 12 anos, consoante estabelecido no art. 109, III, do Código Penal. No entanto, conforme dito alhures, por ser o réu menor de 21 anos à época dos fatos, o prazo de 12 anos será reduzido para 6 anos. Ademais, por se tratar de crime permanente, o seu prazo prescricional se inicia da data em que cessar a permanência, qual seja, março de 2011. Nessa toada, considerando que a denúncia foi recebida em 8 de dezembro de 2017 e o crime fora praticado em março de 2011, o prazo prescricional de 6 anos transcorreu em sua totalidade, havendo, portanto, que ser declarada extinta a punibilidade pela prescrição da pretensão punitiva em abstrato, com fundamento nos artigos 109, III, combinado com o art. 115 e ainda combinado com o artigo 107, IV, todos do Código Penal, acarretando a consequente absolvição sumária do réu, nos moldes do art. 397, IV, do Código de Processo Penal.

- Desenvolvimento fundamentado sobre a inexistência de necessidade e interesse processual na instauração da presente ação penal, eivada de vício gerador de nulidade desde a sua gêneses, o que deveria ter ocasionado a rejeição da denúncia por força do disposto no art. 395, II, do Código de Processo Penal, seja pela prescrição da pretensão punitiva, ou mesmo em virtude da ilicitude do fato pelo estado de necessidade.

Pedidos:

- Pedido de absolvição sumária com fundamento no art. 397, inciso I OU IV do Código de Processo Penal;
- Pedido de rejeição da peça acusatória em virtude da ocorrência manifesta de falta de pressuposto processual ou condição para o exercício da ação penal OU por ausência de justa causa para o exercício da ação penal, com fundamento no art. 395, inciso II OU III, do Código de Processo Penal;
- Pedido de intimação e inquirição das testemunhas indicadas no rol.

Prazo: 21 de dezembro de 2017 (quinta-feira).

Rol de testemunhas: Indicar os nomes de João e Carla.

VAMOS TREINAR?

No dia 18/07/2014, Pâmela, estudante do curso de direito, desesperada com a proximidade de sua prova final, decidiu ir até uma famosa livraria na cidade de Recife/PE e subtrair um livro de direito penal no valor de R$ 89,90 (oitenta e nove reais e noventa centavos). Ocorre que, após esconder o livro dentro de sua mochila e caminhar até o estacionamento externo da livraria, Pâmela foi abordada por uma segurança do estabelecimento e confessou a prática do delito.

Na delegacia de polícia, Pâmela explicou à autoridade policial que apenas praticou o crime por não ter localizado o livro em nenhuma biblioteca de sua cidade, destacando em suas declarações que jamais se envolveu em uma situação semelhante àquela. O delegado estabeleceu fiança no valor de R$ 200,00 (duzentos) reais, a qual foi devidamente recolhida pela família da estudante.

Após a conclusão das investigações, o Ministério Público ofereceu denúncia pela prática do crime de furto, previsto no art. 155 do Código Penal, asseverando que, embora se tratasse de uma jovem de 19 anos à época dos fatos, tratava-se de crime de natureza grave por ter sido praticado por uma estudante de direito, negando-se, por conseguinte, a oferecer qualquer benefício que pudesse obstar a marcha processual.

O Juízo da 2ª Vara Criminal da Cidade de Recife/PE recebeu a denúncia em 19/07/2018 (quinta-feira) e determinou fosse expedido o mandado de citação, o qual foi devidamente cumprido no dia 06/08/2018 (segunda-feira).

Na condição de advogado de Pâmela, e com base somente nas informações de que dispõe e nas que podem ser inferidas pela situação narrada acima, redija a peça cabível, no último dia do prazo, excluindo a possibilidade de impetração de Habeas Corpus, sustentando, para tanto, as teses jurídicas pertinentes. (Valor: 5,0)

PADRÃO DE RESPOSTA:

EXCELENTÍSSIMO SENHOR DOUTOR JUIZ DE DIREITO DA SEGUNDA VARA CRIMINAL DA COMARCA DE RECIFE DO ESTADO DE PERNAMBUCO.

Processo número:

Pâmela, já qualificada nos autos do processo às folhas (), por seu advogado e bastante procurador que a esta subscreve, conforme procuração anexada, vem, muito respeitosamente à presença de Vossa Excelência, com fundamento nos artigos 396 e 396-A do Código de Processo Penal, apresentar:

RESPOSTA À ACUSAÇÃO

pelos motivos de fato e de direito a seguir aduzidos:

1. Dos Fatos:

A ré foi denunciada pela suposta prática do crime de furto, previsto no art. 155 do Código Penal, pois teria subtraído um livro de direito penal no valor de R$ 89,90 (oitenta e nove reais e noventa centavos).

Em sede policial, a ré explicou à autoridade policial que apenas praticou o crime por não ter localizado o livro em nenhuma biblioteca de sua cidade, destacando em suas declarações que jamais se envolveu em uma situação semelhante àquela.

O representante do Ministério Público ofereceu a denúncia, tendo o juízo da Juízo da Segunda Vara Criminal da Comarca de Pernambuco do Estado de Recife recebido a exordial acusatória em todos os seus termos.

2. Preliminares:

Preliminarmente cumpre destacar que no momento do recebimento da peça acusatória que ensejou a presente ação penal, já era manifesta a Prescrição da Pretensão Punitiva, nos termos do art. 109, III, em combinação com o art. 115, ambos do Código Penal, conforme será demonstrado no mérito, acarretando a extinção da punibilidade do acusado nos termos do art. 107, IV, do Código Penal.

Com efeito, é mister destacar que a exordial acusatória sequer deveria ter sido recebida, pois sendo manifesta e clara a prescrição da pretensão punitiva não existiria interesse ou necessidade para existência da presente ação penal, devendo a denúncia ter sido rejeitada liminarmente com devido fundamento no art. 395, II, do Código de Processo Penal.

Ainda em sede preliminar, há que se observar que a ré faz jus ao benefício da suspensão condicional do processo, previsto no art. 89 da Lei nº 9.099/95, pois preenche todos os requisitos legais para a concessão do referido benefício. Ademais, por se tratar de um direito subjetivo da ré, não poderia o Ministério Público ter se recusado a oferecê-lo, sob a justificativa equivocada, *permissa venia*, de que se tratava de crime de natureza grave por ter sido praticado por uma estudante de direito.

3. Mérito

Convém destacar, por primeiro, que o Direito Penal moderno não deve se vincular às condutas tidas como imorais, mas somente àquelas que possuem um potencial dano social, ou seja, àquelas incompatíveis com as regras necessárias para a manutenção de uma vida em sociedade.

O Princípio da Insignificância ou Princípio da Bagatela permite **afastar a tipicidade material** de fatos que, por serem de pouca expressividade, provocariam no ordenamento jurídico efeitos quase que irrisórios, desprovidos de reprovabilidade, não merecendo, portanto, incidência da norma penal. Ademais, objetiva adequar a sociedade moderna ao sentimento de igualdade e justa aplicação da interpretação do Direito Penal, que deve se inspirar nos valores vigentes da sociedade moderna, sob pena de se afrontar o sentido da própria norma.

O Princípio da Insignificância se fundamenta, em um primeiro momento, não na relevância do bem jurídico atingido ou em uma valoração subjetiva, mas, sobretudo, na extensão do dano provocado pela conduta ilícita praticada. Frise-se não se tratar da banalização de delitos ou mesmo de estimular a prática rotineira de pequenos crimes, mas de verificar se houve ofensa de alguma gravidade relevante aos bens jurídicos protegidos, e, consequentemente, amoldando-se ao que a doutrina denomina de injusto típico.

Outrossim, a ideia do Princípio da Insignificância está associada a uma forma de excludente de tipicidade, ou seja, o desvalor do resultado é tão ínfimo que não provocaria a perturbação da ordem social, o que não permitiria ao Direito Penal a ocupação com qualquer conduta ilícita decorrente de relações sociais, razão pela qual, a conduta praticada seria atípica materialmente.

O Supremo Tribunal Federal consolidou o entendimento quanto aos requisitos para a sua aplicação e estabeleceu como essenciais: i) **a mínima ofensividade da conduta**; ii) **a ausência da periculosidade social da ação**; iii) **o reduzido grau de reprovabilidade**; e iv) **a inexpressividade da lesão jurídica causada**. No caso em análise, o objeto do crime de furto praticado pela ré perfaz a quantia de R$ 89,90 (oitenta e nove reais e noventa centavos), valor esse insignificante para uma famosa livraria da cidade. Veja-se, portanto, a desproporcionalidade existente ao se movimentar a máquina estatal apenas por conta de um objeto avaliado em patamar irrisório.

Tem-se, assim, que a conduta praticada pela ré tem o caráter de bagatela, revelando-se, como necessária, a sua absolvição sumária com fundamento no art. 397, III, do Código de Processo Penal, em face da atipicidade material do ato praticado. Noutro aspecto, há que se observar que o crime imputado à ré teria sido praticado em 18/07/2014, conforme se depreende dos termos constantes dos autos. Por oportuno, destaque-se que a ré tinha 19 (dezenove) anos à época dos fatos, razão pela qual faz jus à redução pela metade do prazo prescricional nos termos estabelecidos no art. 115 do Código Penal.

Por outro lado, o crime de furto é punido com pena máxima de 4 anos, e sendo, por conseguinte, o seu prazo prescricional de 8 anos, consoante estabelecido no art. 109, IV, do Código Penal. No entanto, conforme dito alhures, por ser a ré menor de 21 anos à época dos fatos, o prazo de 8 anos será reduzido para 4 anos.

Desta maneira, considerando que a denúncia foi recebida em 19/07/2018 e o crime fora praticado em 18/07/2014, o prazo prescricional de 4 anos transcorreu em sua totalidade, havendo, portanto, que ser declarada extinta a punibilidade pela prescrição da pretensão punitiva em abstrato, com fundamento nos artigos 109, IV, combinado com o art. 115 e ainda combinado com o artigo 107, IV, todos do Código Penal, acarretando a consequente absolvição sumária do réu, nos moldes do art. 397, IV, do Código de Processo Penal.

Por fim, preservando o amor a lide e o fascínio pela aplicação plena do bom Direito, cumpre elencar a não existência de necessidade e interesse processual na instauração da presente ação penal, eivada de vício gerador de nulidade desde a sua gêneses e que em nossa respeitosa opinião, deveria ter sido liminarmente rejeitada por força do disposto no art. 395, II, do Código de Processo Penal, seja pela prescrição da pretensão punitiva, ou mesmo em virtude da ilicitude do fato pelo estado de necessidade.

4. Pedidos:

Por todo o exposto, a defesa requer seja o réu absolvido sumariamente nos termos do artigo 397, incisos III e IV, do Código de Processo Penal.

Não entendendo vossa excelência pelo acolhimento do pleito primário, que seja ao menos decretada a anulação do recebimento da peça acusatória em virtude da ocorrência manifesta de prescrição da pretensão punitiva que gerou causa extintiva de punibilidade, nos termos do art. 395, II, do Código de Processo Penal.

Termos em que,

Pede deferimento.

Recife/PE, 16 de agosto de 2018.
Advogado, OAB.

GABARITO DO CASO PRÁTICO

Peça: RESPOSTA À ACUSAÇÃO, com fundamento nos artigos 396 e 396-A do Código de Processo Penal.

Competência: 2ª VARA CRIMINAL DA COMARCA DE RECIFE DO ESTADO DE PERNAMBUCO.

Preliminares:

- Extinção da Punibilidade pela prescrição com indicação dos artigos 107, IV, 109, IV, e 115, todos do Código Penal;
- Rejeição da inicial por ausência de condição da ação com fundamento no art. 395, II do Código de Processo Penal;
- Negativa de oferecimento do benefício da suspensão condicional do processo, com fundamento no art. 89 da Lei nº 9.099/95.

Mérito:

- Desenvolvimento fundamentado acerca da aplicação do princípio da insignificância;
- Desenvolvimento fundamentado sobre a ocorrência da extinção da punibilidade pela prescrição da pretensão punitiva.
- Desenvolvimento fundamentado sobre a inexistência de necessidade e interesse processual na instauração da presente ação penal, eivada de vício gerador de nulidade desde a sua gêneses, o que deveria ter ocasionado a rejeição da denúncia por força do disposto no art. 395, II, do Código de Processo Penal, seja pela prescrição da pretensão punitiva, ou mesmo em virtude da aplicação do princípio da insignificância.

Pedidos:

- Pedido de **absolvição sumária** com fundamento no art. 397, inciso III OU IV do Código de Processo Penal;

- Pedido de rejeição da peça acusatória em virtude da ocorrência manifesta de falta de pressuposto processual ou condição para o exercício da ação penal OU por ausência de justa causa para o exercício da ação penal, com fundamento no art. 395, inciso II OU III, do Código de Processo Penal;
- Pedido de concessão do benefício da suspensão condicional do processo.

Prazo: 16 de agosto de 2018.

6.
ALEGAÇÕES FINAIS POR MEMORIAIS

1. INTRODUÇÃO

Estudamos, anteriormente, que a fase processual da ação penal se inicia com o recebimento da denúncia ou queixa. Uma vez recebida a exordial acusatória, a defesa do acusado deverá apresentar a sua resposta à acusação, ressalvadas as hipóteses de apresentação de defesa prévia ou preliminar.

Ato contínuo, não sendo o caso de absolvição sumária ou de rejeição da denúncia ou queixa, será oportunizado às partes a produção das provas que entenderem necessárias para o convencimento do juízo. Por um lado, a acusação deverá demonstrar a existência da materialidade delitiva e dos indícios de autoria, enquanto a defesa poderá se valer das mais variadas teses defensivas para evitar a condenação do réu, ou mesmo, para que a ele seja aplicada uma pena compatível com a conduta praticada.

Importante destacar que defender o acusado não significa apenas absolvê-lo. Há situações em que a absolvição é inviável, mas isso não significa que a ele não será oportunizado o direito de defesa. Entre as mais variadas teses defensivas, podemos destacar, por exemplo, a ocorrência de causas extintivas de punibilidade, em especial a prescrição e a decadência, a desclassificação para uma conduta diferente daquela apontada na exordial acusatória, a incidência de atenuantes ou de causas de diminuição da pena.

Portanto, lembre-se, **um réu confesso não significa um réu sem defesa!**

Encerrada a fase probatória, as partes deverão apresentar as suas alegações finais, as quais poderão ser de forma oral ou por memoriais. Quando for de forma oral, as alegações finais serão registradas por escrito pelo serventuário designado pelo Juízo, o qual anotará ponto a ponto o exposto pelas partes, ou mesmo por meio do sistema de gravação audiovisual com registro em mídia.

Por outro lado, o Juízo, considerando a especificidade do caso, poderá conceder às partes prazo para que apresente as suas alegações finais por memoriais, o que passaremos a estudar nos próximos tópicos.

2. PREVISÃO LEGAL E PRAZO DOS MEMORIAIS

Dispõe o *caput* e o § 3º do artigo 403 do Código de Processo Penal:

> Art. 403. Não havendo requerimento de diligências, ou sendo indeferido, serão oferecidas alegações finais orais por 20 (vinte) minutos, respectivamente, pela acusação e pela defesa, prorrogáveis por mais 10 (dez), proferindo o juiz, a seguir, sentença.
> § 3º. O juiz poderá, considerada **a complexidade do caso** ou **o número de acusados**, conceder às partes **o prazo de 5 (cinco) dias** sucessivamente para a apresentação de memoriais. Nesse caso, terá o prazo de 10 (dez) dias para proferir a sentença.

Observe-se, portanto, que as alegações finais, em **regra**, deverão ser oferecidas de forma **oral por 20 (vinte) minutos** pela acusação e, sucessivamente, pela defesa, podendo haver a sua prorrogação por mais 10 (dez) minutos.

Com efeito, poderá o Magistrado, considerando a complexidade do caso ou o número de acusados, conceder às partes o **prazo de 5 (cinco) dias** sucessivos para a sua apresentação por memoriais (escrito).

Ou seja, a acusação deverá apresentar as suas alegações finais por memoriais dentro do referido prazo e, após a sua apresentação, a defesa será intimada para apresentar as suas, também, por memoriais.

> **OBSERVAÇÃO:**
> Dispõe o art. 404 do Código de Processo Penal:
> Art. 404 Ordenado diligência considerada imprescindível, de ofício ou a requerimento da parte, **a audiência será concluída sem as alegações finais**.

> *Parágrafo único: Realizada, em seguida, a diligência determinada, as partes apresentarão, **no prazo sucessivo de 5 (cinco) dias**, **suas alegações finais, por memorial**, e, no prazo de 10 (dez) dias, o juiz proferirá a sentença.*
>
> Vê-se, assim, que as alegações finais por memoriais somente terão como fundamento o **art. 404, parágrafo único**, do **CPP**, quando, **após a realização da audiência de instrução e julgamento**, houver a determinação de realização de uma diligência e esta for realizada.
>
> Dessa maneira, o Magistrado determinará que as partes apresentem as alegações finais por memoriais, não pela complexidade da causa ou pelo número de acusados, e sim por ter sido realizada diligência posterior a audiência de instrução e julgamento.

Em suma, a regra é que as **alegações finais por memoriais** sejam apresentadas por escrito dentro do **prazo de 5 (cinco) dias** e com fundamento no **art. 403, § 3º, do** CPP, enquanto a exceção é a sua apresentação no mesmo prazo, porém com fundamento será no art. 404, parágrafo único, do CPP.

No Código Eleitoral, o fundamento será no seu art. 360.

3. PROCEDIMENTO DAS ALEGAÇÕES FINAIS

Encerrada a audiência de instrução e julgamento, e não havendo novas provas a serem produzidas, será oportunizado às partes o direito de apresentar as suas alegações finais por memoriais. Trata-se de uma peça escrita, a ser subscrita por um profissional com capacidade postulatória, cuja finalidade será comprovar as teses apontadas pela acusação ou defesa.

Há casos em que a própria acusação, convencida da inocência do denunciado, pugna pela sua absolvição. Conquanto não haja qualquer impedimento para isso, a prática é que ambas as partes se valham das alegações finais para defenderem o seu ponto de vista.

As alegações finais – sejam orais ou por memoriais – são **obrigatórias** e sua ausência no processo ensejará uma **nulidade absoluta**, com a anulação de todos os atos posteriormente praticados.

O seu endereçamento será para o mesmo Juízo que conduziu a audiência de instrução e julgamento. A sua estrutura é simples e deverá conter fatos, direito (preliminares e mérito) e pedidos.

Não há mais que se falar em produção de provas, uma vez que a fase probatória já foi concluída. Logo, não se mostra adequado apontar o nome de testemunhas e requerer a sua oitiva. A juntada de novos documentos nesse momento não é recomendada, pois, caso ocorra, deverá ser concedido pelo Juízo prazo para que a acusação sobre eles se manifeste.

Por fim, apresentadas as alegações finais pelas partes, os autos serão conclusos para análise e sentença.

4. DIREITO NAS ALEGAÇÕES FINAIS POR MEMORIAIS

Assim como na resposta à acusação, dentro do direito das alegações finais por memoriais devemos dividir em preliminares e mérito:

A. Preliminares:

As nulidades decorrentes de omissão de formalidade ou outra hipótese prevista no art. 564 do CPP bem como de vícios contidos na produção de provas, como por exemplo, a prova decorrente de uma interceptação ilegal ilícita (Lei nº 9.296/96).

As causas extintivas de punibilidade descritas no art. 107 do CP, especialmente, a prescrição (art. 109 do CP) e a decadência (art. 103 do CP) ou em outro dispositivo do CP (art. 312, § 3º) ou mesmo de Legislações Extravagantes (art. 34 da Lei nº 9249/95);

As hipóteses de rejeição da denúncia, descritas no art. 395 do CPP;

As causas de exclusão de ilicitude.

B. Mérito:

Diferentemente da resposta à acusação, no mérito, **não** iremos sustentar a absolvição sumária (art. 397 do CPP) mas sim a **absolvição**, e o seu fundamento será o art. 386 do CPP. Analisemos, a propósito, o disposto no mencionado:

> Art. 386. *O juiz absolverá o réu, mencionando a causa na parte dispositiva, desde que reconheça:*
> *I – estar provada a inexistência do fato;*
> *II – não haver prova da existência do fato;*
> *III – não constituir o fato infração penal;*
> *IV – estar provado que o réu não concorreu para a infração penal;*
> *V – não existir prova de ter o réu concorrido para a infração penal;*

VI – *existirem circunstâncias que excluam o crime ou isentem o réu de pena (arts. 20, 21, 22, 23, 26 e § 1º do art. 28, todos do Código Penal), ou mesmo se houver fundada dúvida sobre sua existência;*
VII – *não existir prova suficiente para a condenação.*

Note-se que, além de 3 (três) possibilidades de absolvição já estudada em resposta à acusação – excludentes de tipicidade, ilicitude e culpabilidade – há mais 3 (três) possibilidades de absolvição:

Estar provada a inexistência do fato (inciso I);

Estar provado que o réu não concorreu para a infração penal (inciso IV); e

Dúvida sobre a materialidade do fato ou a autoria delitiva (incisos II, V e VII).

A primeira ocorrerá quando as provas existentes no processo sejam suficientes para comprovar que o fato imputado pela acusação ao réu (ou querelado) não tiver existido. Nada mais é do que a certeza sobre a inexistência do delito!

A segunda é a certeza existente no processo acerca da autoria delitiva. Ou seja, restou demonstrado que o réu não participou da suposta infração penal. Independe, nesse caso, se a conduta a ele imputada é ou não crime, porque as provas existentes no processo demonstram que ele nada teve a ver com o fato.

Por última, a terceira possibilidade está associada à dúvida. Não há nos autos provas suficientes sobre materialidade ou autoria para que o réu seja condenado. Essa tese é decorrente da aplicação do Princípio do **IN DUBIO PRO REO**, o qual preconiza que, havendo dúvida, ela deve ser interpretada em favor do réu.

Podemos, assim, organizar as nossas teses de absolvição:

I. Inexistência do fato (materialidade) – art. 386, inciso I, do CPP;
II. Dúvidas sobre a materialidade delitiva – art. 386, inciso II, do CPP;
III. Atipicidade da conduta – art. 386, inciso III, do CPP;
IV. Prova de que o réu não participou do delito – art. 386, inciso IV, do CPP;
V. Dúvida sobre a autoria delitiva – art. 386, inciso V, do CPP;
VI. Excludente de ilicitude e/ou de culpabilidade – art. 386, inciso VI, do CPP;

VII. Dúvida sobre a materialidade e/ou autoria delitiva – art. 386, inciso VII, do CPP.

<u>Obs.:</u> Não há qualquer impedimento para, no caso de dúvidas, cumular os incisos II, V e VII.

Além das teses de absolvição, podemos ter algumas teses subsidiárias:

A. Desclassificação:

A desclassificação tem como finalidade alterar a conduta imputada ao réu. Imagine, por exemplo, que o MP tenha oferecido denúncia pela prática do crime de roubo (art. 157 do CP), mas, após a instrução probatória, não tenha sido demonstrado que o agente usou de violência ou grave ameaça para realizar a subtração do bem. Neste caso, a conduta correta é a prevista no art. 155 do CP, ou seja, o crime de furto. Portanto, caberá à defesa requerer a **desclassificação** do crime de roubo para o crime de furto.

Observe-se que na desclassificação poderá haver mudança de competência. A título de exemplo, imagine que o réu foi denunciado pelo crime de lesão corporal grave, cuja competência é da Vara Criminal. Ato contínuo, comprova-se que as lesões provocadas na vítima são apenas leves. Por se tratar de delito de menor potencial ofensivo, o crime de lesão corporal leve será apreciado pelo magistrado do juizado especial criminal, portanto, há que ser requerida a remessa dos autos ao Juízo competente.

A propósito, o art. 383 do Código de Processo Penal estabelece que:

> Art. 383. O juiz, sem modificar a descrição do fato contida na denúncia ou queixa, poderá atribuir-lhe definição jurídica diversa, ainda que, em conseqüência, tenha de aplicar pena mais grave.
> §1º Se, em conseqüência de definição jurídica diversa, houver possibilidade de proposta de suspensão condicional do processo, o juiz procederá de acordo com o disposto na lei.
> §2º Tratando-se de infração da competência de outro juízo, a este serão encaminhados os autos.

Essa hipótese nada mais é do que uma correção feita pelo magistrado da conduta imputada ao réu pela acusação sem modificar os fatos narrados na denúncia ou queixa. Ao assim proceder, o magistrado aplicará a *emendatio libelli*.

Por exemplo, o MP oferece denúncia pela prática do crime de furto qualificado mediante fraude (art. 155, § 4º, II, do CP), mas o magistrado, **sem alterar os fatos** contidos na denúncia, entende pela prática do crime de estelionato (art. 171 do CP), condenando o réu à pena ali estabelecida.

Duas questões merecem atenção:

A. Se, em consequência de definição jurídica diversa, houver possibilidade de proposta de suspensão condicional do processo, o juiz procederá de acordo com o disposto na lei. Ou seja, se a pena do novo crime comportar o oferecimento da suspensão condicional do processo, ao réu deverá ser oferecido o benefício, sob pena de nulidade por falta do oferecimento.

B. Tratando-se de infração da competência de outro juízo, a este serão encaminhados os autos. Ou seja, se em razão da nova tipificação houver mudança de competência, o magistrado deverá decliná-la a que for competente. Por exemplo, o juiz entende que a tipificação adequada não é o crime de roubo (art. 157 do CP) e sim o crime de ameaça (art. 147 do CP). Nesse caso, por ser tratar de crime de menor potencial ofensivo, deverá haver a remessa dos autos ao Juizado Especial Criminal.

Por sua vez, é a dicção do art. 384 do Código de Processo Penal:

> Art. 384. Encerrada a instrução probatória, se entender cabível nova definição jurídica do fato, em conseqüência de prova existente nos autos de elemento ou circunstância da infração penal não contida na acusação, o Ministério Público deverá aditar a denúncia ou queixa, no prazo de 5 (cinco) dias, se em virtude desta houver sido instaurado o processo em crime de ação pública, reduzindo-se a termo o aditamento, quando feito oralmente.
> § 1º Não procedendo o órgão do Ministério Público ao aditamento, aplica-se o art. 28 deste Código.
> § 2º Ouvido o defensor do acusado no prazo de 5 (cinco) dias e admitido o aditamento, o juiz, a requerimento de qualquer das partes, designará dia e hora para continuação da audiência, com inquirição de testemunhas, novo interrogatório do acusado, realização de debates e julgamento.
> § 3º Aplicam-se as disposições dos §§ 1o e 2o do art. 383 ao caput deste artigo.
> § 4º Havendo aditamento, cada parte poderá arrolar até 3 (três) testemunhas, no prazo de 5 (cinco) dias, ficando o juiz, na sentença, adstrito aos termos do aditamento;
> § 5º Não recebido o aditamento, o processo prosseguirá.

Trata-se de hipótese de aplicação da *mutatio libelli*. Observe-se que agora **haverá uma mudança da base fática** da imputação, o que provocará um aditamento na denúncia ou queixa para sua adaptação.

Imagine que o MP oferece a denúncia pela prática do crime de furto (art. 155 do CP) e, durante a audiência de instrução e julgamento, descobre-se que a subtração realizada ocorreu por meio de violência. Esta circunstância não era conhecida à época do oferecimento da inicial acusatória e, assim, os autos deverão ser remetidos ao MP para que adite em 5 dias a denúncia e ofereça a denúncia pela prática do crime de roubo (art. 157 do CP).

> **CUIDADO:**
> Não procedendo o órgão do Ministério Público ao aditamento da denúncia, o juiz, no caso de considerar improcedentes as razões invocadas, fará remessa dos autos ao procurador-geral, e este oferecerá a denúncia, designará outro órgão do Ministério Público para oferecê-la, ou insistirá no pedido de arquivamento, nos moldes do art. 28 do CPP.

DICA: Não se aplica à segunda instância o art. 384 do CPP (*mutatio libelli*), que possibilita dar nova definição jurídica ao fato delituoso, em virtude de circunstância elementar não contida, explícita ou implicitamente, da denúncia ou queixa, conforme preconiza a Súmula 453 do STF:

> *Súmula 453*
> *Não se aplicam à segunda instância o art. 384 e parágrafo único do Código de Processo Penal, que possibilitam dar nova definição jurídica ao fato delituoso, em virtude de circunstância elementar não contida, explícita ou implicitamente, na denúncia ou queixa.*

B. Dosimetria da pena:

Os critérios para aplicação da pena estão previstos nos arts. 33 até 82 do Código Penal. Contudo, para elaboração de nossa tese nós deveremos seguir uma ordem específica, confira-se:

Em primeiro lugar, vamos afastar eventual qualificadora e, também, nos ater às circunstâncias judiciais previstas no art. 59 do CP. Em regra, destacamos que elas são "*todas comuns ao tipo penal*", razão pela qual a pena base deve ser estabelecida no mínimo legal.

Em segundo lugar, na nossa pena provisória, vamos falar sobre as agravantes (art. 61 do CP) e as atenuantes (art. 65 do CP). O problema disse que há uma agravante? Ela deve ser afastada. O problema disse que há uma atenuante? Ela deve ser aplicada.

Em terceiro lugar, na nossa pena definitiva, vamos falar das causas de aumento e de diminuição de pena, aplicando o mesmo raciocínio do item anterior.

Há causa de aumento de pena? Afasta! Há causa de diminuição de pena? Aplica!

Em quarto lugar, vamos requerer a *"fixação da pena em seu patamar mínimo legal"* e o estabelecimento do regime inicial de pena (aberto ou semiaberto), nos termos do art. 33, § 2°, indicando a alínea pertinente do CP.

Por fim, verificamos se o caso comporta a substituição da pena privativa de liberdade por **pena restritiva de direito** (art. 44 do CP) ou a concessão da **suspensão condicional da pena** (art. 77 do CP).

5. PEDIDOS NAS ALEGAÇÕES FINAIS POR MEMORIAIS

Em sede de memoriais, há uma infinidade de pedidos. Neste momento processual, a defesa poderá alegar tudo aquilo que for favorável à defesa do réu e, portanto, os pedidos são os mais variáveis possíveis. Por exemplo, podemos requerer:

A. a absolvição do réu com fundamento no art. 386 do CPP;
B. a declaração da extinção da punibilidade;
C. o acolhimento de uma determinada nulidade, podendo, ainda, ser determinado o desentranhamento de uma prova ilícita ou a anulação do processo no todo ou em parte;
D. a desclassificação de um crime para outro;
E. a fixação da dosimetria da pena seguindo critérios específicos (afastamento de qualificadora ou causa de aumento de pena, incidência de atenuante ou causa de diminuição de pena, pena no patamar mínimo legal, regime inicial de cumprimento de pena aberto ou semiaberto, substituição da pena privativa de liberdade por restritiva de direitos ou a concessão da suspensão condicional do processo).

ESTRUTURA DOS MEMORIAIS (RITO COMUM)

ENDEREÇAMENTO:

EXCELENTÍSSIMO SENHOR DOUTOR JUIZ DE DIREITO DA ____ VARA CRIMINAL DA COMARCA DE _____ (Regra Geral)

OU

EXCELENTÍSSIMO SENHOR DOUTOR JUIZ FEDERAL DA ____ VARA CRIMINAL DA SEÇÃO JUDICIÁRIA DE _____ (Crimes da Competência da Justiça Federal)

Processo número:

Identificação

Nome, já qualificado nos autos do processo às folhas (), por seu advogado e bastante procurador que a esta subscreve, conforme procuração em anexo, vem, muito respeitosamente a presença de Vossa Excelência, apresentar com fundamento 403, § 3º. do Código de Processo Penal

ALEGAÇÕES FINAIS POR MEMORIAIS

pelos motivos de fato e de direito a seguir aduzidos.

1. **Dos Fatos**

(O candidato deve externar os fatos de forma sucinta.)

2. **Das Preliminares**

Buscam-se falhas, defeitos que possam inviabilizar a defesa. NÃO se deve entrar no MÉRITO. Nas alegações das preliminares basta fazer um parágrafo apontando a preliminar, esta é uma indicação inicial de um erro, de um equívoco existente no processo. Ela é uma indicação de ordem técnica, devendo mencionar o fundamento legal.

DICA!

Indique as preliminares na sequência a seguir:

Como já foi explicado existe uma sequência a ser seguida. Abra os artigos na seguinte ordem:

1º) Art. 107 CP – Causas extintivas de punibilidade;

2º) Art. 109 CP – Prescrição;

3º) Art. 564 CPP – Nulidades;

4º) Art. 23 CP – Causas de exclusão de ilicitude;

5º) Deve-se buscar todo e qualquer outro defeito que levaria a ocorrência rejeição liminar da peça acusatória.

OBS.: Com já foi dito, as preliminares são apenas mencionadas, no mérito é que se poderá aprofundar alguma tese das preliminares, como no caso da preliminar de exclusão da ilicitude.

3. **Do Mérito**

Deve-se alegar o que mais salta aos olhos, devendo demonstrar conhecimento. Se nas preliminares citou-se o instituto jurídico, como, por exemplo, legitima defesa, deve discorrer sobre os requisitos da legitima defesa. Deve-se discorrer sobre os institutos demonstrando os requisitos do instituto. Toda vez que falar de uma preliminar deve-se falar no mérito sobre ela em um parágrafo. Deve-se mencionar de forma geral, segundo a melhor doutrina, ou segundo o entendimento da doutrina dominante, ou conforme o entendimento dos tribunais superiores.

DICAS!

- Sempre quando for discutir o mérito deve-se discorrer sobre o instituto de direito penal já demonstrando que em cada elemento do instituto á o enquadramento deste no caso concreto. Faça períodos sempre curtos, no máximo de 5 ou 6 linhas.
- Deve-se explorar bem a tese principal.
- Entretanto vale ressaltar que no mérito também se deve mencionar as preliminares que já foram suscitadas, comentando-as de forma mais resumida do que a tese principal

4. **Do Pedido**

Pedido de Absolvição = Pedido Principal

No pedido de memoriais a regra é o de absolvição, no caso do rito comum ordinário, sumário ou sumaríssimo pede-se a absolvição com base no art. 386 do Código de Processo Penal.

Pedidos Secundários.

Deve-se atentar para a possibilidade de alegação dos pedidos secundários, lembrando que também é necessário discuti-los no mérito. Podendo haver, por exemplo, os seguintes pedidos subsidiários:

- Desclassificação do Crime;
- Afastamento de qualificadora;
- Reconhecimento da atenuação da pena;
- Reconhecimento de causa de diminuição de pena no momento;
- Se o juiz entender pela condenação que seja aplicada a pena mínima ou que seja aplicada pena restritiva de direito.

Nesses termos,

Pede deferimento.

>Comarca, data.
>Advogado, OAB

CASO PRÁTICO

Fabiana, brasileira, solteira, desempregada, primária e de bons antecedentes, foi denunciada pela suposta prática do crime de furto (art. 155 do Código Penal), pois teria subtraído de uma grande loja de produtos de departamentos 3 (três) blusas, que juntas totalizavam R$ 55,00 (cinquenta e cinco) reais, conforme laudo de avaliação econômica acostado aos autos.

A denúncia foi recebida em 10 de agosto de 2018 e, citada para apresentação de sua defesa perante o Juízo da Primeira Vara Criminal da Comarca de Belo Horizonte/MG, Fabiana, devidamente representada por seus advogados, não suscitou nulidades, nem arguiu preliminares, tampouco alegou tese de absolvição sumária. Ato contínuo, foi designada Audiência de Instrução e Julgamento, em razão de Fabiana ter recusado a proposta de suspensão condicional do processo.

Após o pregão da citada Audiência, o Magistrado entendeu por primeiro ouvir as declarações da ré e somente após as testemunhas de acusação e defesa. Em seu interrogatório, Fabiana confirmou ter praticado o crime de furto, destacando que a escolha das 3 (três) peças se deu com base no reduzido valor dos produtos. Por fim, mostrou-se arrependida, porque jamais havia se envolvido em uma situação como essa.

Dando prosseguimento à Audiência, o Magistrado ouviu as testemunhas de acusação e de defesa, as quais confirmaram as declarações de Fabiana.

Encerrada a audiência, o Magistrado, entendendo pela complexidade da causa, deu vista dos autos ao órgão da acusação, que postulou pela condenação da ré nos moldes da denúncia. A defesa foi intimada para manifestação em 19 de novembro de 2018 (segunda-feira).

Na condição de advogado de Fabiana, e com base somente nas informações de que dispõe e nas que podem ser inferidas pela situação narrada acima, redija a peça cabível, no último dia do prazo, excluindo a possibilidade de impetração de Habeas Corpus, sustentando, para tanto, as teses jurídicas pertinentes.

GABARITO DO CASO PRÁTICO

Peça: ALEGAÇÕES FINAIS POR MEMORIAIS, com fundamento no artigo 403, § 3º, do Código de Processo Penal.

Competência: EXCELENTÍSSIMO SENHOR DOUTOR JUIZ DE DIREITO DA 1ª VARA CRIMINAL DA COMARCA DE BELO HORIZONTE/MG.

Preliminares:

- Nulidade pela inversão da ordem na audiência de instrução e julgamento: o interrogatório, por se tratar de meio de defesa, deve ser realizado como último ato. Uma vez iniciada a audiência pelo interrogatório da ré, houve ofensa aos Princípios da Ampla Defesa e do Contraditório OU ofensa ao art. 400 do Código de Processo Penal OU art. 564, IV, do Código de Processo Penal;
- Rejeição da inicial por ausência de condição da ação com fundamento no art. 395, II do Código de Processo Penal.

Mérito:

- Desenvolvimento fundamentado acerca da aplicação do Princípio da Insignificância. O valor total dos objetos do crime de furto praticado pela ré perfaz a quantia de R$ 55,00 (cinquenta e cinco reais), razão pela qual o desvalor a lesão jurídica é tão ínfima que não provocaria a perturbação da ordem social. Tem-se, assim, que a conduta pratica por ela tem o caráter de bagatela, revelando-se, como necessária, a sua absolvição pela aplicação do Princípio da Insignificância, com fundamento no art. 386, III, do Código de Processo Penal, em face da **atipicidade material** do ato praticado.
- Subsidiariamente, requerer a incidência da atenuante de confissão espontânea e a fixação da pena em seu patamar mínimo legal, em regime inicial aberto para cumprimento de pena, e substituição da pena privativa de liberdade por restritiva de direitos.

Pedidos:

- Absolvição, com fundamento no art. 386, III, do CPP;
- Acolhimento da nulidade pela inversão da ordem na audiência de instrução e julgamento, com fundamento no art. 564, IV, do CPP;

- Anulação do recebimento da peça acusatória em virtude da ocorrência manifesta de falta de pressuposto processual ou condição para o exercício da ação penal, nos termos do art. 395, II, do CP.
- A incidência da atenuante de confissão espontânea e a fixação da pena em seu patamar mínimo legal, em regime inicial aberto para cumprimento de pena, e substituição da pena privativa de liberdade por restritiva de direitos.

Prazo: 26 de novembro de 2018 (segunda-feira)

6. AS ALEGAÇÕES FINAIS NO PROCEDIMENTO DO CRIMES CONTRA A VIDA (TRIBUNAL DO JÚRI)

O procedimento dos crimes dolosos contra a vida é **bifásico** e divide-se em:

A. Juízo de acusação (*judicium accusationis*) – (arts. 406 a 421 do CPP) consiste na verificação por um **magistrado togado** acerca da **existência da materialidade e de indícios mínimos de autoria**; e

B. Juízo de causa (*judicium causae*) – (arts. 422 a 497) consiste no julgamento em Plenário pelos **jurados**.

A primeira fase, assim como no procedimento comum, será iniciada com o oferecimento da denúncia ou queixa e, não sendo hipótese de rejeição da denúncia, o **magistrado da Vara do Tribunal do Júri** irá determinar a citação do réu para apresentar a sua defesa. Não sendo o caso de rejeição da denúncia ou absolvição sumária (art. 397 do CPP), será designada audiência de instrução e julgamento, a qual será realizada nos ditames do art. 411 do CPP:

> *Art. 411. Na audiência de instrução, proceder-se-á à tomada de declarações do ofendido, se possível, à inquirição das testemunhas arroladas pela acusação e pela defesa, nesta ordem, bem como aos esclarecimentos dos peritos, às acareações e ao reconhecimento de pessoas e coisas, interrogando-se, em seguida, o acusado e procedendo-se o debate.*

Encerrada referida audiência, será dada palavra à acusação e depois à defesa para apresentar as alegações finais orais pelo prazo de 20 minutos, prorrogáveis por mais 10 minutos. Havendo mais de 1 (um) acusado, o tempo previsto para a acusação e a defesa de cada um deles será individual e, ao assistente do Ministério Público, após a manifestação deste, serão concedidos 10 (dez) minutos, prorrogando-se por igual período o tempo de manifestação da defesa.

Conquanto não haja previsão no Código de Processo Penal para apresentação das alegações finais por memoriais, **aplica-se ao rito do Tribunal do Júri subsidiariamente o procedimento ordinário**, nos termos do § 5º do artigo 394 do CPP. Ou seja, o juiz poderá, considerada a complexidade do caso ou o número de acusados, conceder às partes o **prazo de 5 (cinco) dias** sucessivamente para a apresentação de memoriais (art. 403, § 3º, do CPP).

Muita atenção com o **direito** nas alegações finais por memoriais!

Isto porque, diferentemente do que é desenvolvido no rito comum, não há que se falar em absolvição com fundamento no artigo 386 do CPP. Além disso, não é pertinente apontamentos sobre dosimetria da pena, exceto sobre as circunstâncias qualificadoras e as causas de aumento de pena.

Com efeito, além das preliminares já estudadas no rito comum, podemos alegar em sede de alegações finais no Júri:

A. *Absolvição Sumária* (art. 415 do CPP): como é cediço, a competência para julgar os crimes dolosos contra a vida é dos Jurados. Aliás, essa apreciação somente ocorrerá na segunda etapa do procedimento dos crimes contra a vida. Não obstante, há casos em que o magistrado singular, ainda na primeira etapa, poderá **absolver sumariamente** o réu, desde que verificada:

I. provada a inexistência do fato;
II. provado não ser ele autor ou partícipe do fato;
III. o fato não constituir infração penal;
IV. demonstrada causa de isenção de pena ou de exclusão do crime.

B. *Impronúncia* (art. 414 do CPP): o magistrado pronunciará o acusado, se convencido da materialidade do fato e da existência de indícios suficientes de autoria ou de participação. A pronúncia é aquela que o magistrado verifica a existência da materialidade e dos indícios de autoria, submetendo o réu ao julgamento pelo júri popular. Contudo, não se convencendo da materialidade do fato ou da existência de indícios suficientes de autoria ou de participação, o juiz, fundamentadamente, **impronunciará** o acusado. Trata-se de tese subsidiária, na qual deverá ser demonstrado inexistir prova da materialidade ou dos indícios suficientes de autoria ou de participação.

C. *Desclassificação* (arts. 418 e 419 do CPP): segunda tese subsidiária possível de ser alegada, a desclassificação deverá ser demonstrada quando o crime praticado pelo agente não for o mesmo crime descrito na denúncia. Por exemplo, o MP denuncia a ré pela prática de homicídio (art. 121, CP), quando na verdade os elementos narrados apontam a prática do crime de infanticídio (art. 123, CP). Esta desclassificação poderá ser:

- c.1. **Imprópria:** quando o novo crime também for de competência do Tribunal do Júri. Exemplo: de homicídio para Infanticídio ou de homicídio para aborto;
- c.2. **Própria:** quando o novo crime não for de competência do Tribunal do Júri. Exemplo: de homicídio para lesão corporal seguida de morte. **Cuidado, sempre que houver a mudança de competência, é necessário requerer a remessa dos autos ao juízo competente!**
- D. Afastamento de qualificadoras e causas de aumento de pena: como dito acima, não é oportuno desenvolver em alegações finais no rito do Tribunal do Júri teses sobre a dosimetria da pena. Ou seja, não devemos aqui falar de circunstâncias judiciais favoráveis, atenuantes, agravantes, causas de diminuição de pena, regime inicial de cumprimento de pena ou mesmo de suspensão condicional da pena. Todavia, essa vedação tem duas exceções: as qualificadoras e as causas de aumento de pena. Por exemplo, imagine que o MP denunciou seu cliente pela prática de homicídio qualificado por motivo torpe (art. 121, § 2º, II, do CP). Neste caso, é possível desenvolver uma tese para afastar a torpeza, de forma que seu cliente seja pronunciado, apenas, pelo crime de homicídio simples (art. 121, *caput*, CP).

Observe-se, portanto, que em sede de alegações finais eu posso ter como tese de mérito absolvição sumária (tese principal) e impronúncia, desclassificação e o afastamento de qualificadora ou causa de aumento de pena (teses subsidiárias). Lembre-se das preliminares que deverão ser ratificadas no mérito.

Em relação aos meus pedidos, podemos ter:

I. absolvição sumária, nos termos do art. 415 do CPP;
II. impronúncia, nos termos do art. 414 do CPP;
III. desclassificação, nos termos dos arts. 418 e 419 do CPP;
IV. afastamento da qualificadora ou da causa de aumento de pena.

Além desses pedidos específicos dos memoriais no júri, podemos ter os pedidos associados às minhas preliminares, isto é, os mesmos desenvolvidos nos memoriais no rito comum:

- declaração da extinção da punibilidade;
- acolhimento da nulidade arguida; e
- rejeição da denúncia ou queixa.

> **OBSERVAÇÃO:**
> A audiência de instrução e julgamento, no rito comum, segue as diretrizes do art. 400 do Código de Processo Penal.
> Por outro lado, a referida audiência, no rito dos crimes contra a vida, obedece ao disposto no art. 411 do Código de Processo Penal.
> :*Art. 411. Na audiência de instrução, proceder-se-á à tomada de declarações do ofendido, se possível, à inquirição das testemunhas arroladas pela acusação e pela defesa, nesta ordem, bem como, aos esclarecimentos dos peritos, às acareações e ao reconhecimento de pessoas e coisas, interrogando-se, em seguida, o acusado e procedendo-se o debate.*

ESTRUTURA DOS MEMORIAIS (RITO ESPECIAL: CRIMES CONTRA A VIDA)

ENDEREÇAMENTO:

EXCELENTÍSSIMO SENHOR DOUTOR JUIZ DE DIREITO DA ____ VARA DO TRIBUNAL DO JÚRI DA COMARCA DE _____
(Regra geral)

Processo número:

QUALIFICAÇÃO

Nome, já qualificado nos autos do processo às folhas (), por seu advogado e bastante procurador que a esta subscreve, conforme procuração em anexo, vem, muito respeitosamente a presença de Vossa Excelência, apresentar com fundamento 403, § 3º. do Código de Processo Penal

ALEGAÇÕES FINAIS POR MEMORIAIS

pelos motivos de fato e de direito a seguir aduzidos.

1. **Dos Fatos**

(O candidato deve externar os fatos de forma sucinta.)

2. **Das Preliminares**

Buscam-se falhas, defeitos que possam inviabilizar a defesa. NÃO se deve entrar no MÉRITO. Nas alegações das preliminares basta fazer um parágrafo apontando a preliminar, esta é uma indicação inicial de um erro, de um equívoco existente no processo. Ela é uma indicação de ordem técnica, devendo mencionar o fundamento legal.

DICA! Indique as preliminares na sequência a seguir:

Como já foi explicado existe uma sequência a ser seguida. Abra os artigos na seguinte ordem:

1º) Art. 107 CP – Causas extintivas de punibilidade.

2º) Art. 109 CP – Prescrição

3º) Art. 564 CPP – Nulidades

4º) Art. 23 CP – Causas de exclusão de ilicitude.

5º) Deve-se buscar todo e qualquer outro defeito que levaria a ocorrência rejeição liminar da peça acusatória.

OBS.: Com já foi dito, as preliminares são apenas mencionadas, no mérito é que se poderá aprofundar alguma tese das preliminares, como no caso da preliminar de exclusão da ilicitude.

3. Do Mérito

Deve-se alegar o que mais salta aos olhos, devendo demonstrar conhecimento. Se nas preliminares citou-se o instituto jurídico, como, por exemplo, legítima defesa, deve discorrer sobre os requisitos da legítima defesa. Deve-se discorrer sobre os institutos demonstrando os requisitos do instituto. Toda vez que falar de uma preliminar deve-se falar no mérito sobre ela em um parágrafo. Deve-se mencionar de forma geral, segundo a melhor doutrina, ou segundo o entendimento da doutrina dominante, ou conforme o entendimento dos tribunais superiores.

Abra os artigos na seguinte ordem:

I. absolvição sumária, nos termos do art. 415 do CPP;
II. impronúncia, nos termos do art. 414 do CPP;
   iii. desclassificação, nos termos dos arts. 418 e 419 do CPP;
IV. afastamento da qualificadora ou da causa de aumento de pena.

DICAS!

- Sempre quando for discutir o mérito deve-se discorrer sobre o instituto de direito penal já demonstrando que em cada elemento do instituto á o enquadramento deste no caso concreto. Faça períodos sempre curtos, no máximo de 5 ou 6 linhas.
- Deve-se explorar bem a tese principal.
- Entretanto vale ressaltar que no mérito também se deve mencionar as preliminares que já foram suscitadas, comentando-as de forma mais resumida do que a tese principal.

4. Do Pedido

Pedido de Absolvição Sumária = Pedido Principal

No pedido de memoriais a regra é a absolvição sumária com base no art. 415 do Código de Processo Penal.

Pedidos Secundários.

Deve-se atentar para a possibilidade de alegação dos pedidos secundários, lembrando que também é necessário discuti-los no mérito. Podendo haver, por exemplo, os seguintes pedidos subsidiários:

- impronúncia;
- desclassificação;
- afastamento da qualificadora ou da causa de aumento de pena;
- extinção da punibilidade, acolhimento de nulidade ou alguma das causas de rejeição da denúncia.

Nesses termos,

Pede deferimento.

Comarca, data.
Advogado, OAB

VAMOS TREINAR?

Helena é funcionária de uma importante biblioteca da cidade de Brasília/DF desde o ano de 2010. Uma de suas funções é monitorar a entrada e a saída dos alunos, bem como conferir se nenhum livro do acervo da biblioteca será emprestado ao interessado sem o seu devido registro no sistema de controle. Após mais de 2 (dois) anos sem viajar de férias, Helena programou com seu esposo e seus filhos uma viagem para o litoral de Santa Catarina, onde ali permaneceriam por 15 (quinze) dias. Na sexta-feira, véspera de sua viagem, Helena estava em seu local de trabalho acompanhando a entrada de um grupo de mais de 10 (dez) estudantes, quando a catraca de liberação travou, impedindo a entrada dos alunos. Imediatamente foi solicitada a visita técnica da empresa de manutenção, mas, entre a chegada do profissional e o conserto da catraca, passaram-se mais de 3 (três) horas, o que deixou Helena angustiada, uma vez que seu horário de trabalho já havia se encerrado e ela necessitava retornar para sua residência para poder organizar os últimos detalhes de sua viagem. Tão logo o problema foi resolvido, Helena pegou a sua bolsa e se dirigiu para sua casa.

No dia 11 de fevereiro de 2019, Helena retornou ao trabalho depois do seu período de férias e, ao chegar na biblioteca, tomou ciência pelo seu superior hierárquico sobre uma investigação pela prática do crime de furto (art. 155 do Código Penal). Segundo ele, no seu último dia de trabalho, quando saía da biblioteca, Helena subtraiu a bolsa de uma aluna, fato comprovado pela gravação da câmera de segurança do local.

Nesse instante, ela lhe explicou que de fato pegou a bolsa de uma aluna pensando ser a sua. Isto porque, travava-se de objeto de mesmo modelo, cor e marca da sua, mas que, assim que chegou em casa, entrou em contato com a equipe de segurança do local e informou sobre o ocorrido. Disse, ainda, que solicitou a Maria, sua vizinha, que levasse a bolsa para a biblioteca no dia seguinte, pois estaria viajando.

Ato contínuo, o chefe de Helena entra em contato com a proprietária da bolsa furtada e a indaga sobre o ocorrido. A aluna o informa que, na data da subtração da bolsa, dirigiu-se à delegacia de polícia e comunicou sobre o furto, porém, no dia seguinte, foi comunicada pela segurança da biblioteca sobre a devolução do objeto. Em razão das explicações da aluna, Helena não sofreu qualquer sanção no trabalho.

Contudo, no dia 01/03/2019, Helena foi surpreendida por um oficial de justiça, que a citou para apresentar a sua defesa em ação penal movida pelo Ministério Público. Constava na denúncia que ela, aproveitando-se de um momento de distração de uma aluna, subtraiu a sua bolsa e fugiu sem dar qualquer explicação. A defesa de Helena apresentou a sua resposta à acusação e, em 27/03/2019, foi realizada a audiência de instrução e julgamento.

Na referida audiência, Helena foi a primeira a ser ouvida e, em seu interrogatório, reiterou as explicações dadas ao seu superior hierárquico, destacando que, na data do fato, estava muito agitada por conta de sua viagem de férias e que, depois do problema na catraca, acabou permanecendo no local após o seu horário de trabalho.

Esse atraso em sua saída fez com que ela saísse com muita pressa e pegasse a bolsa que pensava ser a sua. No entanto, assim que percebeu o engano, comunicou a segurança da biblioteca e acreditou que o problema havia sido solucionado. Por sua vez, a vítima, em suas declarações, repetiu exatamente a versão apresentada ao chefe de Helena. As testemunhas de acusação e de defesa, todas funcionárias da biblioteca, afirmaram que a ré era pessoa extremamente correta e cuidadosa, arrematando que o fato a ela imputado se tratava de mero engano, pois a sua bolsa e a da vítima eram idênticas.

Encerrada a referida audiência, o magistrado da 1ª Vara Criminal de Brasília/DF, entendendo pela complexidade do caso, abriu prazo para a acusação se manifestar, tendo o MP requerido a condenação de Helena pela prática do crime de furto, previsto o art. 155 do Código Penal. A acusada foi intimada em 04/04/2019 (quinta-feira) para se manifestar. Na condição de advogado de Helena, e com base somente nas informações de que dispõe e nas que podem ser inferidas pela situação narrada acima, redija a peça cabível, no último dia do prazo, excluindo a possibilidade de impetração de *Habeas Corpus*, sustentando, para tanto, as teses jurídicas pertinentes. (Valor: 5,0)

PADRÃO DE RESPOSTA:

EXCELENTÍSSIMO SENHOR JUIZ DE DIREITO DA 1ª VARA CRIMINAL DA COMARCA DE BRASÍLIA/DF.

Processo número:

HELENA, já qualificada nos autos do processo às folhas (), por seu advogado e bastante procurador que esta subscreve, vem, muito respeitosamente à presença de Vossa Excelência, com fundamento no artigo 403, § 3º, do Código de Processo Penal, apresentar suas alegações finais por:

pelos motivos de fato e de direito a seguir aduzidos:

1. Dos Fatos:

A ré foi denunciada pela suposta prática do crime de furto, previsto no art. 155 do Código Penal, pois teria subtraído a bolsa da vítima em uma biblioteca de cidade de Brasília/DF. Após a apresentação da resposta à acusação, foi realizada a audiência de instrução e julgamento, na qual foram ouvidas a ré, a vítima e as testemunhas de acusação e defesa. Ato contínuo, o Ministério Público requereu a sua condenação nos exatos termos da denúncia e, em 04/04/2019, foi ela intimada a se manifestar acerca da acusação.

2. Do Direito:

2.1. Preliminares:

Primeiramente, convém apontar a nulidade ocorrida em função da inversão da ordem na audiência de instrução e julgamento, porque o interrogatório deveria ter sido realizado como último ato e não como o primeiro, nos termos do arts. 400 e 564, IV, ambos do Código de Processo.

Ainda em sede preliminar é mister destacar que a exordial acusatória sequer deveria ter sido recebida, pois sendo manifesta e clara a atipicidade da conduta não existiria interesse ou necessidade para existência da presente ação penal, devendo a denúncia ter sido rejeitada liminarmente com devido fundamento no art. 395, II, do Código de Processo Penal.

2.2. Mérito:

Destaque-se, primeiramente, que é considerado crime o fato típico, ilícito e culpável, mas a ausência de qualquer um desses três substratos afasta a possibilidade da condenação do agente delituoso. No caso em apreço, a ré foi denunciada pela prática do crime de furto, previsto no art. 155 do Código Penal. Consta na denúncia que, na data do fato, a ré, funcionária de uma importante biblioteca da cidade, subtraiu a bolsa de uma aluna, fato comprovado pela gravação da câmera de segurança do local.

Não obstante a ré tenha de fato apanhado o mencionado objeto, não o fez com intenção de subtraí-lo, e sim, por acreditar que se tratava de sua bola. Este fato foi devidamente explicado por ela em sede policial e em juízo, quando, inclusive, disse que a bolsa subtraída e a sua eram do mesmo modelo, cor e marca. Não bastasse essa semelhança, o dito objeto foi por ela restituído no dia seguinte. Aliás, a própria vítima confirmou em juízo que foi comunicada pela segurança da biblioteca sobre a devolução de sua bolsa.

Por sua vez, as testemunhas de acusação e de defesa, todas funcionárias da biblioteca, afirmaram que a ré é pessoa extremamente correta e cuidadosa, arrematando que o fato a ela imputado se tratava de mero engano, pois a sua bolsa e a da vítima eram idênticas.

Vê-se, pois, que a ré, ao apanhar a bolsa da vítima pensando ser a sua, incidiu em erro de tipo essencial, uma vez que tinha uma falsa percepção da realidade. O erro de tipo essencial, previsto no *caput* do art. 20 do Código Penal, se escusável, afasta o dolo e a culpa, enquanto se inescusável afasta o dolo, mas permite a sua punição pela modalidade culposa, se expressamente prevista em Lei. A distinção entre um e outro está na possibilidade de se evitar o ocorrido.

De fato, se a ré tivesse um pouco mais de cautela, poderia ter evitado a prática da referida conduta. Contudo, o tipo penal em apreço não prevê a punição do agente delituoso pela modalidade culposa, tornando atípica a conduta praticada. Assim, em se tratando de conduta atípica, deverá a ré ser absolvida, nos termos do art. 386, inciso III, do Código de Processo Penal.

Na remota hipótese desse d. Juízo assim não entender, o que se cogita apenas por amor ao debate, há peculiaridades a serem consideradas no tocante à dosimetria da pena. Em primeiro lugar, as circunstâncias judiciais, previstas no art. 59 do Código Penal, são comuns ao tipo penal, não havendo justificativa para o estabelecimento da pena base acima do mínimo legal. Em segundo lugar, não há agravante, mas deverá ser considerada para estabelecimento da pena provisória a atenuante da confissão espontânea, prevista no art. 65, inciso III, alínea d, do Código Penal, pois a ré confessou a prática do ato e, assim, contribuiu para a formação do convencimento do julgador, nos termos da Súmula 545 do STJ. Em terceiro lugar, não existem causas de aumento ou diminuição de pena. Portanto, a pena deverá ser estabelecida em seu patamar mínimo legal em regime inicial aberto para cumprimento de pena, nos termos do art. 33, § 2º, alínea "c", do Código Penal.

Por fim, considerando preenchidos os requisitos do art. 44 do Código Penal, a pena privativa de liberdade deverá ser substituída por restritiva de direito.

4. Pedidos:

Por todo o exposto, a defesa requer seja a ré absolvida, nos termos do artigo 386, incisos III, do Código de Processo Penal.

Não entendendo Vossa Excelência pelo acolhimento do pleito primário, requer seja acolhida a nulidade pela inversão da ordem na audiência de instrução e julgamento, com fundamento no art. 564, IV, do CPP, ou, caso outro seja o entendimento, pela anulação do recebimento da peça acusatória em virtude da ocorrência manifesta de falta de pressuposto processual ou condição para o exercício da ação penal, conforme art. 395, II, CPP.

Por fim, entendendo este d. Juízo pela condenação da ré, o que se cogita apenas por amor ao debate, requer seja a pena fixada em seu patamar mínimo legal, reconhecendo-se a atenuante da confissão espontânea, com a fixação do regime inicial aberto para cumprimento de pena e a substituição da pena privativa de liberdade por restritiva de direitos, nos termos do art. 44 do Código Penal.

Termos em que,

Pede deferimento.

Brasília, capital do Distrito Federal, 09 de abril de 2019.
Advogado, OAB.

GABRITO DO CASO PRÁTICO

Peça: ALEGAÇÕES FINAIS POR MEMORIAIS, com fundamento no artigo 403, § 3º, do Código de Processo Penal.

Competência: EXCELENTÍSSIMO SENHOR DOUTOR JUIZ DE DIREITO DA 1ª VARA CRIMINAL DA COMARCA (CIRCUNSCRIÇÃO JUDICIÁRIA) DE BRASÍLIA/DF.

Preliminares:

- Nulidade pela inversão da ordem na audiência de instrução e julgamento: o interrogatório, por se tratar de meio de defesa, deve ser realizado como último ato. Uma vez iniciada a audiência pelo interrogatório da ré, houve ofensa aos Princípios da Ampla Defesa e do

Contraditório OU ofensa ao art. 400 do Código de Processo. OU art. 564, IV, do Código de Processo Penal;
- Rejeição da inicial por ausência de condição da ação com fundamento no art. 395, II do Código de Processo Penal.

Mérito:
- Conforme se observa da narrativa, Helena somente pegou a bolsa da aluna, pois pensava ser a sua, uma vez que se tratava de objeto de mesmo modelo, cor e marca da sua. Esse fato, inclusive, é confirmado pelas testemunhas ouvidas em juízo. Ao assim agir, a ré incorreu em erro de tipo essencial, previsto no art. 20, caput, do CP. O erro de tipo essencial, se escusável, afasta o dolo e a culpa, se inescusável, afasta o dolo, mas permite a sua punição pela modalidade culposa se expressamente prevista em Lei No caso, ainda que se entendesse pela punição de Helena pela culpa, não há a sua previsão em Lei, forçoso, portanto, reconhecera atipicidade da conduta pratica, devendo a ré ser absolvida com fundamento no art. 386, inciso III, do Código de Processo Penal.
- Subsidiariamente, requerer a incidência da atenuante de confissão espontânea e a fixação da pena em seu patamar mínimo legal, em regime inicial aberto para cumprimento de pena e substituição da pena privativa de liberdade por restritiva de direitos.

Pedidos:
- Absolvição, com fundamento no art. 386, III, do CPP;
- Acolhimento da nulidade pela inversão da ordem na audiência de instrução e julgamento, com fundamento no art. 564, IV, do CPP;
- Anulação do recebimento da peça acusatória em virtude da ocorrência manifesta de falta de pressuposto processual ou condição para o exercício da ação penal;
- A incidência da atenuante de confissão espontânea e a fixação da pena em seu patamar mínimo legal, em regime inicial aberto para cumprimento de pena, e substituição da pena privativa de liberdade por restritiva de direitos.

Prazo: 09 de abril de 2019 (terça-feira).

7.
APELAÇÃO

1. INTRODUÇÃO

Define-se sentença como a decisão jurisdicional que aprecia o mérito da exordial acusatória (denúncia ou queixa-crime), de modo a julgar procedente ou improcedentes os pedidos ali deduzidos e, portanto, resolvendo o processo com resolução de mérito.

Por sua vez, as decisões definitivas em sentido amplo ou decisões terminativas de mérito são aquelas em que o magistrado decide o mérito e extingue o processo ou o procedimento, mas não condena nem tampouco absolve o acusado. Por exemplo, a decisão que declara extinta a punibilidade pela prescrição da pretensão punitiva retroativa.

Nesse passo, dispõe o art. 593 do Código de Processo Penal que será cabível a interposição do recurso de apelação, no prazo de 5 (cinco) dias:

I. das sentenças definitivas de condenação ou absolvição proferidas por juiz singular;
II. das decisões definitivas, ou com força de definitivas, proferidas por juiz singular nos casos não previstos no Capítulo anterior;
III. das decisões do Tribunal do Júri, quando:
A. ocorrer nulidade posterior à pronúncia;
B. for a sentença do juiz-presidente contrária à lei expressa ou à decisão dos jurados;
C. houver erro ou injustiça no tocante à aplicação da pena ou da medida de segurança;
D. for a decisão dos jurados manifestamente contrária à prova dos autos.

A primeira hipótese é contra a sentença penal condenatória ou absolutória, que se constitui na decisão que acolhe o pedido disposto na denúncia ou queixa, julgando-o procedente no todo ou em parte, estabelecendo uma reprimenda ao condenado. Ou seja, sempre que for proferida pelo magistrado de primeiro grau sentença penal condenatória ou absolutória, será cabível a **apelação**.

A segunda hipótese prevista no art. 593 se refere à sentença que não for condenatória ou absolutória, ou, ainda, se for cabível na espécie a interposição do recurso em sentido estrito. Trata-se de **apelação residual**.

A terceira hipótese é quando a decisão recorrida for proferida pelo Tribunal do Júri (**segunda fase do procedimento dos crimes contra a vida**). Observe-se que a sua interposição é vinculada às alíneas ali estabelecidas, ou seja, somente será cabível a apelação se houver o enquadramento do caso em alguma hipótese prevista no art. 593, III, do CPP. Neste sentido:

> *O efeito devolutivo da apelação contra decisões do júri é adstrito aos fundamentos da sua interposição* (Súmula nº 713 do STF).

2. PREVISÃO LEGAL E PRAZO DA APELAÇÃO

Como dito no tópico anterior, o artigo 593 do Código de Processo Penal apresenta **3 (três) hipótese** para interposição do recurso de apelação:

2.1. Sentenças definitivas de condenação ou absolvição proferidas por juiz singular (art. 593, I, CPP);

2.2. Decisões definitivas, ou com força de definitivas, proferidas por juiz singular nos casos não previstos para interposição do recurso em sentido estrito (art. 593, II, CPP);

2.3. Decisões do tribunal do júri, quando ocorrer nulidade posterior à pronúncia; ou for a sentença do juiz-presidente contrária à lei expressa ou à decisão dos jurados; ou houver erro ou injustiça no tocante à aplicação da pena ou da medida de segurança; ou for a decisão dos jurados manifestamente contrária à prova dos autos (art. 593, III, CPP).

> **ATENÇÃO:**
>
> Quando cabível a apelação, não poderá ser usado o recurso em sentido estrito, ainda que somente de parte da decisão se recorra (art. 593, § 4º, CPP). Exemplo: o magistrado condena o réu e a defesa pretende recorrer apenas em relação ao não reconhecimento da extinção da punibilidade pela prescrição. Caberá apelação, pois o indeferimento ocorreu em sede de sentença penal condenatória.

Além dessas hipóteses, o Código de Processo Penal prevê, também, a interposição do recurso de apelação contra a DECISÃO DE IMPRONÚNCIA. Como estudado anteriormente, o magistrado deverá impronunciar o réu quando não se convencer da materialidade do fato ou da existência de indícios suficientes de autoria ou de participação (art. 414, CPP).

Destarte, nos crimes de competência do Tribunal do Júri, proferida decisão de impronúncia (art. 414, CPP) ou absolvição sumária (art. 415, CPP), caberá a interposição do recurso de **apelação**, nos termos do art. 416 do CPP:

> Art. 416. Contra a sentença de impronúncia ou de absolvição sumária caberá apelação.

Por outro lado, a apelação tem previsão em legislações extravagantes. Confira:

HIPÓTESE	FUNDAMENTO
Crimes de menor potencial ofensivo.	Art. 82 da Lei nº 9.099/95 (Lei dos Juizado Especiais).
Crimes previstos no Código Eleitoral	Art. 362 da Lei nº 4.737/65 (Código Eleitoral).

CUIDADO COM O PRAZO!

A regra é que a **interposição** do recurso de apelação seja feita em 5 (cinco) dias, como consta o artigo 593, caput do Código de Processo Penal e a **apresentação** em 8 (oito) dias, como consta o artigo 600, caput do Código de Processo Penal.

> Art. 593. Caberá apelação no prazo de 5 (cinco) **dias**:
> [...]
> Art. 600. Assinado o termo de apelação, o apelante e, depois dele, o apelado terão o prazo de **oito dias** cada um para oferecer razões, salvo nos processos de contravenção, em que o prazo será de três dias.
> [...]

Dessa maneira, intimada da prolação da decisão, as partes poderão interpor o recurso em até cinco dias e, depois, deverão apresentar as razões em até oito dias. Alguns erros são muito comuns sobre o tema:

A. **O prazo não é de 13 (treze) dias.** São dois momentos distintos, o primeiro é a interposição do recurso em cinco dias. Trata-se da manifestação da parte acerca de seu inconformismo com a decisão proferida. Ato contínuo, a defesa será novamente intimada, agora para apresentar as razões em até oito dias. Destaque-se que a parte deverá expor os argumentos para reforma ou cassação da decisão nas razões e não na interposição!

B. **Poderá ser interposto o recurso já com as suas razões.** Conquanto o CPP permita que o recurso seja desenvolvido em duas peças (interposição e razões), nada impede que a parte interponha a apelação juntamente com as razões. Neste caso, o prazo é de **cinco dias em ambas as peças.**

C. **As razões poderão ser apresentadas ao magistrado que proferiu a decisão ou ao Tribunal *ad quem*.** Interposto o recurso, a parte será intimada para apresentar as suas razões pelo magistrado que prolatou o *decisum*. Não obstante, se o apelante declarar, na petição ou no termo, ao interpor a apelação, que deseja arrazoar na superior instância serão os autos remetidos ao tribunal *ad quem* onde será aberta vista às partes, observados os prazos legais, notificadas as partes pela publicação oficial (art. 600, § 4º, do CPP):

> Art. 600. Assinado o termo de apelação, o apelante e, depois dele, o apelado terão o prazo de oito dias cada um para oferecer razões, salvo nos processos de contravenção, em que o prazo será de três dias.
> [...]
> § 4º Se o apelante declarar, na petição ou no termo, ao interpor a apelação, que deseja arrazoar na superior instância serão os autos remetidos ao tribunal ad quem onde será aberta vista às partes, observados os prazos legais, notificadas as partes pela publicação oficial.

Dessa forma, o prazo de oito dias somente se iniciará após a notificação feita pelo Tribunal competente para julgar o recurso.

Vejamos, por outro lado, as EXCEÇÕES ao mencionado prazo:

I. O art. 82, § 1º, da Lei nº 9.099/95 prevê a interposição do recurso de apelação em **10 (dez) dias**, juntamente com as razões.

II. O art. 362 do Código Eleitoral prevê a interposição do recurso de apelação em **10 (dez) dias**, juntamente com as razões.

III. O art. 598 do Código de Processo Penal prevê a interposição do recurso de apelação pelo assistente de acusação NÃO habilitado nos crimes de competência do Tribunal do Júri em **15 (quinze) dias**.

3. PROCEDIMENTO DA APELAÇÃO

Proferida a decisão guerreada, a defesa será intimada do seu inteiro teor, iniciando-se o prazo para interposição do recurso. No procedimento comum, salvo o rito sumaríssimo (Juizados Especiais Criminais), a parte poderá interpor a apelação e, depois, apresentar as suas razões.

A título de exemplo, imagine que o réu é intimado da sentença penal condenatória no dia 08 (quarta-feira) de maio de 2019. A defesa poderá interpor **apelação** até o dia 13 (segunda-feira) de maio de 2019. Em seguida, será proferida nova decisão recebendo o recurso interposto e intimado o réu para apresentar as suas razões. Desta maneira, deverá agora apresentá-la no prazo de até **oito dias**.

Outra opção é a interposição do **recurso já com as razões anexas**. Isto é, no momento em que a defesa interpuser o recurso, no mesmo ato, ela apresenta as razões recursais.

Por fim, é possível anda que a interposição seja feita perante o magistrado de primeiro grau e a apresentação das razões diretamente no Tribunal de 2ª Instância (esclarecimentos feitos no tópico anterior).

Interposto o recurso de apelação e apresentada as razões, será dada vista dos autos à parte contrária para que, querendo, apresente as suas contrarrazões no prazo de **8 (oito) dias**, conforme art. 600 do Código de Processo Penal (sobre o tema, remete-se o leitor ao tópico "*8. CONTRARRAZÕES DE APELAÇÃO*").

Ato contínuo, se os autos ainda estiverem em primeiro grau, serão remetidos à instância superior e, caso já estejam no Tribunal, serão conclusos ao Desembargador relator para análise e confecção de relatório e voto. Convém destacar que o julgamento do referido recurso será por um colegiado, nos termos descritos no regimento interno do respectivo Tribunal (Câmara ou Turma Criminal), no qual será proferindo um acórdão, que poderá **manter**, **reformar** ou até mesmo **cassar** a sentença prolatada.

4. DIREITO NA APELAÇÃO

Assim como nas alegações finais por memoriais, em sede de apelação poderá ser arguido diversas matérias de defesa. Aliás, o raciocínio a ser desenvolvido é semelhante ao já estudado no capítulo anterior ("ALEGAÇÕES FINAIS").

Vejamos a ordem recomendada:

A. Preliminares:
A.1. causas de extinção de punibilidade genéricas e específica;
A.2. prescrição;
A.3. nulidades;
A.4. excludentes de ilicitude e todas as demais causas que deveriam suscitar a rejeição liminar da peça acusatória.
B. Mérito:
B.1. absolvição do apelante de acordo com uma das hipóteses do art. 386 do Código de Processo Penal;
B.2. desclassificação da conduta a ele imputada para outra infração penal;
B.2. retificação da dosimetria da pena estabelecida em sentença.

Para evitar fatídica repetição, reiteramos aqui todo conteúdo já apresentado no tópico *"DIREITO NAS ALEGAÇÕES FINAIS POR MEMORIAIS"*.

5. PEDIDOS NA APELAÇÃO

O primeiro pedido a ser desenvolvido em apelação é pelo conhecimento e provimento do recurso. Trata-se de pedido genérico e **obrigatório**, independentemente de se requerer a cassação ou a reforma da decisão proferida em primeiro grau.

Sem demora, serão apresentados os requerimentos correlatos às teses desenvolvidas no direito:

A. absolvição do apelante, nos moldes do art. 386 do CPP;
B. declaração da extinção da punibilidade, conforme artigo 107 do CP ou outra causa específica;
C. acolhimento de uma nulidade apontada, devendo ser anulado o processo em sua integralidade ou até determinado momento, ou, ainda, o desentranhamento de uma prova ilícita, conforme artigo 564 (seu correspondente inciso) e artigo 157, ambos do Código de Processo Penal;

D. desclassificação da conduta "a" para a infração penal "b", podendo também ser requerida a remessa dos autos ao juízo competente, conforme artigo 383 do Código de Processo Penal;
E. dosimetria da pena (nesse ponto, é essencial a demonstração do critério a ser aplicado na fixação da pena).

VAMOS FALAR DE ABSOLVIÇÃO?

PEDIDO:	FUNDAMENTO LEGAL:	EXEMPLO:	RITO:
ABSOLVIÇÃO **SUMÁRIA**	Art. 397, CPP	RESPOSTA À ACUSAÇÃO	COMUM E JÚRI
ABSOLVIÇÃO **SUMÁRIA**	Art. 415, CPP	ALEGAÇÕES FINAIS E RESE	JÚRI
ABSOLVIÇÃO	Art. 386, CPP	ALEGAÇÕES FINAIS E APELAÇÃO	COMUM
ABSOLVIÇÃO	Art. 626, CPP	REVISÃO CRIMINAL	-

ESTRUTURA DA APELAÇÃO - REVISÃO:

ENDEREÇAMENTO:

EXCELENTÍSSIMO SENHOR DOUTOR JUIZ DE DIREITO DA _____ VARA CRIMINAL DA COMARCA DE _____
(Regra Geral)

EXCELENTÍSSIMO SENHOR DOUTOR JUIZ FEDERAL DA _____ VARA CRIMINAL DA SEÇÃO JUDICIÁRIA DE _____
(Crimes da Competência da Justiça Federal)

EXCELENTÍSSIMO SENHOR DOUTOR JUIZ DE DIREITO DA _____ VARA DO TRIBUNAL DO JÚRI DA COMARCA DE _____ (Crimes da Competência do Tribunal do Júri)

EXCELENTÍSSIMO SENHOR DOUTOR JUIZ FEDERAL DA _____ VARA DO TRIBUNAL DO JÚRI DA SEÇÃO JUDICIÁRIA DE _____
(Crimes da Competência da Justiça Federal)

EXCELENTÍSSIMO SENHOR DOUTOR JUIZ FEDERAL DO JUIZADO ESPECIAL FEDERAL DA SEÇÃO JUDICIÁRIA DE _____
(Crimes de Competência de Juizado Especial Federal)

EXCELENTÍSSIMO SENHOR DOUTOR JUIZ DE DIREITO DO ____ JUIZADO ESPECIAL CRIMINAL DA COMARCA _____
(Endereçamento do Juizado Especial Criminal)

EXCELENTÍSSIMO SENHOR DOUTOR JUIZ DE DIREITO DA ___ ZONA ELEITORAL DA COMARCA DE ____ (Crimes Eleitorais)

Processo número:

(Nome do Recorrente), já qualificado nos autos do processo que lhe move o Ministério Público/Querelante, às fls. ____, por seu advogado formalmente constituído que esta subscreve, vem, respeitosamente, à presença de Vossa Excelência, inconformado com a respeitável sentença de _____, conforme fls. ____, interpor tempestivamente a presente

APELAÇÃO

com fundamento no art. 593, (indicar inciso) _____ ou art. 416 (no caso de absolvição sumária ou impronúncia), ambos do Código de Processo Penal, art. 82 da Lei 9.099/95 – Lei dos Juizados Especiais Criminais (no caso de Apelação nos crimes de pequeno potencial ofensivo) ou no art. 362 do Código Eleitoral (no caso de crime eleitoral).

Requer que, após o recebimento destas, com as razões inclusas (na prova elas serão feitas juntas), ouvida a parte contrária, sejam os autos encaminhados ao Egrégio Tribunal (**Ou** Turma Recursal no caso do Juizado Especial Criminal), onde serão processados e provido o presente recurso.

Termos em que,

Pede deferimento.

Comarca, data
Advogado, OAB

ENDEREÇAMENTO:

RAZÕES DA APELAÇÃO

RECORRENTE:

RECORRIDO:

PROCESSO NÚMERO:

EGRÉGIO TRIBUNAL (TRIBUNAL DE JUSTIÇA OU TRIBUNAL REGIONAL FEDERAL OU ELEITORAL)

COLENDA CÂMARA

ÍNCLITOS DESEMBARGADORES

RAZÕES DA APELAÇÃO

RECORRENTE:

RECORRIDO:

PROCESSO NÚMERO:

ENDEREÇAMENTO A TURMA RECURSAL DOS JUIZADOS ESPECIAIS

EGRÉGIA TURMA RECURSAL

COLENDA TURMA

ÍNCLITOS JULGADORES

1. Dos Fatos

Seja mais sucinto no resumo dos fatos e mais enfático no resumo do processo. Cita-se o mínimo necessário para os fatos e o máximo para o processo. Não precisa fazer dois pontos distintos, falar quando houve a publicação da sentença é fase processual, deve-se expor como se chegou até a sentença.

No final dos fatos, é para, sem pular linhas, fazer um parágrafo com o seguinte teor:

"A respeitável decisão proferida merece ser reformada pelos motivos de fato e direito a seguir aduzidos".

2. Das Preliminares

Se for o caso deve-se alegar preliminares. Como já foi explicado existe uma sequência a ser seguida. Abra os artigos na seguinte sequência:

1º) Art. 107 CP – Causas extintivas de punibilidade.

2º) Art. 109 CP – Prescrição

3º) Art. 564 CPP – Nulidades

4º) Art. 23 CP – Causas de exclusão de ilicitude e todas as demais causas que deveriam suscitar a rejeição liminar da peça acusatória.

3. Do Mérito

Fale logo do mérito, diga o que você quer. Deve-se dizer logo o porquê de você está atacando a sentença. O recurso é uma peça pesada para investir no mérito.

Após falar do mérito você deve logo em seguida falar do direito, mencionando o direito pertinente ao caso e os artigos correlatos.

4. **Do Pedido**

Deve-se fazer um pedido principal de provimento do recurso e reforma da decisão e demais pedidos subsidiários possíveis.

Termos em que,

Pede deferimento.

Comarca, data
Advogado, OAB

CASO PRÁTICO

Átila é um famoso dentista da cidade de São Paulo e, além de atuar em seu consultório, ministra aulas no curso de odontologia em uma faculdade na mesma cidade. Ocorre que, no dia 23 de agosto de 2018, ele recebeu em sua residência uma notificação da Receita Federal apontando suposta omissão de informação por ocasião da sua Declaração de Imposto de Renda do ano de 2017. Constava, ainda, que o pagamento da quantidade de R$ 35.000,00 (trinta e cinco mil reais), referente ao aludido imposto, já acrescido de multa e juros de mora, até 28/09/2018, evitaria o início do processo administrativo, e, consequentemente, o lançamento definitivo do tributo.

Imediatamente, Átila realizou o pagamento da referida quantia.

No dia 03/10/2018, quando voltava de sua viagem a Formiga/MG, Átila foi surpreendido por um oficial de justiça, que realizou a sua citação para apresentar defesa na ação penal movida pelo Ministério Público, por ter ele praticado o crime previsto no art. 1º, inciso I, da Lei 8.137/1990. Ato contínuo, foi apresentada resposta à acusação e, em seguida, o d. Juízo da 5ª Vara Criminal Federal do Estado de São Paulo designou a realização de audiência de instrução e julgamento.

Na aludida audiência, não havendo testemunhas de acusação e de defesa, procedeu-se ao interrogatório de Átila, que informou desconhecer a suposta omissão, destacando, por outro lado, ter realizado o pagamento do tributo tempestivamente. Encerrado o ato, a acusação requereu a condenação do réu nos exatos termos da denúncia, enquanto a defesa pleiteou fossem julgados improcedentes os pedidos postos na exordial acusatória.

Em 02/04/2019, o d. Juízo competente proferiu sentença penal condenatória em desfavor de Átila pela prática do crime do art. 1º, inciso I, da Lei 8.137/1990, fixando a pena em 2 (dois) anos de reclusão, em regime inicialmente aberto, substituindo-a por uma pena privativa de liberdade a ser estabelecida pelo Juízo da execução penal. O réu foi intimado do édito condenatório em 09/04/2019 (terça-feira).

Inconformado, Átila o procura em seu escritório e lhe fornece cópia integral dos autos da ação penal, onde constava o comprovante de pagamento do respectivo tributo e os seus acessórios, datado de 12/09/2018, e a cópia integral do correspondente processo administrativo, cujo lançamento definitivo do tributo ainda não havia ocorrido. Na condição de advogado de Átila, e com base somente nas informações de que dispõe e nas que podem ser inferidas pela situação narrada acima, redija a peça cabível, no último dia do prazo, excluindo a possibilidade de impetração de *Habeas Corpus*, sustentando, para tanto, as teses jurídicas pertinentes.

GABARITO DO CASO PRÁTICO

Peça: RECURSO DE APELAÇÃO, com fundamento no artigo 593, inciso I, do Código de Processo Penal.

Competência:

- Interposição para: 5ª VARA CRIMINAL DA SEÇÃO JUDICIÁRIA DE SÃO PAULO CAPITAL DO ESTADO DE SÃO PAULO;
- Razões para: TRIBUNAL REGIONAL FEDERAL DA 3ª REGIÃO.

Preliminares:

- Extinção da punibilidade pelo pagamento do tributo antes do oferecimento da denúncia, com indicação do artigo 9º, parágrafo 2º da Lei nº 10.684/2003.

Mérito:

- Desenvolvimento fundamentado acerca da Extinção da Punibilidade pelo Pagamento do Tributo: O apelante efetuou o pagamento do tributo, inclusive de seus acessórios, em 24/06/2017. Assim, conforme art. 9º, parágrafo 2ª da Lei 10.684/2003, extingue-se a punibilidade

quando o agente promove o pagamento a qualquer tempo, aplicando-se este artigo analogicamente também à pessoa física.
- Desenvolvimento fundamentado acerca da não possibilidade de reconhecimento de tipicidade do crime imputado por ofensa à Súmula vinculante nº 24: a conduta pratica é atípica, pois não houve o lançamento definitivo do tributo, pois ainda estava pendente decisão em processo administrativo. Dessa forma, conforme Súmula Vinculante nº 24, não há tipificação do crime.

Pedidos:
- Absolvição, com fundamento no art. 386, III, do CPP;
- Extinção da punibilidade pelo pagamento integral do tributo e de seus acessórios.

Prazo: 15 de abril de 2019 (segunda-feira).

VAMOS TREINAR?

Renato e Mariano, brasileiros, solteiros, estudantes, nascidos em 1999, ambos primários e de bons antecedentes, foram denunciados pela suposta prática dos crimes previstos no artigo 33, caput, c/c artigo 35, caput, da Lei 11.343/2006. Conforme consta na denúncia, em 20/4/2018, os denunciados estavam caminhando no Parque de João Silva, em São Paulo capital, quando foram abordados por uma patrulha da PM. Após revista pessoal, foi encontrado com Renato 120g (cento e vinte gramas) de substância vegetal de tonalidade pardo-esverdeada, envolta por segmento de plástico e acondicionada em sacola plástica do Mercado A, vulgarmente conhecida como maconha, conforme laudo pericial.

Em 23/5/2018, foi apresentada defesa preliminar ao Juízo da 2ª Vara de entorpecentes e, em seguida, designada Audiência de Instrução e Julgamento.

No dia 7/11/2018, foi iniciada a Audiência de Instrução e Julgamento. Ato contínuo, após a oitiva dos policiais que efetuaram a prisão em flagrante, procedeu-se ao interrogatório de Renato, o qual confessou ser o proprietário da substância apreendida e que a havia adquirido para consumo próprio. E mais, aduziu que Mariano sequer sabia da existência da substância e que este jamais havia feito uso de substâncias entorpecentes. Em suas declarações, Mariano corroborou as afirmações de Renato, frisando não ser usuário de drogas.

Encerrada audiência, foi aberto prazo para manifestação da acusação e da defesa, nesta ordem.

Em 10/12/2018, o Magistrado proferiu sentença absolvendo Mariano e condenando Renato pela prática dos crimes previstos no artigo 33, caput, c/c artigo 35, caput, da Lei 11.343/2006, nos termos seguintes:

PELO CRIME DE TRÁFICO DE DROGAS O JUIZ ESTABELECEU NA SENTENÇA:

O réu agiu com culpabilidade inerente ao tipo penal. Não é portador de maus antecedentes. Nada foi apurado neste processo acerca sua conduta social ou sua personalidade. Os motivos, as circunstâncias e as consequências são comuns ao tipo penal. A circunstância relativa ao comportamento da vítima não pode ser computada em seu desfavor porque se trata do Estado. Em atenção à disposição contida no art. 42 da Lei n.º 11.343/06, verifico que a quantidade de droga apreendida pertencente ao referido réu foi significativa (120g de maconha), merecendo a pena base ser exasperada por esse motivo. Assim, fixo-a em 5 anos e 6 meses de reclusão. Na segunda fase, não há circunstâncias atenuantes ou agravantes, mantendo-se a pena provisória em 5 anos e 6 meses de reclusão. Na terceira fase, embora seja o réu primário e de bons antecedentes, deixo de aplicar a causa de diminuição prevista no parágrafo 4º, do art. 33, da Lei 11.343/06, exclusivamente, em face da quantidade de droga apreendida. Assim, fixo a pena definitiva em 5 anos e 6 meses de reclusão.

PELO CRIME DE ASSOCIAÇÃO PARA O TRÁFICO O JUIZ ESTABELECEU NA SENTENÇA:

Com as mesmas diretrizes dos artigos 59 e 68 do Código Penal acima delineadas, fixo a pena base no mínimo legal, qual seja, 3 anos ano de reclusão. Na segunda fase, não há circunstâncias atenuantes ou agravantes, motivo pelo qual a pena base se mantém no mínimo legal, 3 anos de reclusão.

Verifico, outrossim, a inexistência de causas de aumento ou diminuição da pena. Logo, fixo a pena definitivamente, para este crime em 3 anos de reclusão.

DOSIMETRIA DA PENA

Desse modo, somadas as penas dos delitos do art. 33, caput, e art. 35, caput, ambos da Lei n.º 11.343/2006, em razão do concurso material, fixo, concreta e definitivamente, a pena do réu em 8 anos e 6 meses de reclusão. Fixo, ainda, o regime fechado para início do cumprimento da pena e deixo de substituir a pena por restritiva de direitos, eis que o sentenciado não atende aos requisitos do art. 44 do Código Penal.

A defesa de Renato foi intimada no dia 11/12/2018 (terça-feira).

Na condição de advogado de Renato, e com base somente nas informações de que dispõe e nas que podem ser inferidas pela situação narrada acima, redija a peça cabível, no último dia do prazo, excluindo a possibilidade de impetração de *Habeas Corpus*, sustentando, para tanto, as teses jurídicas pertinentes. (Valor: 5,0)

PADRÃO DE RESPOSTA:

EXCELENTÍSSIMO SENHOR DOUTOR JUIZ DE DIREITO DA 2ª VARA DE ENTORPECENTES DA COMARCA DE SÃO PAULO DO ESTADO DE SÃO PAULO.

Processo número:

Renato, já qualificado nos autos do processo em epígrafe, que lhe move o Ministério Público às fls.__, por seu advogado e bastante procurador formalmente constituído, que esta subscreve, vem, respeitosamente, à presença de Vossa Excelência, inconformado com a respeitável sentença penal condenatória, conforme fls., interpor tempestivamente o presente

RECURSO DE APELAÇÃO

com fundamento no art. 593, inciso I, do Código de Processo Penal, requerendo seja o presente recurso encaminhado a superior instância para o devido processamento e julgamento.

Termos em que,

Pede deferimento.

São Paulo/ SP, 17 de dezembro de 2018.

Advogado, OAB

RAZÕES DO RECURSO DE APELAÇÃO

RECORRENTE:

RECORRIDO:

PROCESSO NÚMERO:

EGRÉGIO TRIBUNAL DE JUSTIÇA DO ESTADO DE SÃO PAULO

COLENDA CÂMARA

ÍNCLITOS JULGADORES

1. Dos Fatos:

O recorrente foi denunciado pela prática dos crimes previstos no artigo 33, *caput*, c/c artigo 35, *caput*, da Lei 11.343/2006, pois teria sido encontrado com 120g (cento e vinte gramas) de substância vegetal de tonalidade pardo-esverdeada, envolta por segmento de plástico e acondicionada em sacola plástica do Mercado A, vulgarmente conhecida como maconha.

Em seu interrogatório em Juízo, o réu confessou ser o proprietário da substância apreendida e que a havia adquirido para consumo próprio.

Encerrada a instrução probatória, e após a apresentação das alegações finais, o Juízo de primeiro grau o condenou nos exatos termos da denúncia a pena de 8 (oito) anos e 6 (seis) meses de reclusão em regime fechado.

2. Mérito

Insta asseverar, por primeiro, Excelência, que a acusação denunciou o recorrente, juntamente com outra pessoa, Mariano, pela prática dos dois crimes em apreço. Contudo, o nobre magistrado proferiu sentença condenando apenas o recorrente, uma vez que Mariano foi absolvido de ambas as imputações.

Ocorre que o art. 35 da Lei nº 11.343/06 exige a associação de duas ou mais pessoas para o fim de praticar, reiteradamente ou não, qualquer dos crimes previstos nos arts. 33, caput e § 1º, e 34, da referida Lei. No caso, e como dito acima, dois eram os réus denunciados pelo crime de associação e, até esse momento processual, estavam preenchidos os requisitos legais.

Contudo, com a absolvição de Mariano, restou apenas Renato como suposto autor do crime de associação para o tráfico. Portanto, o número mínimo de autores delituosos não se encontra satisfeito. Desta forma, não há que se falar em associação para o tráfico com um único réu e a sua conduta será atípica.

Sendo, portanto, a conduta atípica, deve o recorrente ser absolvido com fundamento no art. 386, III, do CPP.

Na remota hipótese de assim não entenderem, o que se faz apenas pelo amor ao debate, mantendo-se a condenação do recorrente, a dosimetria de pena aplicada deverá ser revista por esse Egrégio Tribunal de Justiça.

Em primeiro, o recorrente confessou ser o dono da substância ilícita e contribuiu para a formação do convencimento do julgador, nos termos da Súmula 545 do STJ. Todavia, o nobre Magistrado sentenciante não reconheceu a atenuante da confissão espontânea, prevista no art. 65, III, d, CP. Por outro lado, o recorrente era menor de 21 anos na época dos fatos e, assim, faz jus à atenuante da menoridade, prevista no art. 65, I, CP.

Em segundo lugar, o Magistrado utilizou a "quantidade de drogas" para fixar a pena acima do seu patamar mínimo legal e, posteriormente, para afastar a aplicação da causa de diminuição de pena do privilégio, prevista no parágrafo 4º, do art. 33, da Lei 11.343/06. Desta forma, uma vez usado o mesmo argumento para prejudicar o recorrente por duas vezes, houve ofensa ao Princípio da *Ne Reformatio In Pejus*.

Vê-se, por conseguinte, os graves equívocos cometidos pelo nobre magistrado no tocante à fixação da reprimenda do recorrente!

4. Pedidos:

Por todo o exposto, a defesa requer a absolvição do recorrente pela atipicidade da conduta, nos termos do art. 386, inciso III, do Código de Processo Penal.

Caso assim não entenda Vossa Excelência, requer seja retificada a sua pena, devendo incidir as atenuantes da confissão espontânea e da menoridade, bem como a causa de diminuição de pena prevista no § 4º, do art. 33, da Lei nº 11.34/06 (privilégio).

Termos em que,

Pede deferimento.

São Paulo/ SP, 17 de dezembro de 2018.
Advogado, OAB.

GABARITO DO CASO PRÁTICO

Peça: RECURSO DE APELAÇÃO, com fundamento no artigo 593, inciso I, do Código de Processo Penal.

Competência:

- Interposição para: 2ª VARA DE ENTORPECENTES DA COMARCA DE SÃO PAULO DO ESTADO DE SÃO PAULO;
- Razões para: TRIBUNAL DE JUSTIÇA DO ESTADO DE SÃO PAULO.

Mérito:

- Desenvolvimento fundamentado acerca absolvição do crime de associação para o tráfico: o delito previsto no art. 35 da Lei 11.343/06 exige a associação de 2 ou mais pessoas para sua tipificação. Assim, considerando a absolvição de Mariano, não há o número mínimo de réus, devendo ser Renato absolvido pela atipicidade da conduta.
- Desenvolvimento fundamentado acerca da Dosimetria da Pena do Crime de Tráfico – Injustiça na aplicação da pena: a pena fixada pela prática do crime de tráfico deve ser minorada. Em primeiro lugar, o Magistrado sentenciante não reconheceu as atenuantes da confissão espontânea, prevista no art. 65, III, d, CP, e da menoridade, prevista no art. 65, I, CP. Em segundo lugar, houve ofensa ao Princípio do *ne bis in idem*, pois o Magistrado considerou a quantidade de drogas para fixar a pena base acima do mínimo legal e, posteriormente, para não aplicar a causa de diminuição prevista no parágrafo 4º, do art. 33, da Lei 11.343/06.

Pedidos:

- Absolvição, com fundamento no art. 386, III, do CPP;
- Retificar a dosimetria da pena do recorrente, para reconhecer as atenuantes da confissão espontânea e da menoridade, bem como aplicar a causa de diminuição da pena de tráfico privilegiado.

Prazo: 17 de dezembro de 2018 (segunda-feira).

6. APELAÇÃO INTERPOSTA PELO ASSISTENTE DE ACUSAÇÃO

Dispõe o artigo 598 do Código de Processo Penal:

> *Art. 598. Nos crimes de competência do Tribunal do Júri, ou do juiz singular, se da sentença não for interposta apelação pelo Ministério Público no prazo legal, o ofendido ou qualquer das pessoas enumeradas no art. 31, ainda que*

> *não se tenha habilitado como assistente, poderá interpor apelação, que não terá, porém, efeito suspensivo.*
> *Parágrafo único. O prazo para interposição desse recurso será de quinze dias e correrá do dia em que terminar o do Ministério Público.*

O referido artigo assegura a interposição do **recurso de apelação** pelo assistente de acusação. Isto é, o recurso daquele que não é parte (acusação ou defesa), mas, por algum motivo, tem interesse em ver a decisão reformada ou cassada.

Esclareça-se que o assistente de acusação será admitido enquanto não passar em julgado a sentença e receberá a causa no estado em que se achar (art. 269, CPP):

> *Art. 269. O assistente será admitido enquanto não passar em julgado a sentença e receberá a causa no estado em que se achar.*

Podendo intervir na qualidade de assistente o ofendido ou seu representante legal, ou, na sua falta, o cônjuge, o ascendente, o descendente ou o irmão da vítima.

O prazo para interposição da apelação pelo assistente, em regra, é o mesmo do MP e da defesa, ou seja, **5 (cinco) dias**. A **exceção** é quando o assistente de acusação **não estiver habilitado** nos autos, sendo a ele concedido o prazo de **15 (quinze) dias**.

> **OBSERVAÇÃO:**
> O prazo para o assistente recorrer, supletivamente, começa a correr imediatamente após o transcurso do prazo do Ministério Público (Súmula 448 do STF).

Se o assistente de acusação não estiver habilitado nos autos, isto é, se até aquele momento não houver assistente de acusação nomeado na ação penal, é essencial requerer **a sua habilitação no termo de interposição**.

Cuidado, não é adequado o pedido de habilitação feito nas razões do recurso de apelação. Confira, a propósito, sugestão de texto para o requerimento de habilitação:

JOÃO, nacionalidade, estado civil, profissão, portador do RG nº e inscrito no CPF sob nº, residente e domiciliado a, genitor da vítima, requerendo, desde já, a sua habilitação nos autos na qualidade de assistente de acusação, conforme disposto nos artigos 268 e 31, ambos do Código de Processo Penal, por intermédio de seu advogado, que esta subscreve, instrumento de procuração anexa, vem, respeitosamente, à presença de Vossa Excelência, inconformado com a respeitável sentença penal condenatória, conforme fls., interpor tempestivamente o presente

RECURSO DE APELAÇÃO

com fundamento no art. 593, inciso __, c/c 598, ambos do Código de Processo Penal, requerendo seja o presente recurso encaminhado a superior instância para o devido processamento e julgamento.

7. APELAÇÃO NO PROCEDIMENTO DOS CRIMES CONTRA A VIDA (2ª ETAPA DO TRIBUNAL DO JÚRI)

Proferida decisão de pronúncia e não havendo recurso ou, se interposto, o Tribunal de 2° Grau a confirmar, o presidente do Tribunal do Júri determinará a intimação do órgão do Ministério Público ou do querelante, no caso de queixa, e do defensor, para, no prazo de 5 (cinco) dias, apresentarem rol de testemunhas que irão depor em plenário, até o máximo de 5 (cinco), oportunidade em que poderão juntar documentos e requerer diligência (art. 422, CPP).

Ato contínuo, o Juiz-presidente, deliberando sobre os requerimentos de provas a serem produzidas ou exibidas no Plenário do Júri, e adotadas as providências devidas, ordenará as diligências necessárias para sanar qualquer nulidade ou esclarecer fato que interesse ao julgamento da causa e fará relatório sucinto do processo, determinando sua inclusão em pauta da reunião do Tribunal do Júri.

> **ATENÇÃO:**
> Se o interesse da ordem pública o reclamar ou houver dúvida sobre a imparcialidade do júri ou a segurança pessoal do acusado, o Tribunal, a requerimento do Ministério Público, do assistente, do querelante ou do acusado ou mediante representação do juiz competente, poderá determinar o **desaforamento** do julgamento para outra comarca da mesma região, onde não existem aqueles motivos, preferindo-se as mais próximas. O desaforamento nada mais é do que uma causa de modificação de competência, na qual altera-se a comarca para julgamento do processo.

O Tribunal do Júri é composto por 1 (um) juiz togado, seu presidente e por 25 (vinte e cinco) jurados que serão sorteados dentre os alistados, 7 (sete) dos quais constituirão o Conselho de Sentença em cada sessão de julgamento.

São impedidos de servir no mesmo Conselho:

I. marido e mulher;
II. ascendente e descendente;
III. sogro e genro ou nora;
IV. irmãos e cunhados, durante o cunhadio;
V. tio e sobrinho;
VI. padrasto, madrasta ou enteado.

Além disso, não poderá servir o jurado que tiver funcionado em julgamento anterior do mesmo processo, independentemente da causa determinante do julgamento posterior; ou, no caso do concurso de pessoas, houver integrado o Conselho de Sentença que julgou o outro acusado; ou então tiver manifestado prévia disposição para condenar ou absolver o acusado.

> **DICA:**
> O mesmo Conselho de Sentença poderá conhecer de mais de um processo, no mesmo dia, se as partes o aceitarem, hipótese em que seus integrantes deverão prestar novo compromisso.

Prestado o compromisso pelos jurados, será iniciada a instrução plenária quando o juiz-presidente, o Ministério Público, o assistente, o querelante e o defensor do acusado tomarão, sucessiva e diretamente, as declarações do ofendido, se possível, e inquirirão as testemunhas arroladas pela acusação.

Em seguida, encerrada a instrução, será concedida a palavra ao Ministério Público, que fará a acusação, nos limites da pronúncia ou das decisões posteriores que julgaram admissível a acusação, sustentando, se for o caso, a existência de circunstância agravante.

> **CUIDADO:**
>
> Durante os debates as partes não poderão, sob pena de nulidade, fazer referências à decisão de pronúncia, às decisões posteriores que julgaram admissível a acusação ou à determinação do uso de algemas como argumento de autoridade que beneficiem ou prejudiquem o acusado ou ao silêncio do acusado ou à ausência de interrogatório por falta de requerimento, em seu prejuízo.
>
> Além disso, **não será permitida** a leitura de documento ou a exibição de objeto que não tiver sido juntado aos autos com a antecedência mínima de **3 (três) dias úteis**, dando-se ciência à outra parte.

Não havendo dúvidas dos jurados a serem esclarecidas, nem diligências a serem realizadas, iniciar-se-á a leitura dos quesitos. Os quesitos serão formulados na seguinte ordem, indagando sobre:

I. a materialidade do fato;
II. a autoria ou participação;
III. se o acusado deve ser absolvido;
IV. se existe causa de diminuição de pena alegada pela defesa;
V. se existe circunstância qualificadora ou causa de aumento de pena reconhecidas na pronúncia ou em decisões posteriores que julgaram admissível a acusação.

Formulado os quesitos, o presidente os lerá e indagará das partes se têm requerimento ou reclamação a fazer, devendo qualquer deles, bem como a decisão, constar da ata. Não havendo dúvida a ser esclarecida, o juiz-presidente, os jurados, o Ministério Público, o assistente, o querelante, o defensor do acusado, o escrivão e o oficial de justiça dirigir-se-ão à sala especial a fim de ser procedida a votação.

O Conselho de sentença iniciará a votação, sob a presidência do magistrado, dos quesitos que lhe foram propostos. A votação será feita por meio de cédulas, que indicarão "sim" ou "não". A contagem de votos é feita quesito a quesito.

Ao final, será proferida sentença, a qual será elaborada pelo juiz-presidente, nos termos do art. 492 do CPP, podendo os **JURADOS**:

A. Absolver ou condenar o réu;
B. Desclassificar a conduta imputada na denúncia para outra infração penal.

> **CUIDADO:**
>
> Os jurados poderão desclassificar a conduta para crime diverso da competência do Júri. Por exemplo, o MP denunciou pela prática do crime de homicídio doloso, mas os jurados entenderam pela prática do crime de homicídio culposo, previsto no art. 302 do Código de Trânsito Brasileiro.
>
> Nesse caso, quem será competente para proferir sentença penal condenatória ou absolutória é o **JUIZ-PRESIDENTE** e eventual recurso de apelação terá como fundamento o art. 593, inciso I, do CPP.

Como dito acima, a competência para julgar o réu pela prática de um crime doloso contra vida e os conexos é do Tribunal do Júri. Logo, o Tribunal de 2ª Instância não poder entender por absolvê-lo quando os Jurados entenderam pela sua condenação. Caso contrário, haverá ofensa ao princípio da soberania do veredicto (art. 5º, inciso XXXVIII, alínea "c", da Carta Magna).

Portanto, somente é permitido ao Tribunal *ad quem* rever a decisão quando:

A. Houver uma nulidade posterior à decisão de pronúncia: são aquelas ocorridas logo após o magistrado singular proferir a decisão de pronúncia. Podemos ter diversas nulidades, dentre as quais destacamos:

- Formação de Conselho de Sentença por jurados impedidos de servir juntos (art. 448, CPP) ou por jurado que tiver funcionado em julgamento anterior do mesmo processo, no caso do concurso de pessoas, houver integrado o Conselho de Sentença que julgou o outro acusado, ou, ainda, tiver manifestado prévia disposição para condenar ou absolver o acusado (art. 449, CPP);
- Leitura ou outra forma de referência à decisão de pronúncia, às decisões posteriores que julgaram admissível a acusação ou à determinação do uso de algemas como argumento de autoridade que beneficiem ou prejudiquem o acusado, ou ainda, ao silêncio do acusado ou à ausência de interrogatório por falta de requerimento, em seu prejuízo;
- Leitura de documento ou a exibição de objeto que não tiver sido juntado aos autos com a antecedência mínima de 3 (três) dias úteis, dando-se ciência à outra parte.

B. For a sentença do juiz-presidente contrária à lei expressa ou à decisão dos jurados ou quando houver erro ou injustiça no tocante à aplicação da pena ou da medida de segurança: trata-se de situação atinente à pena estabelecida pelo Juiz-Presidente. Lembre-se, conquanto seja de competência dos jurados condenar o réu, será o Juiz-Presidente quem irá fixar a pena aplicável ao caso em apreço. Teremos uma sentença:

B1. contrária à lei expressa ou à decisão dos jurados, quando na fixação da pena o magistrado aplicar a lei de forma equivocada (por exemplo, sustentar a natureza hediondo no crime de homicídio simples – art. 121, *caput*, do CP) ou de forma diversa daquela determinada pelos jurados (por exemplo, jurados condenam o réu pela prática de homicídio tentado, mas o juiz sentencia pela prática do crime de homicídio consumado).

B2. com erro ou injustiça no tocante à aplicação da pena ou da medida de segurança, quando na fixação da pena o magistrado cometer um equívoco na sua dosimetria. A título de exemplo, os jurados reconheceram a atenuante de confissão espontânea, porém o magistrado não a levou em consideração na segunda fase da dosimetria da pena. Outro exemplo, ainda que todas as circunstâncias judiciais (art. 59, CP) fossem comuns ao tipo, o magistrado fixou a pena acima do mínimo legal.

C. For a decisão dos jurados manifestamente contrária à prova dos autos: última hipótese do inciso III, do art. 593, ocorrerá quando os elementos probatórios contidos nos autos levar a conclusão diferente daquela esposada pelos jurados. Exemplo, todas as testemunhas afirmaram que o crime foi praticado depois de injusta e atual agressão da vítima, ressaltando que o réu, para proteger a sua própria integridade, usou moderadamente dos meios necessários para a repelir. Não obstante, ao invés de reconhecer a legítima defesa (art. 23, inciso II CP), os jurados condenam o réu pela prática do crime de homicídio simples tentado (art. 121, *caput*, c/c 14, II, do CP).

É importante ressaltar que o Tribunal não pode, reconhecendo a mencionada excludente de ilicitude, absolver o réu. Isto porque, verificado equívoco, deverá ser determinada a realização de **novo Júri**.

> **CUIDADO:**
> Se a apelação se fundar no inciso III, alínea d, do art. 593, do CPP, e o tribunal *ad quem* se convencer de que a decisão proferida pelos jurados é manifestamente contrária à prova dos autos, dar-lhe-á provimento para sujeitar o réu a novo julgamento; **não se admite, porém, pelo mesmo motivo, segunda apelação** (art. 593, § 3º, CPP).

Outra questão peculiar no recurso de apelação na segunda fase do rito dos crimes dolosos contra a vida, são os pedidos. O Supremo Tribunal Federal, por meio da sua Súmula 713, assentou que o efeito devolutivo da apelação contra decisões do júri é adstrito aos fundamentos da sua interposição.

Assim, somente é pertinente requerer em sede apelação na segunda fase do Tribunal do Júri:

I. *a anulação do júri realizado e a designação de novo júri*, nas hipóteses das alíneas "a" e "b", do inciso III, do art. 593, do CPP; e
II. *a retificação da pena fixada*, nas hipóteses das alíneas "b" e "c", do inciso III, do art. 593, do CPP.

> **ATENÇÃO:**
>
> Se a apelação se fundar no inciso III, alínea "d", do art. 593 do Código de Processo Penal, e o Tribunal *ad quem* se convencer de que a decisão dos jurados é **MANIFESTAMENTE CONTRÁRIA À PROVA DOS AUTOS**, dar-lhe-á provimento para sujeitar o recorrente a novo julgamento, não se admitindo, porém, pelo mesmo motivo, segunda apelação.

DICA IMPORTANTÍSSIMA: Uma vez designada a realização de um novo Júri em recurso exclusivo da defesa, os jurados são livres para entender pela condenação do réu por qualquer crime doloso contra a vida na sua forma simples ou qualificada (quando existente), mas a pena a ser fixada pelo Juiz-Presidente não poderá ser superior a pena estabelecida no julgamento anterior, sob pena de ofensa ao princípio da *ne reformatio in pejus* indireta. Imagine, por exemplo, que Pedro é condenado pela prática do crime de homicídio simples a uma pena de 7 (sete) anos de reclusão. Em recurso exclusivo da defesa, o Tribunal entendeu a decisão foi manifestamente contrária à prova dos autos, anulando o julgamento e determinado a realização de novo júri. No segundo julgamento, os jurados poderão entender pela condenação do réu pelo crime de homicídio qualificado, mas a pena estabelecida não poderá ultrapassar 7 (sete) anos de reclusão.

> **ATENÇÃO:**
>
> A Lei nº 13.964/2019 (Pacote Anticrime) introduziu em nosso ordenamento jurídico novos institutos e promoveu alterações em determinados procedimentos. Entre essas modificações, há duas a serem observadas no tocante ao rito dos crimes contra a vida, **quando a pena estabelecida na condenação for igual ou superior a 15 (quinze) anos**:
>
> **1.** O magistrado determinará a execução provisória das penas, com a expedição de mandado de prisão, **salvo se** houver questão substancial, cuja resolução pelo tribunal ao qual competir o julgamento possa plausivelmente levar à revisão da condenação (Art. 492, I, "e", e § 3º, do CPP).
>
> **2.** Havendo interposição de recurso de apelação, não será este recebido no seu duplo efeito, ou seja, apelação interposta contra decisão condenatória do Tribunal do Júri a uma pena igual ou superior a 15 (quinze) anos de reclusão não terá efeito suspensivo, apenas o devolutivo, **salvo se**, **cumulativamente**, for verificado que o recurso não tem propósito meramente protelatório e levantar questão substancial, que poderá resultar em absolvição, anulação da sentença, novo julgamento ou redução da pena para patamar inferior a 15 (quinze) anos de reclusão (art. 492, §§ 4º e 5º, do CPP).
>
> Mas, cuidado, como se trata de norma de abrangência mista – penal e processual penal – a sua aplicação somente ocorrerá nos casos praticados após a entrada em vigor da Lei nº 13.964, de 24 de dezembro de 2019.

ESTRUTURA DA APELAÇÃO (RITO ESPECIAL: CRIMES CONTRA A VIDA – 2ª ETAPA) – REVISÃO:

ENDEREÇAMENTO:

EXCELENTÍSSIMO SENHOR DOUTOR JUIZ-PRESIDENTE DO TRIBUNAL DO JÚRI DA COMARCA DA SEÇÃO JUDICIÁRIA DE _____ (Crimes da Competência da Estadual)

EXCELENTÍSSIMO SENHOR DOUTOR JUIZ-PRESIDENTE DO TRIBUNAL DO JÚRI DA SEÇÃO JUDICIÁRIA DE _____ (Crimes da Competência da Justiça Federal)

Processo número:

(Nome do Recorrente), já qualificado nos autos do processo que lhe move o Ministério Público/Querelante, às fls. ____, por seu advogado formalmente constituído que esta subscreve, vem, respeitosamente, à presença de Vossa Excelência, inconformado com a respeitável sentença de _____, conforme fls. ____, interpor tempestivamente a presente

APELAÇÃO

com fundamento no art. 593, inciso III, (indicar a alínea), do Código de Processo Penal. Requer que, após o recebimento destas, com as razões inclusas (na prova elas serão feitas juntas), ouvida a parte contrária, sejam os autos encaminhados ao Egrégio Tribunal _____, onde serão processados e provido o presente recurso.

Termos em que,

Pede deferimento.

                Comarca, data
                Advogado, OAB

ENDEREÇAMENTO:

RAZÕES DA APELAÇÃO

RECORRENTE:

RECORRIDO:

PROCESSO NÚMERO:

EGRÉGIO TRIBUNAL (TRIBUNAL DE JUSTIÇA OU TRIBUNAL REGIONAL FEDERAL OU ELEITORAL)

COLENDA CÂMARA

ÍNCLITOS DESEMBARGADORES

RAZÕES DA APELAÇÃO

RECORRENTE:

RECORRIDO:

PROCESSO NÚMERO:

1. **Dos Fatos**

Seja mais sucinto no resumo dos fatos e mais enfático no resumo do processo. Cita-se o mínimo necessário para os fatos e o máximo para o processo. Não precisa fazer dois pontos distintos, falar quando houve a publicação da sentença é fase processual, deve-se expor como se chegou até a sentença.

No final dos fatos, é para, sem pular linhas, fazer um parágrafo com o seguinte teor:

"A respeitável decisão proferida merece ser reformada pelos motivos de fato e direito a seguir aduzidos".

2. Das Preliminares

Se for o caso deve-se alegar preliminares. Como já foi explicado existe uma sequência a ser seguida. Abra os artigos na seguinte sequência:

1º) Art. 107 CP – Causas extintivas de punibilidade;

2º) Art. 109 CP – Prescrição;

3º) Art. 564 CPP – Nulidades posterior à decisão de pronúncia;

4º) Art. 23 CP – Causas de exclusão de ilicitude e todas as demais causas que deveriam suscitar a rejeição liminar da peça acusatória.

3. Do Mérito

As teses de mérito se limitam àquelas associadas à retificação da pena aplicadas ou às que comprovam que a decisão dos jurados é manifestamente contrária à prova dos autos. Lembre-se, não é oportuno requerer a absolvição do recorrente!

4. Do Pedido

Deve-se fazer um pedido principal de provimento do recurso e reforma da decisão e demais pedidos subsidiários possíveis.

Lembre-se: na apelação na 2ª fase do rito dos crimes contra a vida não se pode pedir a ABSOLVIÇÃO, apenas a realização de um novo júri ou a retificação da pena imposta ao apelante.

Termos em que,

Pede deferimento.

                        Comarca, data
                        Advogado, OAB

VAMOS TREINAR?

Luiza, primária e de bons antecedentes, é moradora da cidade de Brasília/DF desde os seus 19 (dezenove) anos, quando foi aprovada para o curso de engenharia da Universidade Brasília. Os seus pais, que residem em Goiânia/GO, alugaram um apartamento para ela morar de segunda a sexta-feira, pois todos os finais de semana, Luiza viaja de carro para a residência deles e lá permanece até retornar para Brasília/DF. No dia 13 de agosto de 2017, Luiza estava retornando para o seu apartamento, ocasião em que, ao tentar ultrapassar um veículo em local permitido, necessitou desviar o seu automóvel para o acostamento, vindo a atropelar João, que faleceu 2 (dois) dias depois no Hospital de Urgências de Goiânia.

Em sede policial, Luiza narrou que conduzia o seu veículo na velocidade da via e, ao tentar ultrapassar um automóvel preto, que estava ziguezagueando na pista, foi obrigada a invadir o acostamento, pois o automóvel preto a fechou. Disse, ainda, que permaneceu no local até a chegada de uma viatura dos bombeiros. Por fim, forneceu o contato de Pedro, o qual, segundo Luiza, conduzia uma motocicleta no momento do acidente e parou para prestar assistência, fato confirmado posteriormente pela testemunha à autoridade policial.

Concluído o inquérito policial, o Ministério Público ofereceu denúncia contra Luiza pela prática do crime de homicídio simples, previsto no art. 121, *caput*, do Código Penal. Durante a instrução probatória, foram ouvidos apenas Pedro e Luiza, os quais ratificaram as informações prestadas em sede policial. O laudo pericial realizado na data do acidente apontou que Luiza estava na velocidade da via quando iniciou a ultrapassagem e que a iluminação do local era precária, principalmente no trecho onde a vítima se encontrava.

Em fevereiro de 2018, o Juízo da Primeira Vara do Tribunal do Júri da Comarca de Goiânia/GO pronunciou Luiza nos exatos termos da denúncia, decisão que foi confirmada pelo Tribunal de Justiça do Goiás.

Ato contínuo foi designado o dia 28/08/2018, terça-feira, para realização do julgamento em Plenário. No dia do julgamento, e após a formação do Conselho de Sentença, iniciou-se a instrução plenária com a oitiva de Pedro, única testemunha a ser ouvida. Em suas declarações, ele afirmou que estava conduzindo a sua motocicleta com destino à Brasília/DF, momento em que notou um veículo preto sendo conduzindo na faixa da direita de forma imprudente. Isto porque, o motorista não conseguia mantê-lo em linha reta, invadindo por várias vezes a faixa da esquerda. Após alguns minutos observando o veículo preto, Pedro disse ter visto Luiza iniciando o procedimento para ultrapassá-lo de forma correta, mas, em razão de um ato inesperado do veículo preto, necessitou desviar o seu carro para o acostamento, quando colidiu com a vítima. Em seu interrogatório, Luiza confirmou as informações prestadas em delegacia.

O Ministério Público, em suas declarações, aduziu que, embora o laudo pericial realizado no local apontasse que a ré estava conduzindo o veículo na velocidade da via, o Tribunal de Justiça de Goiás, ao confirmar a decisão de pronúncia, asseverou que esse fato por si só não era evidência suficiente para demonstrar a prudência da condutora. Logo, se aquele Tribunal assim entendeu, não havia razão para os jurados concluírem de forma distinta.

Decorridas 10 (dez) horas de julgamento, os jurados votaram a favor da condenação de Luiza pela prática do crime de homicídio simples, nos termos do art. 121, *caput*, do Código Penal. O juiz-presidente estabeleceu a pena da condenada em 12 (doze) anos de reclusão em regime inicial fechado, garantindo-lhe o direito de recorrer em liberdade, mesmo não existindo qualquer motivação para aumentar a pena da agente acima do mínimo legal. Ao final da leitura da sentença, Luiza e seu advogado foram intimados sobre a possibilidade de interposição de recurso.

Na condição de advogado de Luiza, e com base somente nas informações de que dispõe e nas que podem ser inferidas pela situação narrada acima, redija a peça cabível, excluindo a possibilidade de impetração de *Habeas Corpus*, sustentando, para tanto, as teses jurídicas pertinentes, datando a peça no último dia do prazo da sua interposição. (Valor: 5,0)

PADRÃO DE RESPOSTA

EXCELENTÍSSIMO SENHOR DOUTOR JUIZ-PRESIDENTE DO TRIBUNAL DO JÚRI DA COMARCA DE GOIÂNIA/GO.

Processo número:

Luíza, já qualificada nos autos do processo em epígrafe, que lhe move o Ministério Público às fls.__, por seu advogado e bastante procurador formalmente constituído, que esta subscreve, vem, respeitosamente, à presença de Vossa Excelência, inconformado com a respeitável sentença penal condenatória, conforme fls., interpor tempestivamente o presente

RECURSO DE APELAÇÃO

com fundamento no art. 593, inciso III, alíneas "a", "c" e "d", do Código de Processo Penal, requerendo seja o presente recurso encaminhado a superior instância para o devido processamento e julgamento.

Termos em que,

Pede deferimento.

Goiânia/GO, 03 de setembro de 2018.
Advogado, OAB

RAZÕES DO RECURSO DE APELAÇÃO

RECORRENTE:

RECORRIDO:

PROCESSO NÚMERO:

EGRÉGIO TRIBUNAL DE JUSTIÇA DO ESTADO DO GOIÁS.

COLENDA CÂMARA

ÍNCLITOS JULGADORES

1. Dos Fatos:

A recorrente foi denunciada pela prática do crime de homicídio simples, previsto no art. 121, caput, do Código Penal e, posteriormente pronunciada nos exatos termos da denúncia. No dia 28/08/2018, foi realizado o seu julgamento em Plenários, vindo ela a ser condenada a 12 (doze) anos de reclusão em regime inicial fechado.

Com todas as vênias devidas, a condenação não merece ser mantida pelas razões que se passa a expor.

3. Mérito

Primeiramente, há que se observar que o Ministério Público, durante os debates, utilizou-se de argumento de autoridade ao fazer menção expressa à decisão confirmatória de pronúncia, proferida em acórdão do Tribunal de Justiça do Goiás, quando apontou que aquele Tribunal havia dito que a condução do veículo na velocidade da via não era apta a reconhecer, por si só, que a recorrente conduzia o seu veículo com prudência e, portanto, não cabia aos jurados concluir de forma distinta

Ao assim agir, a acusação ofendeu o disposto no art. 478, I, do Código de Processo Penal.

Por outro lado, não há elementos capazes de comprovar o dolo da recorrente em praticar o crime de homicídio. Ao contrário, a única testemunha arrolada e ouvida em Plenário afirmou que estava conduzindo a sua motocicleta com destino à Brasília/DF, momento em que notou um veículo preto sendo conduzindo na faixa da direita de forma imprudente. Isto porque, o motorista não conseguia mantê-lo em linha reta, invadindo por várias vezes a faixa da esquerda. Após alguns minutos observando o veículo preto, a testemunha disse ter visto a recorrente iniciando o procedimento para ultrapassá-lo de forma correta, mas, em razão de um ato inesperado do veículo preto, necessitou desviar o seu carro para o acostamento, quando colidiu com a vítima.

E mais, laudo pericial realizado na data do acidente apontou que a recorrente estava na velocidade da via quando iniciou a ultrapassagem e que a iluminação do local era precária, principalmente no trecho onde a vítima se encontrava.

Dessa maneira, resta evidente que a decisão dos jurados pela condenação da recorrente pela suposta prática de homicídio doloso é manifestamente contrária à prova produzida nos autos.

Ainda que assim não o fosse, o que se cogita apenas por amor ao debate, depreende-se da análise dos autos a ausência de elementos capazes de indicar a presença do dolo impondo-se a desclassificação das condutas impostas à recorrente para homicídio culposo na direção de veículo automotor, previsto no art. 302 do Código de Trânsito Brasileiro.

Por fim, quanto à dosimetria da pena, verifica-se que o MM. Juiz *a quo* estabeleceu a pena em patamar extremamente excessivo. Isto porque, a recorrente é primária e de bons antecedentes. Além disso, as circunstâncias judiciais do art. 59 são todas comuns para o crime de homicídio, não havendo razão para fixação da pena base em patamar superior ao mínimo legal. Ademais, não houve agravante ou causa de aumento de pena, devendo, assim, ser fixada a pena em seu patamar mínimo legal em regime inicial semiaberto.

Assim sendo, caso sejam julgados improcedentes as teses anteriores, o que não se acredita, pugna-se desde já pela reforma da sentença *a quo*, no sentido de que seja a pena fixada no mínimo legal.

4. Pedidos:

Por todo o exposto, a defesa requer o acolhimento da nulidade apontada, anulando-se o julgamento realizado, com a designação de novo júri. Não sendo este o entendimento, requer seja reconhecido que a decisão dos jurados foi manifestamente contrária à prova dos autos, anulando-se o julgamento realizado, com a designação de novo júri. Nos moldes do artigo 593, parágrafo terceiro do Código de Processo Penal.

Por fim, não sendo acatadas as teses acima, a retificação da pena aplicada, fixando-a em seu patamar mínimo legal em regime inicial semiaberto.

Termos em que,

Pede deferimento.

Goiânia/GO, 03 de setembro de 2018.

Advogado, OAB

GABARITO DO CASO PRÁTICO

Peça: RECURSO DE APELAÇÃO, com fundamento no artigo 593, inciso III, alíneas "a", "c", e "d", do Código de Processo Penal.

Competência:

- Interposição para: PRESIDENTE DO TRIBUNAL DO JÚRI DA COMARCA DE GOIÂNIA/GO.
- Razões para: TRIBUNAL DE JUSTIÇA DO ESTADO DE GOIÁS.

Preliminar:

- NULIDADE – Ofensa ao art. 478, I, do Código de Processo Penal, o que causa nulidade do art. 564, IV do Código de Processo Penal – O Ministério Público, durante os debates, utilizou-se de argumento de autoridade ao fazer menção expressa à decisão confirmatória de pronúncia, proferida em acórdão do Tribunal de Justiça do Goiás, quando apontou que aquele Tribunal havia dito que a condução do veículo na velocidade da via não era apta a reconhecer, por si só, que a recorrente conduzia o seu veículo com prudência e, portanto, não cabia aos jurados concluir de forma distinta. Dessa maneira, houve ofensa ao disposto no art. 478, inciso I, do CPP.

Mérito:

- Decisão manifestamente contrária à prova dos autos. Os jurados, ao concluírem pela condenação da recorrente, decidiram de forma contrária às provas dos autos, porque a única testemunha ouvida em juízo apontou que o acidente somente ocorreu por culpa exclusiva de terceiro. Além disso, o laudo pericial atestou que o veículo era conduzido na velocidade da via e que a iluminação do local era precária. Assim, não há como ser a recorrente responsabilizada pelo homicídio ocorrido. Ainda que se entendesse que a recorrente deve ser responsabilizada pelo crime, não houve dolo de sua parte, devendo ser ela responsabilizada pela modalidade culposa, prevista no art. 302 do CTB e não pelo homicídio doloso do Código Penal.
- Subsidiariamente, há que ser reconhecido o excesso na aplicação da pena. A recorrente era primária e de bons antecedentes. Além disso, as circunstâncias judiciais do art. 59 são todas comuns para o crime de homicídio, não havendo razão para fixação da pena base em patamar superior ao mínimo legal. Por fim, não houve agravante ou causa de aumento de pena, devendo, assim, ser fixada a pena em seu patamar mínimo legal em regime inicial semiaberto. Como versa o artigo 33, § 2º, alínea b do Código Penal.

Pedidos:

- acolher a nulidade apontada, anulando-se o julgamento realizado, com a designação de novo júri;
- reconhecer que a decisão dos jurados foi manifestamente contrária à prova dos autos, anulando-se o julgamento realizado, com a designação de novo

Prazo: 03 de setembro de 2018 (segunda-feira).

8. CONTRARRAZÕES DE APELAÇÃO

Ao estudarmos sobre a interposição do recurso de apelação, vimos que assinado o termo de apelação, o apelante e, depois dele, o apelado, terão o prazo de oito dias cada um para oferecer razões (art. 598, CPP).

As contrarrazões são a manifestação da outra parte, que pode ou não ter recorrido da decisão, sobre a argumentação posta no recurso da outra parte. Ou seja, a interposição de recurso contra a sentença não impede que o recorrente apresente contrarrazões ao recurso interposto pela outra parte. A título de exemplo, imagine que o réu é condenado pela prática do crime de estupro (art. 213, CP). Contra a sentença, é interposto recurso de apelação já com as suas razões. Caberá, em seguida, à acusação apresentar as suas contrarrazões. Agora imagine que a acusação e a defesa interponham recurso contra a sentença. Ato contínuo, as duas partes deverão apresentar contrarrazões em face do recurso da parte adversa.

Em outras palavras, as contrarrazões são a peça processual cabível a ser apresentada objetivando-se a manutenção da sentença proferida ou, caso se pretenda a reforma em recurso específico, que sejam julgados improcedentes os pedidos postos na apelação da outra parte.

Indaga-se: o que poderá ser argumentado em sede de contrarrazões?

Ora, os argumentos aptos a justificar a manutenção da sentença proferida ou então a julgar improcedentes os pedidos do recorrente. Veja, se é proferida uma sentença absolutória e o MP recorre, em sede de contrarrazões deverá ser apresentada argumentação para manutenção da absolvição do réu (agora, recorrido).

As teses mais corriqueiras em sede de contrarrazões são:

A. *Intempestividade do recurso*: deverá se demonstrado que a apelação foi interposta depois de esgotado o prazo de 5 **(cinco) dias**. Se acolhida a preliminar de intempestividade, o recurso não será conhecido!

B. *Ilegitimidade da parte ou falta de interesse recursal*: também teses a serem alegadas em preliminares, a ilegitimidade da parte e/ou a falta do interesse recursal acarretam o não conhecimento do recurso por falta de requisitos de admissibilidade. Por exemplo, imagine que em uma ação penal privada, o magistrado homologue o perdão do ofendido e o MP recorra pleiteando a condenação do querelado.

C. *Manutenção da sentença proferida*: de forma bastante abrangente, sempre que uma parte interpuser recurso contra uma decisão, caberá a outra apresentar contrarrazões para que não haja alteração na decisão proferida. Exemplo, o réu é absolvido pela atipicidade da conduta (art. 386, III, CPP) e o MP recorra. Caberá à defesa argumentar de forma a requerer a manutenção da sentença proferida, apontando elementos favoráveis a ela.

> **OBSERVAÇÃO:**
>
> Se o réu e o MP recorrerem da decisão, caberá a ambas as partes apresentarem as contrarrazões. Nesse caso, o réu não deverá requerer a manutenção da sentença, pois também está a recorrer, mas sim apresentar argumentos para que o recurso da acusação não seja provido. Para melhor retratar a situação, imagine que o réu é condenado pela prática do crime de furto (art. 155, CP) a uma pena de 2 (dois) anos de reclusão. No caso, as duas partes recorrem, sendo que o réu pleiteia a sua absolvição e a acusação o aumento de pena fixada. Conquanto em seu recurso peça a sua absolvição, nas contrarrazões o réu deverá demonstrar a desnecessidade de se aumentar a pena.

Já em relação aos pedidos das contrarrazões do recurso de apelação, poderá o recorrido requerer:

I. preliminarmente, o não conhecimento do recurso interposto; ou
II. no mérito, o seu improvimento, com a manutenção da sentença atacada, ou então que sejam julgados improcedentes os pedidos do recorrente.

Já em relação aos pedidos das contrarrazões do recurso de apelação, poderá o recorrido requerer:

I. preliminarmente, o não conhecimento do recurso interposto; ou
II. no mérito, o seu improvimento, com a manutenção da sentença atacada, ou então que sejam julgados improcedentes os pedidos do recorrente.

FUNDAMENTO DA APELAÇÃO	FUNDAMENTO DAS CONTRARRAZÕES	PRAZO DAS CONTRARRAZÕES
Regra Geral: art. 593 do CPP	Art. 600 do CPP	08 DIAS
Código Eleitoral – art. 362	Art. 600 do CPP	10 DIAS
1ª Fase do Júri – art. 416 do CPP	Art. 600 do CPP	08 DIAS
Juizados Especiais – art. 82	Art. 82, § 2º, Lei nº 9.099/95	10 DIAS

ESTRUTURA DAS CONTRARRAZÕES DE APELAÇÃO REVISÃO:

ENDEREÇAMENTO:

EXCELENTÍSSIMO SENHOR DOUTOR JUIZ DE DIREITO DA ___ VARA CRIMINAL DA COMARCA DE _____ (Regra Geral)

EXCELENTÍSSIMO SENHOR DOUTOR JUIZ FEDERAL DA ___ VARA CRIMINAL DA SEÇÃO JUDICIÁRIA DE _____ (Crimes da Competência da Justiça Federal)

EXCELENTÍSSIMO SENHOR DOUTOR JUIZ DE DIREITO DA ____VARA DO TRIBUNAL DO JÚRI DA COMARCA DE _____ (Crimes da Competência do Tribunal do Júri)

EXCELENTÍSSIMO SENHOR DOUTOR JUIZ FEDERAL DA ____ VARA DO TRIBUNAL DO JÚRI DA SEÇÃO JUDICIÁRIA DE _____ (Crimes da Competência da Justiça Federal)

EXCELENTÍSSIMO SENHOR DOUTOR JUIZ FEDERAL DO JUIZADO ESPECIAL FEDERAL DA SEÇÃO JUDICIÁRIA DE _____ (Crimes de Competência de Juizado Especial Federal)

EXCELENTÍSSIMO SENHOR DOUTOR JUIZ DE DIREITO DO   JUIZADO ESPECIAL CRIMINAL DA COMARCA _____ (Endereçamento do Juizado Especial Criminal)

Processo número:

(Nome do Recorrente), já qualificado nos autos do processo que lhe move o Ministério Público/Querelante, às fls. ____, por seu advogado formalmente constituído que esta subscreve, vem, respeitosamente, à presença de Vossa Excelência, apresentar

CONTRARRAZÕES DE APELAÇÃO

com fundamento no art. 600, do Código de Processo Penal (ou art. 82, § 2º, da Lei nº 9.099/95). Requer que, após o recebimento destas, sejam os autos encaminhados ao Egrégio Tribunal _____ (ou Turma Recursal no caso do Juizado Especial Criminal), onde serão processados e não provido o recurso.

Pede deferimento.

      Comarca, data
      Advogado, OAB

ENDEREÇAMENTO:

CONTRARRAZÕES DA APELAÇÃO

RECORRENTE:

RECORRIDO:

PROCESSO NÚMERO:

EGRÉGIO TRIBUNAL (TRIBUNAL DE JUSTIÇA OU TRIBUNAL REGIONAL FEDERAL OU ELEITORAL)

COLENDA CÂMARA

ÍNCLITOS DESEMBARGADORES

EGRÉGIA TURMA RECURSAL

COLENDA TURMA

ÍNCLITOS JULGADORES

1. **Dos Fatos**

Seja mais sucinto no resumo dos fatos e mais enfático no resumo do processo. Cita-se o mínimo necessário para os fatos e o máximo para o processo. Não precisa fazer dois pontos distintos, falar quando houve a publicação da sentença é fase processual, deve-se expor como se chegou até a sentença.

No final dos fatos, é para, sem pular linhas, fazer um parágrafo com o seguinte teor:

"A respeitável decisão proferida NÃO merece ser reformada pelos motivos de fato e direito a seguir aduzidos".

2. **Das Preliminares**

Se for o caso deve-se alegar preliminares. Pode-se arguir como preliminares de contrarrazões, entre outras:

1º) Intempestividade do recurso;

2º) Ilegitimidade da parte ou falta de interesse recursal.

3. **Do Mérito**

As teses de mérito em sede de contrarrazões deverão ser desenvolvidas para que a decisão atacada seja mantida. Lembre-se, nesse momento processual seu cliente não tem o interesse em vê-la reformada.

4. Do Pedido

Os pedidos poderão ser:

4.1) para que o recurso interposto não seja conhecido; ou

4.2.) para que a decisão seja mantida pelos seus próprios méritos.

Termos em que,

Pede deferimento.

Comarca, data
Advogado, OAB

8.
RECURSO EM SENTIDO ESTRITO (RESE)

1. INTRODUÇÃO

Estudamos no capítulo anterior o recurso de apelação e as suas hipóteses de cabimento. Entre elas, destacamos aquelas previstas no artigo 593 do Código de Processo Penal, quais sejam: contra sentença penal condenatória ou absolutória, contra decisões definitivas, ou com força de definitivas, proferidas por juiz singular nos casos não previstos no Capítulo anterior, e contra decisões do Tribunal do Júri.

Como se pode observar da segunda hipótese acima citada, a interposição da apelação nos casos de decisões definitivas ou com força de definitivas proferidas por juiz singular é residual, uma vez que somente é admitida se não se tratar de caso *"não previstos no Capítulo anterior"*.

Esclareça-se, por oportuno, que a apelação está disposta no capítulo III do título II (DOS RECURSOS EM GERAL), enquanto o capítulo II do mesmo título trata do recurso em sentido estrito. Ou seja, a apelação com fundamento no art. 593, II, do CPP, somente será cabível quando não for o caso de interposição do recurso em sentido estrito (RESE).

O RESE é disciplinado nos artigos 581 a 592 do CPP, mas também em legislações extravagantes, e a sua principal característica é a expressa previsão das suas hipóteses de cabimento.

2. PREVISÃO LEGAL E PRAZO DO RECURSO EM SENTIDO ESTRITO

A doutrina majoritária entende que o recurso em sentido estrito somente poderá ser interposto quando se verificar uma das hipóteses expressamente previstas em Lei. E neste contexto, o RESE encontra fundamento no:

- art. 581 do Código de Processo Penal;
- art. 294, parágrafo único, do Código de Trânsito Brasileiro;
- art. 2º, III, do Decreto-Lei 201/67

Importante destacar que com a criação do recurso de agravo em execução algumas hipóteses do art. 581 do CPP foram **tacitamente revogadas**. Isto é, conquanto ainda referidas no aludido artigo, a sua ocorrência justificará a interposição de agravo em execução e não de recurso em sentido estrito. São elas as estabelecidas nos incisos XI, XII, XVII, XIX, XX, XXI, XXII e XXIII.

Vejamos, de forma individual, cada uma das possibilidades de interposição do RESE previstas no art. 581 do CPP:

A. *Que não receber a denúncia ou a queixa* (art. 581, inciso I, CPP): trata-se de recurso interposto contra a decisão do magistrado que rejeitar a denúncia ou a queixa-crime. **Cuidado**, se a decisão for proferida em sede de Juizado Especial Criminal o recurso será a apelação (art. 82 da Lei nº 9.099/95);

B. *Que concluir pela incompetência do juízo* (art. 581, inciso II, CPP): trata-se de recurso interposto contra a decisão do magistrado que, entendendo que a competência para apreciar aquela infração penal é de outro juízo, decliná-la, remetendo os autos àquele que entender ser o competente;

C. *Que julgar procedentes as exceções, salvo a de suspeição* (art. 581, inciso III, CPP): as exceções são instrumentos de defesa, na qual o acusado se defende da acusação que lhe é imputada, mas sem questionar o mérito da peça acusatória. As exceções processuais estão previstas no art. 95 do Código de Processo Penal: suspeição, incompetência do juízo, litispendência, ilegitimidade de parte e coisa julgada. Apenas a primeira (suspeição) não será objeto do RESE, uma vez que a competência para a julgar é do Tribunal e não do magistrado de primeiro grau;

> **OBSERVAÇÃO:**
>
> Se a incompetência for reconhecida nos próprios autos da ação penal, o RESE terá como fundamento o inciso II. Agora se a incompetência for reconhecida em exceção, ou seja, em autos apartados, o RESE terá como fundamento o inciso III.
>
> Exemplo[1]: A defesa aponta a incompetência do juízo em sede de resposta à acusação e o magistrado a acolhe, declinando-a. Caberá RESE com fundamento no art. 581, II, do CPP.
>
> Exemplo[2]: A defesa aponta a incompetência do juízo em sede de exceção e o magistrado a acolhe, declinando-a. Caberá RESE com fundamento no art. 581, III, do CPP.

D. *Que pronunciar o réu* (art. 581, inciso IV, CPP): este inciso será estudado especificamente em tópico próprio (confira o tópico 7. "RECURSO EM SENTIDO ESTRITO NO PROCEDIMENTO DOS CRIMES CONTRA A VIDA");

E. *Que conceder, negar, arbitrar, cassar ou julgar inidônea a fiança, indeferir requerimento de prisão preventiva ou revogá-la, conceder liberdade provisória ou relaxar a prisão em flagrante* (art. 581, inciso V, CPP): A primeira parte deste inciso se refere à fiança. Ou seja, se o magistrado conceder ou arbitrar (valor estipulado na decisão) a fiança, a acusação poderá interpor o RESE. Por sua vez, se o juiz negar, cassar ou julgar inidônea a fiança, em regra, caberá à defesa do acusado interpor o mesmo recurso.

A segunda parte do inciso é referente à decretação da prisão preventiva, especificamente sobre o seu indeferimento ou a sua revogação, e à concessão de liberdade provisória ou de relaxamento de prisão. Note-se que em nenhuma destas hipóteses há interesse do denunciado de recorrer, isto é, apenas a acusação tem interesse na interposição do RESE.

Do contrário, se houver a decretação ou manutenção da prisão preventiva, ou mesmo indeferidos os pedidos de liberdade provisória e relaxamento de prisão, não há previsão legal para a interposição do recurso em sentido estrito, podendo a defesa se valer da impetração da *habeas corpus*.

F. *Que julgar quebrada a fiança ou perdido o seu valor* (art. 581, inciso VII, CPP): O CPP estabelece no seu art. 340 que a fiança será quebrada quando o acusado, regularmente intimado para ato do processo, deixar de comparecer, sem motivo justo, ou deliberadamente praticar ato de obstrução ao andamento do processo, ou descumprir medida cautelar imposta cumulativamente com a fiança, ou resistir injustificadamente a ordem judicial, ou, ainda, praticar nova infração penal dolosa.

Além dessas hipóteses, também será quebrada a fiança quando o réu não comparecer perante a autoridade, todas as vezes que for intimado para atos do inquérito e da instrução criminal e para o julgamento (art. 327) ou se mudar de residência, sem prévia permissão da autoridade processante, ou ausentar-se por mais de 8 (oito) dias de sua residência, sem comunicar àquela autoridade o lugar onde será encontrado (art. 328).

Ressalte-se que a quebra da fiança deverá ser declarada pela autoridade judiciária e, contra esta decisão será cabível o RESE;

G. *Que decretar a prescrição ou julgar, por outro modo, extinta a punibilidade* (art. 581, inciso VIII, CPP): a decisão que declara extinta a punibilidade é meramente declaratória, portanto, não absolve, tampouco condena o réu, salvo no caso de absolvição sumária do art. 397, IV, do CPP. Neste diapasão, uma vez declarada extinta a punibilidade, o magistrado somente reconhece que o Estado não mais tem interesse em punir ou em executar a pena aplicada ao réu. Contra esta decisão será cabível o RESE;

H. *Que indeferir o pedido de reconhecimento da prescrição ou de outra causa extintiva da punibilidade*: (art. 581, inciso IX, CPP): diferentemente do inciso XIII, este é o caso de quando o magistrado não reconhecer a prescrição ou outra possibilidade de extinção da punibilidade;

> **CUIDADO:**
> Se a defesa requerer ao magistrado que seja declarada extinta a punibilidade, ele poderá:

I. deferir o pedido: nesse caso o fundamento será o inciso XIII do art. 581 do CPP;

II. indeferir o pedido: nesse caso o fundamento será o inciso IX do art. 581 do CPP.

Agora e se o magistrado indeferir o pedido defensivo, não reconhecendo a causa extintiva de punibilidade, e, ainda, proferir uma sentença penal condenatória? Por exemplo, em sede de alegações finais por memoriais a defesa do réu, como tese preliminar, requereu o reconhecimento da prescrição, mas o juiz não a reconheceu e proferiu sentença condenatória.

Nesse caso, será cabível a apelação, nos termos do art. 593, I, do CPP.

I. *Que conceder ou negar a ordem de habeas corpus* (art. 581, inciso X, CPP): o *habeas corpus* (HC) é uma ação autônoma de impugnação que será cabível quando houver uma coação ilegal ao direito de ir e vir do paciente (o assunto será estudado de forma detalhada em capítulo específico).

No caso desse inciso, o recurso será interposto contra a decisão de juiz de primeiro grau que apreciar o HC. Isto pois, se o HC for julgado por um Tribunal Superior ou de 2ª Instância, será cabível a interposição de Recurso Ordinário Constitucional.

J. *Que anular o processo da instrução criminal, no todo ou em parte* (art. 581, inciso XIII, CPP): trata-se de recurso interposto contra decisão que reconhecer a existência de uma nulidade (absoluta ou relativa) e determinar a anulação do processo em sua totalidade ou apenas de um determinado ato. Contra esta decisão será cabível o RESE;

K. *Que incluir jurado na lista geral ou desta o excluir* (art. 581, inciso XIV, CPP): trata-se de recurso interposto na segunda fase do rito dos crimes contra a vida (Tribunal do Júri). A lista geral dos jurados, com indicação das respectivas profissões, será publicada pela imprensa até o dia 10 de outubro de cada ano e divulgada em editais afixados à porta do Tribunal do Júri (art. 426, CPP). Este recurso, diferentemente das outras hipóteses, deve ser interposto no prazo de 20 dias.

L. *Que denegar a apelação ou a julgar deserta* (art. 581, inciso XV, CPP): trata-se de recurso interposto contra decisão do juiz que denegar a apelação, isto é, que negar o seu processamento ou o seu seguimento por falta de requisitos de admissibilidade. Por exemplo, intempestividade. Contra esta decisão será cabível o RESE;

M. *Que ordenar a suspensão do processo, em virtude de questão prejudicial* (art. 581, inciso XVI, CPP): as questões prejudiciais são aquelas matérias diretamente associadas à infração penal cometida e que necessariamente devem ser verificadas antes do julgamento do mérito da ação penal. Por exemplo, o agente delituoso é denunciado pela prática do crime de bigamia (art. 235 do Código Penal). Não obstante, a existência de um primeiro casamento válido é objeto de discussão em ação civil própria. Ou seja, não se pode na seara penal entender pela prática do referido crime, se há uma questão prejudicial sendo verificada em esfera própria. Assim, deverá ser suspensa a ação penal enquanto ela não for resolvida. Contra esta decisão será cabível o RESE;

N. *Que decidir o incidente de falsidade* (art. 581, inciso XVIII, CPP): o incidente de falsidade documental, previsto nos art. 145 a 148 do CPP, é cabível quando qualquer das partes, inclusive o magistrado de ofício, arguir por escrito, a falsidade de documento constante dos autos. Ao final, será proferida uma decisão que poderá determinar o desentranhamento do documento reconhecidamente falso, ou, caso contrário, mantê-lo para ser valorado com as demais provas. Contra esta decisão será cabível o RESE.

O. *Que recusar homologação à proposta de acordo de não persecução penal, previsto no art. 28-A desta Lei* (art. 581, XXV, CPP): o acordo de não persecução penal (ANPP) pode ser definido como uma combinação dos interesses das partes integrantes de uma relação processual. O Ministério Público atuando, concomitantemente, como órgão acusador e fiscal da lei, propõe os termos necessários e suficientes para a reprovação e prevenção do crime, resguardando, assim, os interesses do Estado e da vítima. Por sua vez, o investigado, ao aceitá-los, é beneficiado com uma reprimenda mais branda do que aquela que seria estabelecida em uma sentença penal condenatória, afastando-se, por óbvio, eventual reconhecimento da reincidência delitiva[8]. Na hipótese de não ser homologado o acordo pelo magistrado, será cabível a interposição do RESE. Por outro lado, não é cabível contra a decisão homologatória a interposição de qualquer recurso, porque o *decisum* apenas torna público o consentimento livre das partes, salvo evidentemente os casos de comprovação de consentimento viciado.

Além das hipóteses previstas no art. 581 do Código de Processo Penal, também é cabível a interposição do RESE:

I. Da decisão que decretar a suspensão da permissão ou da habilitação para dirigir veículo automotor, ou a proibição de sua obtenção ou a medida cautelar, ou da que indeferir o requerimento do Ministério Público, conforme estabelece o art. 294, parágrafo único, do Código de Trânsito Brasileiro;

---

[8] Para aprofundar o estudo sobre o tema, recomenda-se a leitura do artigo *"Aspectos legais e práticos do acordo de não persecução penal"*, disponível em <https://www.conjur.com.br/2020-abr-15/matos-rebello-aspectos-acordo-nao-persecucao-penal>.

II. Da decisão que concede ou denega a prisão preventiva, bem como do afastamento do cargo, nos casos de crimes de responsabilidade dos Prefeitos Municipal, nos termos do art. 2º, III, do Decreto-Lei 201/67.

> **OBSERVAÇÃO:**
>
> Em regra, o recurso em sentido estrito está vinculado a uma das hipóteses expressamente previstas em Lei. Por isso, a doutrina majoritária entende que o seu rol é **taxativo** e não exemplificativo. No entanto, os Tribunais Superiores têm proferido decisões flexibilizando o seu cabimento, como por exemplo, no caso de decisão que nega a suspensão condicional do processo ou indefere o pedido de produção antecipada de prova (vide EREsp nº 1630121/RN, Rel. Min. Reynaldo Soares da Fonseca, Terceira Seção, STJ, DJe 11/12/2018).

Noutra esteira, em regra, o prazo para interposição do recurso em sentido estrito é de **5 (cinco) dias**, nos termos do art. 586 do CPP. Confira:

> Art. 586. O recurso voluntário poderá ser interposto no prazo de *cinco dias*.

De forma semelhante ao procedimento do recurso de apelação, a defesa poderá interpor o recurso e, posteriormente, apesentar as suas razões. Contudo, o prazo para apresentação posterior é de apenas **2 (dois) dias**, conforme o art. 588 do CPP:

> Art. 588. Dentro de dois dias, contados da interposição do recurso, ou do dia em que o escrivão, extraído o traslado, o fizer com vista ao recorrente, este oferecerá as razões e, em seguida, será aberta vista ao recorrido por igual prazo.

As exceções para essa regra são:

1. **20 dias** para recorrer da decisão que incluir ou excluir jurado na lista geral (Art. 586, parágrafo único, do CPP);
2. **15 dias** para **interposição** e **2 dias** para apresentação das **razões**, quando for pelo assistente da acusação não habilitado (584, § 1º, c/c 598, parágrafo único, do CPP).

3. PROCEDIMENTO DO RECURSO EM SENTIDO ESTRITO

O procedimento a ser aplicado ao recurso em sentido estrito poderá ser de duas formas:

A. interposição do recurso nos próprios autos e remessa do processo ao Tribunal *ad quem* para apreciação e julgamento;

B. interposição do recurso em apartado com a formação de instrumento. Ou seja, o processo principal não será remetido ao Tribunal *ad quem*, mas apenas cópia das peças necessárias.

Essa diferenciação é prevista no art. 583 do CPP. Confira:

> *Art. 583. Subirão nos próprios autos os recursos:*
> *I – quando interpostos de ofício;*
> *II – nos casos do art. 581, I, III, IV, VI, VIII e X;*
> *III – quando o recurso não prejudicar o andamento do processo.*

A formação do instrumento, nada mais é, do que a extração das peças necessárias para compreensão da matéria e, consequentemente, o julgamento do recurso. E nesta esteira, dispõe o art. 587 do CPP e seu parágrafo único:

> *Art. 587. Quando o recurso houver de subir por instrumento, a parte indicará, no respectivo termo, ou em requerimento avulso, as peças dos autos de que pretenda traslado.*
> *Parágrafo único. O traslado será extraído, conferido e concertado no prazo de cinco dias, e dele constarão sempre a decisão recorrida, a certidão de sua intimação, se por outra forma não for possível verificar-se a oportunidade do recurso, e o termo de interposição.*

Após a apresentação das razões por parte do recorrente, o recorrido será intimado para apresentar em **2 (dois) dias as contrarrazões ao RESE**. Sobre o tema, mas para evitar delongas, remetemos o leitor para o tópico 8 "*CONTRARRAZÕES DE RECURSO EM SENTIDO ESTRITO*".

Ato contínuo, os autos serão conclusos ao magistrado, que poderá reformar ou sustentar a sua decisão, mandando, se for o caso, instruir o recurso com os traslados que sejam necessários[9]. É o que se denomina de **juízo de retratação**, previsto no art. 589 do CPP:

> *Art. 589. Com a resposta do recorrido ou sem ela, será o recurso concluso ao juiz, que, dentro de dois dias, reformará ou sustentará o seu despacho, mandando instruir o recurso com os traslados que lhe parecerem necessários.*

---

[9] No caso de interposição nos próprios autos, não haverá necessidade de instruir o recurso.

> *Parágrafo único. Se o juiz reformar o despacho recorrido, a parte contrária, por simples petição, poderá recorrer da nova decisão, se couber recurso, não sendo mais lícito ao juiz modificá-la. Neste caso, independentemente de novos arrazoados, subirá o recurso nos próprios autos ou em traslado.*

Trata-se da possibilidade de o juiz prolator da decisão revê-la e modificá-la, ou então mantê-la por seus próprios méritos. Por isso que o RESE será cabível, necessariamente, em face das decisões emanadas por juízo singular.

Logo, é possível ocorrer duas situações:

I. o magistrado mantém a decisão recorrida por seus próprios méritos e os autos seguem para o Tribunal *ad quem;*
II. o magistrado se retrata e profere nova decisão. Nesse caso, é possível a interposição de novo recurso em sentido estrito pela outra parte, desde que prevista a hipótese em Lei. Por exemplo, o réu requer o reconhecimento da extinção da punibilidade pela prescrição, mas o juiz indefere o pedido. É interposto RESE com fundamento no art. 581, IX, do CPP. Em seguida, o magistrado se retrata e profere decisão declarando extinta a punibilidade pela prescrição. Poderá a acusação interpor novo RESE, mas agora com fundamento no art. 581, XIII, do CPP.

Remetido os autos para o Tribunal *ad quem*, o seu julgamento será realizado por um órgão colegiado, o qual irá proferir um acórdão dando ou não provimento ao recurso.

4. DIREITO NO RECURSO EM SENTIDO ESTRITO

Diferentemente da apelação, que prevê a possibilidade de apontamento de diversas teses de direito em um mesmo recurso, o RESE tem os seus argumentos adstritos à hipótese de sua interposição, salvo o inciso IV do art. 581 do CPP (contra decisão de pronúncia).

Por exemplo, o magistrado rejeitou a denúncia por entender ausente a justa causa para persecução penal. Neste caso, caberá à acusação demonstrar em seu recurso estarem presentes os elementos que comprovam à justa causa (materialidade e autoria delitiva).

Outro caso, imagine que o juiz tenha indeferido o pedido de reconhecimento de extinção da punibilidade pela prescrição. A tese defensiva será a demonstração da prescrição!

Em suma, o direito a ser arguido em recurso em sentido estrito é aquele que fundamentou a sua interposição!

A exceção é o inciso IV do art. 581 do CPP, o qual será devidamente analisado no tópico 7 *"RECURSO EM SENTIDO ESTRITO NO PROCEDIMENTO DOS CRIMES CONTRA A VIDA:"*.

5. PEDIDOS NO RECURSO EM SENTIDO ESTRITO

Na mesma linha da explicação dada no tópico anterior, os pedidos do RESE também obedecerão ao fundamento de sua interposição, isto é, estarão alinhados ao motivo que ensejou o seu cabimento. Com raríssimas exceções, o RESE admitirá o uso de teses subsidiárias. Por exemplo, citamos acima o recurso contra a decisão que rejeitar a denúncia ou queixa. Neste caso, o pedido será pelo conhecimento e provimento do recurso para, reformando a decisão atacada, receber a denúncia e determinar o prosseguimento da ação penal.

Nosso segundo exemplo foi da decisão que indeferir o pedido de reconhecimento da extinção da punibilidade. O pedido será pelo conhecimento e provimento do recurso para, reformando a decisão atacada, declarar extinta a punibilidade pela prescrição.

Agora há casos em que se pode ter mais de um pedido. A título de exemplo, quando a situação for de negativa de ordem em *habeas corpus*, os pedidos serão os mesmos desenvolvidos naquele remédio constitucional. Por exemplo, pode-se requerer o trancamento da ação penal, ou a concessão de liberdade ao recorrente, ou mesmo a anulação do processo.

Vê-se, pois, que, identificado o fundamento para a interposição do RESE, necessariamente já se estabelece as teses pertinentes e os eventuais pedidos a serem trabalhados no recurso.

ESTRUTURA DO RECURSO EM SENTIDO ESTRITO - REVISÃO

ENDEREÇAMENTO:

EXCELENTÍSSIMO SENHOR DOUTOR JUIZ DE DIREITO DA ____ VARA CRIMINAL DA COMARCA DE _____ (Regra Geral)

EXCELENTÍSSIMO SENHOR DOUTOR JUIZ FEDERAL DA _____ VARA CRIMINAL DA SEÇÃO JUDICIÁRIA DE _____ (Crimes da Competência da Justiça Federal)

EXCELENTÍSSIMO SENHOR DOUTOR JUIZ DE DIREITO DO JUIZADO ESPECIAL CRIMINAL DA COMARCA _____ (Endereçamento ao Juizado Especial)

Processo número:

(Nome do Recorrente), já qualificado nos autos do processo que lhe move o Ministério Público/Querelante, às fls., por seu advogado formalmente constituído que esta subscreve, vem, respeitosamente, à presença de Vossa Excelência, inconformado com a respeitável sentença de, conforme fls., interpor tempestivamente o presente

RECURSO EM SENTIDO ESTRITO

com fundamento no art. 581, (indicar inciso), do Código de Processo Penal. Em se tratando do CTB, fundamentar no art. 294, parágrafo único da Lei 9.503/97 – Código de Trânsito Brasileiro. Interpondo RESE em face do constante no Decreto-Lei 201, a fundamentação será no art. 2º, III do Decreto-Lei 201/67.

Requer a realização do juízo de retratação, nos termos do art. 589 do Código de Processo Penal e, em sendo mantida a decisão atacada, seja o presente recurso encaminhado a superior instância para o devido processamento e julgamento.

Termos em que,

Pede deferimento.

Comarca, data
Advogado, OAB

ENDEREÇAMENTO:

RAZÕES RECURSO EM SENTIDO ESTRITO RECORRENTE:

RECORRIDO: PROCESSO NÚMERO:

EGRÉGIO TRIBUNAL (DE JUSTIÇA OU REGIONAL FEDERAL)

COLENDA CÂMARA

ÍNCLITOS DESEMBARGADORES

Endereçamento para Turma Recursal dos Juizados Especiais

RAZÕES DO RECURSO EM SENTIDO ESTRITO RECORRENTE:

RECORRIDO: PROCESSO NÚMERO:

EGRÉGIA TURMA RECURSAL

COLENDA TURMA

ÍNCLITOS JULGADORES

1. **Dos Fatos**

Seja mais resumido nos fatos, e mais enfático no resumo do processo. Cita-se o mínimo necessário para os fatos e o máximo para o processo. Deve-se expor como se chegou à sentença.

No final dos fatos, é para, sem pular linhas, fazer um parágrafo com o seguinte teor:

"A respeitável decisão proferida merece ser reformada pelos motivos de fato e direito a seguir aduzidos".

2. **Das Preliminares**

Se for o caso deve-se alegar preliminares. Lembre-se, aqui deve ser feito um apontamento sobre a tese e indicar o artigo correspondente.

3. **Do Mérito**

Fale logo do mérito no primeiro parágrafo, diga o que você quer. Deve-se dizer logo o porquê de você está atacando a sentença. O recurso é uma peça pesada para investir no mérito.

Após falar do mérito você deve logo em seguida falar do direito, mencionando o direito pertinente ao caso e os artigos correlatos.

4. **Do Pedido**

Deve-se fazer um pedido principal de provimento do recurso e reforma da decisão e demais pedidos subsidiários possíveis.

Termos em que,

Pede deferimento.

Comarca, data
Advogado, OAB

CASO PRÁTICO

Elias é um artista de 20 anos de idade, cujo maior sonho é se tornar um famoso cantor de música sertaneja. Inclusive, devido à semelhança na aparência, o jovem é habitualmente confundido com um famoso cantor de música sertaneja, Paulo Pedro. Contudo, por ser de uma família simples, ele jamais teve a oportunidade para se apresentar em um grande evento, limitando-se a cantar em pequenos bares na sua cidade Natal.

Decidido a iniciar a sua carreira nacionalmente, Elias viajou até a cidade de Caculé/BA e, usando de sua semelhança, apresentou-se em diversos locais como o famoso cantor Paulo Pedro. Um empresário da cidade, ao saber da presença do suposto cantor, imediatamente assinou com Elias um contrato para sua apresentação na festa de 15 anos da filha do empresário, a qual foi realizada no dia 12/02/2012.

Dois dias da realização do show de Elias, a autoridade policial da cidade de Caculé/BA tomou ciência da situação e instaurou inquérito policial para apurar o ocorrido. Ouvido perante a delegada responsável pela investigação, o empresário disse não saber que o jovem não era o famoso cantor, pois desde o primeiro contato Elias se apresentou como Paulo Pedro, arrematando que pagou a quantia de R$ 50.000,00 (cinquenta mil reais) pela apresentação. Em seu interrogatório, Elias permaneceu em silêncio.

Concluída a investigação, o inquérito policial foi encaminhado ao Ministério Público, que ofereceu denúncia pela prática do crime de estelionato (art. 171, *caput*, do Código Penal), uma vez que Elias recusou o benefício da suspensão condicional do processo. A denúncia foi recebida em 16/04/2012 e, depois de ser apresentada resposta à acusação, foi designada data para realização de audiência de instrução e julgamento.

Em 07/05/2019, após diversos cancelamentos, o magistrado da 1ª Vara Criminal da Comarca de Caculé/BA determinou novamente a designação da referida audiência. Ato contínuo, a defesa de Elias protocolou requerimento para que a audiência fosse cancelada e que o nobre magistrado declarasse extinta a punibilidade. Não obstante, o pedido defensivo foi indeferido, vindo as partes a serem intimadas no dia 14/05/2019 (terça-feira). Atento ao caso apresentado e tendo como base apenas os elementos fornecidos, elabore o recurso cabível e date-o com o último dia do prazo para a interposição.

GABARITO DO CASO PRÁTICO

Peça: RECURSO EM SENTIDO ESTRITO, com fundamento no artigo 581, inciso IX, do Código de Processo Penal.

Obs.: Pedido de retratação ou efeito regressivo ou iterativo, nos termos do art. 589 do CPP

Competência:

- Interposição para: 1ª VARA CRIMINAL DA COMARCA DE CACULÉ/BA
- Razões para: TRIBUNAL DE JUSTIÇA DO ESTADO DA BAHIA.

Mérito:

- Desenvolvimento fundamento sobre a extinção da punibilidade pela prescrição da pretensão punitiva em abstrato. O crime imputado é punido com pena máxima de 5 anos. Por ser o agente menor de 21 anos, conforme artigo 115 do CP, o prazo para a contagem é reduzido para a metade. Assim, conforme artigo 109, III, do CP, o prazo que era de 12 anos é reduzido para 6 anos. Por ter sido a denúncia recebida em 16/04/2012, a data limite para que a sentença condenatória fosse publicada era dia 15/04/2018. Contudo, até 07/05/2019, ainda não havia ocorrido a realização da audiência de instrução e julgamento. Portanto, há que ser declarada extinta a punibilidade pela prescrição da pretensão punitiva em abstrato, nos termos do art. 107, IV, c/c 109, III, c/c 115, todos do Código Penal.

Pedidos:

- Declaração de extinção da punibilidade pela prescrição da pretensão punitiva em abstrato, nos termos do art. 107, IV, c/c 109, III, c/c 115, todos do Código Penal

Prazo: 20 de maio de 2019 (segunda-feira).

6. RECURSO EM SENTIDO ESTRITO INTERPOSTO PELO ASSISTENTE DE ACUSAÇÃO

Dispõe o artigo 584, § 1º, do Código de Processo Penal:

> Art. 584. Os recursos terão efeito suspensivo nos casos de perda da fiança, de concessão de livramento condicional e dos ns. XV, XVII e XXIV do art. 581. (...)
> § 1º Ao recurso interposto de sentença de impronúncia ou no caso do no VIII do art. 581, aplicar-se-á o disposto nos arts. 596 e 598.

Por sua vez, o art. 598 assevera que:

> Art. 598. Nos crimes de competência do Tribunal do Júri, ou do juiz singular, se da sentença não for interposta apelação pelo Ministério Público no prazo legal, o ofendido ou qualquer das pessoas enumeradas no art. 31, ainda que não se tenha habilitado como assistente, poderá interpor apelação, que não terá, porém, efeito suspensivo.
> Parágrafo único. O prazo para interposição desse recurso será de quinze dias e correrá do dia em que terminar o do Ministério Público.

Os artigos acima transcritos possibilitam a interposição do recurso em sentido estrito pelo assistente de acusação. Isto é, o recurso daquele que não é parte (acusação ou defesa), mas, por algum motivo, tem interesse em ver a decisão reformada ou cassada.

Esclareça-se que o assistente de acusação será admitido enquanto não passar em julgado a sentença e receberá a causa no estado em que se achar (art. 269, CPP):

> Art. 269. O assistente será admitido enquanto não passar em julgado a sentença e receberá a causa no estado em que se achar.

Podendo intervir na qualidade de assistente o ofendido ou seu representante legal, ou, na sua falta, o cônjuge, o ascendente, o descendente ou o irmão da vítima.

Destaque-se que a sistemática do CPP **PRÉVIA** a interposição do RESE pelo assistente de acusação em dois casos:

1. da decisão de impronúncia;
2. da decisão que declarar extinta a punibilidade.

Contudo, o CPP passou a prever contra a decisão de impronúncia a interposição do recurso de apelação, nos moldes do estabelecido no seu art. 416, razão pela qual o assistente de acusação não mais poderá fazer uso do RESE, e sim do recurso de apelação.

Portanto, somente é possível a interposição do recurso em sentido estrito pelo assistente de acusação quando o magistrado decretar a prescrição ou julgar, por outro modo, extinta a punibilidade (art. 581, VIII, CPP). Confira:

> Art. 581. Caberá recurso, no sentido estrito, da decisão, despacho ou sentença:
> [...]
> VIII – que decretar a prescrição ou julgar, por outro modo, extinta a punibilidade;

No que se refere ao prazo para interposição do RESE pelo assistente de acusação, a **regra** é a sua interposição em **5 (cinco) dias** e a apresentação das **razões 2 (dois) dias**. A **exceção** é quando o assistente de acusação **não** estiver habilitado nos autos, sendo a ele concedido o prazo de **15 (quinze) dias**.

> **OBSERVAÇÃO:**
> O prazo para o assistente recorrer, supletivamente, começa a correr imediatamente após o transcurso do prazo do Ministério Público (Súmula 448 do STF).

Destarte, se o assistente de acusação não estiver habilitado nos autos, isto é, se até aquele momento não houver assistente de acusação nomeado na ação penal, faz-se obrigatório requerer **a sua habilitação no termo de interposição**. Mas, **cuidado**, não é adequado o pedido de habilitação feito nas razões do recurso em sentido estrito.

Eis a nossa sugestão de texto para o requerimento de habilitação do assistente de acusação:

JOÃO, nacionalidade, estado civil, profissão, portador do RG nº e inscrito no CPF sob nº, residente e domiciliado a, genitor da vítima, requerendo, desde já, a sua **habilitação** nos autos na qualidade de assistente de acusação, conforme disposto nos artigos 268 e 31, ambos do Código de Processo Penal, por intermédio de seu advogado, que esta subscreve, instrumento de procuração anexa, vem, respeitosamente, à presença de Vossa Excelência, inconformado com a respeitável sentença penal condenatória, conforme fls., interpor tempestivamente o presente

RECURSO EM SENTIDO ESTRITO

com fundamento no **art. 581, inciso VIII, c/c 598**, ambos do Código de Processo Penal, requerendo seja o presente recurso encaminhado a superior instância para o devido processamento e julgamento.

7. RECURSO EM SENTIDO ESTRITO NO PROCEDIMENTO DOS CRIMES CONTRA A VIDA

Como explicamos nas alegações finais no Tribunal do Júri, o procedimento dos crimes contra a vida é bifásico. A primeira fase é denominada de juízo de acusação (*judicium accusationis*) – (arts. 406 a 421 do CPP), que consiste na verificação por um magistrado togado acerca da existência da materialidade e de indícios mínimos de autoria. Por sua vez, a segunda é intitulada de juízo de causa (*judicium causae*) – (arts. 422 a 497), ou seja, o momento em que ocorre o julgamento do réu pelos jurados no Plenário do Tribunal do Júri.

Ressalte-se que, após a fase probatória no juízo de acusação, o magistrado de primeiro grau proferirá uma decisão, qual seja: **pronúncia**, **impronúncia**, **desclassificação** ou **absolvição sumária**.

Cumpre recordar que as decisões de impronúncia (art. 414, CPP) e de absolvição sumária (art. 415, CPP) deverão ser recorridas por meio de apelação (art. 416, CPP).

Feitas essas pequenas considerações, podemos verificar que o recurso em sentido estrito no rito dos crimes contra a vida somente é cabível quando o magistrado **pronunciar** o réu ou proferir **decisão desclassificando** a conduta. Seguindo esse raciocínio, eis alguns aspectos sobre essas duas decisões:

I. pronúncia (413 do CPP): o juiz, fundamentadamente, pronunciará o acusado, se convencido da materialidade do fato e da existência de indícios suficientes de autoria ou de participação;

II. Desclassificação (arts. 418 e 419 do CPP): ocorrerá quando, as provas produzidas nos autos, indicarem que o crime praticado pelo agente não é o mesmo imputado a ele na denúncia.

Por exemplo, o MP denuncia a ré pela prática de homicídio (art. 121, CP), quando, na verdade, os elementos probatórios apontam a prática do crime de infanticídio (art. 123, CP). Essa desclassificação poderá ser:

Própria: quando o novo crime também for de competência do Tribunal do Júri. Exemplo: de homicídio para Infanticídio ou de homicídio para aborto;

Imprópria: quando o novo crime não for de competência do Tribunal do Júri. Exemplo: de homicídio para lesão corporal seguida de morte. Cuidado, sempre que houver a mudança de competência, é necessário requerer a remessa dos autos ao juízo competente!

Mudando o enfoque, o endereçamento da interposição no rito dos crimes contra a vida será para a Vara do Tribunal do Júri e das razões para o Tribunal de 2ª Instância (Tribunal de Justiça Estadual ou Tribunal Regional Federal).

Destaque, por oportuno, que da mesma forma que o RESE no procedimento comum, é essencial requerer na própria INTERPOSIÇÃO o exercício do **juízo de retratação** (art. 589, CPP).

Quanto ao direito (preliminares e mérito), seguiremos o mesmo raciocínio aplicado nas alegações finais, ou seja, podemos ter como tese principal de mérito a absolvição sumária e como teses subsidiárias a impronúncia, a desclassificação e o afastamento de qualificadora ou causa de aumento de pena (teses subsidiárias), além das preliminares já estudadas (nulidades, causas extintivas de punibilidade, etc.), que deverão ser ratificadas no mérito.

Aliás, há uma nulidade que merece muita atenção em sede de RESE no Tribunal do Júri: o **EXCESSO DE LINGUAGEM NA DECISÃO DE PRONÚNCIA**. Conforme se observa do § 1º, do art. 413 do CPP:

> Art. 413. O juiz, fundamentadamente, pronunciará o acusado, se convencido da materialidade do fato e da existência de indícios suficientes de autoria ou de participação.
> § 1o A fundamentação da pronúncia limitar-se-á à indicação da materialidade do fato e da existência de indícios suficientes de autoria ou de participação, devendo o juiz declarar o dispositivo legal em que julgar incurso o acusado e especificar as circunstâncias qualificadoras e as causas de aumento de pena.

A fundamentação na pronúncia será limitada à indicação da materialidade do fato e da existência de indícios suficientes de autoria ou de participação. Ou seja, o juiz não pode manifestar juízo de valor assertivo relativo à autoria e futura imputação, devendo permanecer adstrito a fundamentação de materialidade e indícios de autoria, sob pena de comprometer sobremaneira a convicção dos julgadores integrantes do Conselho de Sentença, visto que referida decisão fica à disposição dos jurados no momento do julgamento em plenário.

Por fim, em relação aos pedidos, é consonante requerer:

I. a absolvição sumária, nos termos do art. 415 do CPP;
II. a impronúncia, nos termos do art. 414 do CPP;
III. a desclassificação, nos termos dos arts. 418 e 419 do CPP;
IV. o afastamento da qualificadora ou da causa de aumento de pena; e
V. o acolhimento das teses referentes às preliminares.

> **CURIOSIDADE:**
>
> Quando o Tribunal, no julgamento do recurso em sentido estrito, acolher a tese defensiva de impronúncia, ele irá reformar a decisão de pronúncia de primeiro grau e impronunciar o recorrente. É o que denominamos de **despronúncia**.

ESTRUTURA DO RECURSO EM SENTIDO ESTRITO (RITO ESPECIAL: CRIMES CONTRA A VIDA) - REVISÃO:

ENDEREÇAMENTO:

EXCELENTÍSSIMO SENHOR DOUTOR JUIZ DE DIREITO DA ___ VARA DO TRIBUNAL DO JÚRI DA COMARCA DE _____ (Crimes da Competência do Tribunal do Júri)

EXCELENTÍSSIMO SENHOR DOUTOR JUIZ FEDERAL DA _____ VARA DO TRIBUNAL DO JÚRI DA SEÇÃO JUDICIÁRIA DE _____ (Crimes da Competência da Justiça Federal)

Processo número:

(Nome do Recorrente), já qualificado nos autos do processo que lhe move o Ministério Público/Querelante, às fls., por seu advogado formalmente constituído que esta subscreve, vem, respeitosamente, à presença de Vossa Excelência, inconformado com a respeitável sentença de   , conforme fls.   , interpor tempestivamente o presente

RECURSO EM SENTIDO ESTRITO

com fundamento no art. 581, inciso IV, do Código de Processo Penal.

Requer a realização do juízo de retratação, nos termos do art. 589 do Código de Processo Penal e, em sendo mantida a decisão atacada, seja o presente recurso encaminhado a superior instância para o devido processamento e julgamento.

Termos em que,

Pede deferimento.

Comarca, data
Advogado, OAB

ENDEREÇAMENTO:

RAZÕES DO RECURSO EM SENTIDO ESTRITO RECORRENTE:

RECORRIDO: PROCESSO NÚMERO:

EGRÉGIO TRIBUNAL (DE JUSTIÇA OU REGIONAL FEDERAL)

COLENDA CÂMARA

ÍNCLITOS DESEMBARGADORES

1. **Dos Fatos**

Seja mais resumido nos fatos, e mais enfático no resumo do processo. Cita-se o mínimo necessário para os fatos e o máximo para o processo. Deve-se expor como se chegou à sentença.

No final dos fatos, é para, sem pular linhas, fazer um parágrafo com o seguinte teor:

"A respeitável decisão proferida merece ser reformada pelos motivos de fato e direito a seguir aduzidos".

2. **Das Preliminares**

Se for o caso deve-se alegar preliminares. Como já foi explicado existe uma sequência a ser seguida. Abra os artigos na seguinte sequência:

1º) Art. 107 CP – Causas extintivas de punibilidade;

2º) Art. 109 CP – Prescrição;

3º) Art. 564 CPP – Nulidades posterior à decisão de pronúncia;

4º) Art. 23 CP – Causas de exclusão de ilicitude e todas as demais causas que deveriam suscitar a rejeição liminar da peça acusatória.

3. **Do Mérito**

Deve-se alegar o que mais salta aos olhos, devendo demonstrar conhecimento. Se nas preliminares citou-se o instituto jurídico, como, por exemplo, legitima defesa, deve discorrer sobre os requisitos da legitima defesa. Deve-se discorrer sobre os institutos demonstrando os requisitos do instituto. Toda vez que falar de uma preliminar deve-se falar no mérito sobre ela em um parágrafo. Deve-se mencionar de forma geral, segundo a melhor doutrina, ou segundo o entendimento da doutrina dominante, ou conforme o entendimento dos tribunais superiores.

Abra os artigos na seguinte ordem:

I. absolvição sumária, nos termos do art. 415 do CPP;
II. impronúncia, nos termos do art. 414 do CPP;
III. desclassificação, nos termos dos arts. 418 e 419 do CPP;
IV. afastamento da qualificadora ou da causa de aumento de pena.

4. Do Pedido

Deve-se fazer um pedido principal de provimento do recurso e reforma da decisão e demais pedidos subsidiários possíveis.

A regra é que o pedido de absolvição sumária seja o seu pedido principal, podendo haver, ainda, os seguintes pedidos subsidiários:

- impronúncia;
- desclassificação;
- afastamento da qualificadora ou da causa de aumento de pena;
- extinção da punibilidade, acolhimento de nulidade ou alguma das causas de rejeição da denúncia.

Termos em que,

Pede deferimento.

Comarca, data
Advogado, OAB

VAMOS TREINAR?

Fábio foi denunciando pela suposta prática do crime previsto no artigo 122 do Código Penal – induzimento, instigação ou auxílio a suicídio – pois teria, de forma livre e consciente, induzido o seu irmão mais novo, Alberto, de 18 anos, a pular da janela do apartamento onde ambos residiam na cidade de Florianópolis/SC, gerando por resultado lesão corporal grave.

Consta na denúncia que, no dia 21/03/2013, na véspera do aniversário de 21 anos de Fábio, Alberto o procurou para lhe pedir o empréstimo da quantia de R$ 4.000,00 (quatro mil reais), para poder pagar o seu anel de noivado. Inconformado com a postura do irmão, Fábio teria dito, na presença de vários amigos, que Alberto só dava despesa para a família e que ele era um irresponsável ao pensar em casamento sem nem ao menos ter a capacidade de arrumar um emprego digno. Ao final, Fábio afirmou que o irmão era um desperdício para toda a sociedade e que o melhor seria que ele mesmo decidisse acabar com sua vida pulando da janela do apartamento.

Nesse instante, já em prantos, Alberto teria ido para o seu quarto e se jogado da janela do primeiro andar, que lhe acarretaram pequenas escoriações nos braços e na perna direita, conforme constatado no laudo de exame de corpo de delito realizado no mesmo dia.

A denúncia foi recebida pelo Juízo da Vara do Tribunal do Júri da Comarca Florianópolis/SC em 22/03/2018 e, após Fábio recusar a proposta de suspensão condicional do processo ofertada pelo Ministério Público e apresentar sua resposta à acusação por meio de seu advogado devidamente constituído nos autos, foi designada data para realização da Audiência de Instrução e Julgamento.

Em 14/05/2018, durante a audiência de instrução e julgamento, e após as declarações de Alberto, bem como a oitiva de todas as testemunhas presentes no dia do fato, Fábio, em seu interrogatório, afirmou ter praticado o crime sem qualquer motivo. Encerrada a mencionada audiência, o Ministério Público solicitou a realização de laudo pericial complementar, o qual confirmou terem sido provocadas apenas lesões corporais de natureza leve em Alberto.

Encerrada a instrução probatória e apresentadas todas as medidas cabíveis até aquele momento processual, o Juízo de primeiro grau decidiu pronunciar Fábio pelo crime apontado na inicial acusatória, sendo a defesa intimada em 22/05/2018 (terça-feira). Atento ao caso apresentado e tendo como base apenas os elementos fornecidos, elabore o recurso cabível e date-o com o último dia do prazo para a interposição.

PADRÃO DE RESPOSTA

EXCELENTÍSSIMO SENHOR DOUTOR JUIZ DE DIREITO DA VARA DO TRIBUNAL DO JÚRI DA COMARCA FLORIANÓPOLIS/SC

Processo número:

Fábio, já qualificado nos autos do processo que lhe move o Ministério Público às fls., por seu advogado e bastante procurador formalmente constituído, que esta subscreve, vem, respeitosamente, à presença de Vossa Excelência, inconformado com a respeitável sentença de pronúncia, conforme fls., interpor tempestivamente o presente

RECURSO EM SENTIDO ESTRITO (RESE)

com fundamento no art. 581, inciso IV, do Código de Processo Penal.

Requer a realização do juízo de retratação, nos termos do art. 589 do Código de Processo Penal e, em sendo mantida a decisão atacada, seja o presente recurso encaminhado a superior instância para o devido processamento e julgamento.

Termos em que,

Pede deferimento.

Florianópolis/SC, 28 de maio de 2018.
Advogado, OAB

RAZÕES DO RECURSO EM SENTIDO ESTRITO

RECORRENTE:

RECORRIDO:

PROCESSO NÚMERO:

EGRÉGIO TRIBUNAL DE JUSTIÇA DO ESTADO DE SANTA CATARINA

COLENDA CÂMARA

ÍNCLITOS JULGADORES

1. Dos Fatos:

O réu foi denunciado pela prática do crime previsto no artigo 122 do Código Penal – induzimento, instigação ou auxílio a suicídio- pois teria, de forma livre e consciente, induzido o seu irmão mais novo, Alberto, de 18 anos, a pular da janela do apartamento onde ambos residiam na cidade de Florianópolis/SC, gerando por resultado lesão corporal grave.

Em seu interrogatório em Juízo, o réu afirmou ter praticado o crime sem qualquer motivo. Encerrada a Audiência de Instrução e Julgamento, o Ministério Público solicitou a realização de laudo pericial complementar, o qual confirmou terem sido provocadas apenas lesões corporais de natureza leve na vítima.

Encerrada a instrução probatória, o Juízo de primeiro grau decidiu pronunciar o réu pelo crime apontado na inicial acusatória, sendo a defesa intimada em 22/05/2018. Inconformada, a defesa interpôs o presente recurso.

2. Preliminares:

Preliminarmente cumpre destacar que no momento do recebimento da peça acusatória que ensejou a presente ação penal, já era manifesta a Prescrição da Pretensão Punitiva, nos termos do art. 109, IV, em combinação com o art. 115, ambos do Código Penal, conforme será demonstrado no mérito, acarretando a extinção da punibilidade do acusado nos termos do art. 107, IV, do Código Penal.

Ainda em sede de preliminar, é mister destacar que a exordial acusatória sequer deveria ter sido recebida, pois sendo manifesta e clara a prescrição da pretensão punitiva não existiria interesse ou necessidade para existência da presente ação penal, devendo a denúncia ter sido rejeitada liminarmente com devido fundamento no art. 395, II, do Código de Processo Penal.

3. Mérito

O art. 122 do Código Penal prevê a conduta de induzir, instigar ou auxiliar ao suicídio, exigindo-se, todavia, para a sua consumação, que haja a morte da vítima ou no mínimo a produção de lesão corporal de natureza grave. Note-se, portanto, que nem toda a lesão provocada na vítima, oriunda da conduta do agente, será suficiente para a consumação do referido crime.

Há que se observar que estão inseridas dentro do resultado punível tão somente a lesão grave propriamente dita e a lesão gravíssima. Isto, porque, não há que que se falar em crime do art. 122 do Código Penal se a vítima suportar apenas lesão corporal de natureza leve, pois para essa hipótese não se previu a imposição de pena.

Feitas essas considerações, a única conclusão pertinente sobre o caso em análise é que a conduta pratica pelo réu é atípica.

Observe-se que o laudo de exame de corpo de delito realizado no mesmo dia constatou apenas escoriações nos braços e na perna direita. Ato contínuo, a requerimento da acusação, foi realizado laudo complementar, o qual confirmou apenas lesões corporais de natureza leve na vítima.

Por conseguinte, havendo apenas as lesões de natureza leve, e não sendo elas abrangidas pelo tipo penal do art. 122 do Código Penal, a sua conduta é atípica, razão pela qual, merece o réu ser absolvido sumariamente nos termos do art. 415, inciso III, do Código de Processo Penal.

Por outro lado, também nos parece pertinente, Excelência, analisar o fato que no momento do recebimento da denúncia era manifesta a prescrição da pretensão punitiva, sendo manifesta a extinção da punibilidade nos termos do art. 107, IV, do Código Penal.

O crime imputado ao réu teria sido praticado em 21 de março de 2013, conforme se depreende dos termos constantes dos autos. Há que se salientar, que o réu praticou o crime na véspera de seu aniversário de 21 anos, razão pela qual, à época dos fatos estava com menos de 21 anos. Por lógica consequência, o réu faz jus à redução pela metade do prazo prescricional nos termos estabelecidos no art. 115 do Código Penal.

Noutro aspecto, é sabido que o crime de induzimento, instigação ou auxílio a suicídio, se resulta lesão corporal grave, é punido com pena máxima de 3 anos, sendo, assim, o seu prazo prescricional, em regra, é de 8 anos, consoante estabelecido no art. 109, IV, do Código Penal. Contudo, conforme dito alhures, por ser o réu menor de 21 anos à época dos fatos, o prazo de 8 anos será reduzido para 4 anos.

Logo, considerando que a denúncia foi recebida em 22 de março de 2018 e o crime fora praticado em 21 de março de 2013, o prazo prescricional de 4 anos transcorreu em sua totalidade, havendo, portanto, que ser declarada extinta a punibilidade pela prescrição da pretensão punitiva em abstrato, com fundamento nos artigos 109, IV, combinado com o art. 115 e ainda combinado com o artigo 107, IV, todos do Código Penal.

Preservando o amor a lide e o fascínio pela aplicação plena do bom Direito, cumpre elencar a não existência de necessidade e interesse processual na instauração da presente ação penal, eivada de vício gerador de nulidade desde a sua gêneses e que em nossa respeitosa opinião, deveria ter sido liminarmente rejeitada por força do disposto no art. 395, II, do Código de Processo Penal.

Na remota hipótese de Vossa Excelência não entender pelas teses anteriormente ventiladas, há que ser o réu impronunciado.

É sabido que para a pronúncia do agente é necessário haver prova da materialidade do fato e da existência de indícios suficientes de autoria. Outrossim, no caso em apreço não há prova da materialidade, visto que, conforme laudos periciais realizados, somente houve pequenas lesões na vítima, o que não é apto a configurar a materialidade delitiva do art. 122 do Código Penal. Por essa razão, necessário se faz a impronúncia do réu, por ausência de materialidade delitiva, nos termos do art. 414 do Código Penal.

4. Pedidos:

Por todo o exposto, a defesa requer a absolvição sumária pela atipicidade da conduta, nos termos do art. 415, III, do Código de Processo Penal, em decorrência da ausência de previsão legal.

Não entendendo vossa excelência pelo pleito de absolvição sumária, que seja declarada extinta a punibilidade pela prescrição da pretensão punitiva em abstrato, com fundamento nos artigos 109, IV, combinado com o art. 115 e ainda combinado com o artigo 107, IV, todos do Código Penal.

Não entendendo vossa excelência pelos pleitos supras, o que não se espera que ocorra, que seja ao menos decretada a anulação do recebimento em virtude da nulidade da falta de condição para o exercício da ação penal, qual seja, o interesse de agir, nos termos do art. 395, II, do Código de Processo Penal.

Por fim, na remota hipótese de não serem acatadas as teses anteriormente expostas, seja o réu impronunciado, pela ausência de prova da materialidade, nos termos do art. 414 do Código de Processo Penal.

Termos em que,

Pede deferimento.

Florianópolis/SC, 28 de maio de 2018.
Advogado, OAB

GABARITO DO CASO PRÁTICO

Peça: RECURSO EM SENTIDO ESTRITO, com fundamento no artigo 581, inciso IV, do Código de Processo Penal.

Obs.: Pedido de retratação ou efeito regressivo ou iterativo, nos termos do art. 589 do CPP

Competência:

- Interposição para: VARA DO TRIBUNAL DO JÚRI DA COMARCA DE FLORIANÓPOLIS/SC
- Razões para: TRIBUNAL DE JUSTIÇA DO ESTADO DE SANTA CATARINA.

Preliminar:
- Nulidade pela rejeição da denúncia por ausência de condição da ação, conforme art. 395, II, CPP;
- Prescrição da Pretensão Punitiva em abstrato.

Mérito:
- Desenvolvimento fundamento sobre a atipicidade da conduta. O crime de Induzimento, instigação ou auxílio a suicídio reclama para a sua consumação a morte da vítima ou ao menos a produção de lesão corporal de natureza grave. No caso do crime praticado por Fábio, houve apenas a produção de lesões corporais leves, conforme demonstrado pelos laudos realizados, sendo sua conduta atípica por falta de previsão lega. Dessa forma, deverá o réu ser absolvido sumariamente, nos termos do art. 415, III, do CPP.
- Desenvolvimento fundamento sobre a extinção da punibilidade pela prescrição. Por ser o agente menor de 21 anos, conforme artigo 115 do CP, o prazo para a contagem é reduzido para a metade. Assim, conforme artigo 109, IV, do CP, o prazo que era de 8 anos é reduzido para 4 anos. Por ter sido a denúncia recebida em 22/03/2018 e a prática do crime em 21/03/2013, há que ser declarada extinta a punibilidade pela prescrição da pretensão punitiva em abstrato, nos termos do art. 107, IV, c/c 109, IV, c/c 115, todos do Código Penal.
- Desenvolvimento fundamento sobre a impronúncia por ausência de materialidade delitiva, nos termos do art. 414 do CPP.

Pedidos:
- Absolvição sumária pela atipicidade da conduta, nos termos do art. 415, III, do CPP;
- Anulação da instrução probatória com base nas preliminares arguidas, quais sejam: Declaração de extinção de punibilidade pela prescrição da pretensão punitiva em abstrato e falta de condição para o exercício da ação penal;
- 7.4) A impronúncia do réu, nos termos do art. 414 do CPP.

Prazo: 28 de maio de 2018 (segunda-feira).

8. CONTRARRAZÕES DE RECURSO EM SENTIDO ESTRITO

Em tópicos anteriores, estudamos que interposto o recurso em sentido estrito, o recorrente, dentro de **2 (dois) dias**, oferecerá as suas razões recursais e, em seguida, será aberta vista ao recorrido por igual prazo para se manifestar sobre o ele (art. 588, CPP).

Essa "manifestação" a ser apresentada depois das razões do recorrente é as **contrarrazões** ao RESE.

As contrarrazões, conquanto não sejam essenciais, são apresentadas pelo recorrido para que o recurso não seja conhecido, ou, do contrário, que os seus pedidos sejam julgados improcedentes. Por exemplo, imagine que o Juiz tenha pronunciado o réu pela prática do crime de infanticídio (art. 123, CP). O MP recorre para que o Tribunal reforme a decisão e pronuncie o réu pelo crime de homicídio (art. 121), enquanto a defesa recorre para que o Tribunal absolva sumariamente o réu. No recurso da acusação, a defesa irá contrarrazoar para que não haja a pronúncia pelo homicídio, e no recurso da defesa, a acusação irá contrarrazoar para que não seja o recorrente absolvido sumariamente.

Pontue-se que as teses mais corriqueiras em sede de contrarrazões são:

A. *Intempestividade do recurso*: deverá se demonstrado que o RESE foi interposto depois de esgotado o prazo de **5 (cinco) dias**. Se acolhida a preliminar de intempestividade, o recurso não será conhecido!

B. *Ilegitimidade da parte ou falta de interesse recursal*: há também teses a serem alegadas em preliminares, a ilegitimidade da parte e/ou a falta do interesse recursal acarretam o não conhecimento do recurso por falta de requisitos de admissibilidade.

C. *Manutenção da decisão proferida*: de forma bastante abrangente, sempre que uma parte interpuser recurso contra uma decisão, caberá a outra apresentar contrarrazões para que não haja alteração na decisão proferida.

Por derradeiro, os pedidos das contrarrazões do RESE poderão ser pelo não conhecimento do recurso interposto ou, ainda, pelo improvimento do recurso, com a manutenção da decisão, ou então que sejam julgados improcedentes os pedidos do recorrente.

ESTRUTURA DAS CONTRARRAZÕES DE RECURSO EM SENTIDO ESTRITO REVISÃO:

ENDEREÇAMENTO:

EXCELENTÍSSIMO SENHOR DOUTOR JUIZ DE DIREITO DA _____VARA CRIMINAL DA COMARCA DE _____(Regra Geral)

EXCELENTÍSSIMO SENHOR DOUTOR JUIZ FEDERAL DA ____ VARA CRIMINAL DA SEÇÃO JUDICIÁRIA DE _____(Crimes da Competência da Justiça Federal)

EXCELENTÍSSIMO SENHOR DOUTOR JUIZ DE DIREITO DA _____ VARA DO TRIBUNAL DO JÚRI DA COMARCA DE _____ (Crimes da Competência do Tribunal do Júri)

EXCELENTÍSSIMO SENHOR DOUTOR JUIZ FEDERAL DA _____ VARA DO TRIBUNAL DO JÚRI DA SEÇÃO JUDICIÁRIA DE _____ (Crimes da Competência da Justiça Federal)

Processo número:

(Nome do Recorrente), já qualificado nos autos do processo que lhe move o Ministério Público/Querelante, às fls. ____, por seu advogado formalmente constituído que esta subscreve, vem, respeitosamente, à presença de Vossa Excelência, apresentar

CONTRARRAZÕES DE RECURSO EM SENTIDO ESTRITO

com fundamento no art. 588, do Código de Processo Penal. Requer que, após o recebimento destas, sejam os autos encaminhados ao Egrégio Tribunal _____, onde serão processados e não provido o recurso.

Termos em que,

Pede deferimento.

Comarca, data
Advogado, OAB

ENDEREÇAMENTO:
CONTRARRAZÕES DE RECURSO EM SENTIDO ESTRITO
RECORRENTE:
RECORRIDO:
PROCESSO NÚMERO:
EGRÉGIO TRIBUNAL (TRIBUNAL DE JUSTIÇA OU TRIBUNAL REGIONAL FEDERAL OU ELEITORAL)
COLENDA CÂMARA
ÍNCLITOS DESEMBARGADORES

1. **Dos Fatos**

Seja mais sucinto no resumo dos fatos e mais enfático no resumo do processo. Cita-se o mínimo necessário para os fatos e o máximo para o processo. Não precisa fazer dois pontos distintos, falar quando houve a publicação da sentença é fase processual, deve-se expor como se chegou até a sentença.

No final dos fatos, é para, sem pular linhas, fazer um parágrafo com o seguinte teor:

"*A respeitável decisão proferida NÃO merece ser reformada pelos motivos de fato e direito a seguir aduzidos*".

2. **Das Preliminares**

Se for o caso deve-se alegar preliminares. Pode-se arguir como preliminares de contrarrazões, entre outras:

1º) Intempestividade do recurso;

2º) Ilegitimidade da parte ou falta de interesse recursal.

3. **Do Mérito**

As teses de mérito em sede de contrarrazões deverão ser desenvolvidas para que a decisão atacada seja mantida. Lembre-se, nesse momento processual seu cliente não tem o interesse em vê-la reformada.

4. **Do Pedido**

Os pedidos poderão ser:

4.1) para que o recurso interposto não seja conhecido; ou

4.2.) para que a decisão seja mantida pelos seus próprios méritos.

Termos em que,

Pede deferimento.

Comarca, data

Advogado, OAB

9.
EMBARGOS DE DECLARAÇÃO

1. INTRODUÇÃO

Os embargos de declaração são cabíveis sempre que determinada decisão judicial – seja ela proferida por um Magistrado de primeiro grau ou mesmo por um Tribunal – contenha vícios que prejudiquem a sua exata compreensão. Ressalte-se não se tratar de mera discordância de mérito da decisão combatida, e sim de uma impropriedade em seu teor que afeta a sua clareza e/ou a precisa aplicação do direito.

A propósito, confira o entendimento jurisprudencial do Colendo Superior Tribunal de Justiça:

> EMBARGOS DE DECLARAÇÃO NO AGRAVO REGIMENTAL NOS EMBARGOS DE DIVERGÊNCIA EM RECURSO ESPECIAL. DOSIMETRIA. CIRCUNSTÂNCIA JUDICIAL.
> ACRÉSCIMO. VALOR DETERMINADO. NÃO OCORRÊNCIA. DISSENSO NÃO CONFIGURADO. REJULGAMENTO. IMPOSSIBILIDADE. EMBARGOS REJEITADOS.
> *1. Conforme dispõe o art. 619 do Código de Processo Penal, os embargos de declaração destinam-se a suprir omissão, afastar obscuridade, eliminar contradição ou ambiguidade existentes no decisum.*
> *2. A pretensão de rediscutir matéria devidamente abordada e decidida no acórdão embargado, consubstanciada na mera insatisfação com o resultado da demanda, é incabível na via dos embargos de declaração.*
> *3. Embargos de declaração rejeitados.* (STJ, EDcl no AgRg nos EREsp 1349000/PB, Rel. Min. Laurita Vaz, Terceira Seção, DJe 21/09/2018, destaques acrescidos).

2. CABIMENTO

Como visto acima, os embargos de declaração serão cabíveis quando houver:

2.1. *Omissão*: Haverá omissão quando o Magistrado deixar de se manifestar acerca de questão apontada pela acusação ou pela defesa. Por exemplo, em sede de alegações finais por memoriais, a defesa alegou como tese a existência de causa extintiva de punibilidade e, também, a atipicidade da conduta. Contudo, ao proferir a sentença penal condenatória, o Juiz não analisou a alegada atipicidade da conduta.

2.2. *Contradição*: Haverá contradição quando na decisão judicial ocorrer um conflito de ideias, tornando-as incompatíveis. Por exemplo, o Juiz reconhece que o agente delituoso agiu em legítima defesa, nos exatos termos do artigo 25 do Código Penal, porém, o condena pela prática do delito em questão.

2.3. *Obscuridade*: Haverá obscuridade quando a decisão proferida não permitir a exata compreensão do seu teor. Por exemplo, ao apreciar a tese da defesa sobre a coação moral irresistível, o Juiz a afasta, mas o faz usando fundamentos confusos.

2.4. *Ambiguidade*: Haverá ambiguidade quando a decisão proferida permitir duas ou mais interpretações acerca de uma mesma questão.

3. FUNDAMENTO

Os embargos de declaração poderão ser opostos contra:

A. Decisão proferida por **Magistrado de primeiro grau**. Neste caso, o fundamento será o artigo 382 do Código de Processo Penal:

> Art. 382. *Qualquer das partes poderá, no prazo de 2 (dois) dias, pedir ao juiz que declare a sentença, sempre que nela houver obscuridade, ambiguidade, contradição ou omissão.*

B. Decisão proferida por **Tribunal**. Neste caso, o fundamento será o artigo 619 do Código de Processo Penal:

> Art. 619. *Aos acórdãos proferidos pelos Tribunais de Apelação, câmaras ou turmas, poderão ser opostos embargos de declaração, no prazo de dois dias contados da sua publicação, quando houver na sentença ambiguidade, obscuridade, contradição ou omissão.*

OBSERVAÇÃO:
No caso dos Juizados Especiais Criminais, o fundamento dos embargos de declaração será o artigo 83 da Lei nº 9.099/95.

4. PRAZO

Em regra, o prazo dos embargos de declaração é de 2 (dois) dias, mas, no âmbito dos Juizados Especiais Criminais o prazo será de 5 (cinco) dias (artigo 83, § 1º, da Lei nº 9.099/95). Confira:

> Art. 83. Cabem embargos de declaração quando, em sentença ou acórdão, houver obscuridade, contradição ou omissão.
>
> § 1º Os embargos de declaração serão opostos por escrito ou oralmente, no prazo de *cinco dias*, contados da ciência da decisão.

OBSERVAÇÃO:

Os embargos de declaração não possuem efeito suspensivo, mas a sua oposição interromperá o prazo para a interposição de outros recursos, **exceto quando manifestamente incabíveis** ou **intempestivos**. Por exemplo, proferida uma sentença penal condenatória e opostos os declaratórios, somente após o seu julgamento é que será iniciado o prazo para interposição do recurso de apelação.

ESTRUTURA DOS EMBARGOS DE DECLARAÇÃO - REVISÃO:

ENDEREÇAMENTO:

EXCELENTÍSSIMO SENHOR DOUTOR JUIZ DE DIREITO DA _____ VARA CRIMINAL DA COMARCA DE _____
(Regra Geral)

ou

EXCELENTÍSSIMO SENHOR DOUTOR JUIZ FEDERAL DA _____ VARA CRIMINAL DA SEÇÃO JUDICIÁRIA DE _____
(Crimes da Competência da Justiça Federal)

ou

EXCELENTÍSSIMO SENHOR DOUTOR JUIZ DE DIREITO DA _____ VARA DO TRIBUNAL DO JÚRI DA COMARCA DE _____ (Crimes da Competência do Tribunal do Júri)

ou

EXCELENTÍSSIMO SENHOR DOUTOR JUIZ FEDERAL DA _____ VARA DO TRIBUNAL DO JÚRI DA SEÇÃO JUDICIÁRIA DE _____
(Crimes da Competência da Justiça Federal)

ou

EXCELENTÍSSIMO SENHOR DOUTOR JUIZ DE DIREITO DO JUIZADO ESPECIAL DA COMARCA DE _____ (Crimes de Competência de Juizado Especial Estadual)

ou

EXCELENTÍSSIMO SENHOR DOUTOR JUIZ FEDERAL DO JUIZADO ESPECIAL FEDERAL DA SEÇÃO JUDICIÁRIA DE _____ (Crimes de Competência de Juizado Especial Federal)

ou

EXCELENTÍSSIMO SENHOR DOUTOR JUIZ DE DIREITO DO ____ JUIZADO ESPECIAL CRIMINAL DA COMARCA _____ (Endereçamento do Juizado Especial Criminal)

ou

EXCELENTÍSSIMO SENHOR DESEMBARGADOR DO TRIBUNAL DE JUSTIÇA DO ESTADO _____ (Endereçamento do Tribunal de Justiça Estadual)

ou

EXCELENTÍSSIMO SENHOR DESEMBARGADOR DO TRIBUNAL REGIONAL FEDARAL DA _____ REGIÃO (Endereçamento do Tribunal Regional Federal)

Processo número:

(Nome do Recorrente), já qualificado nos autos do processo que lhe move o Ministério Público/Querelante, às fls. ____, por seu advogado formalmente constituído que esta subscreve, vem, respeitosamente, à presença de Vossa Excelência, inconformado com a respeitável decisão de _____, conforme fls. ____, opor tempestivamente

EMBARGOS DE DECLARAÇÃO

com fundamento no art. 382 (no caso de decisão de primeiro grau) _____ ou art. 619 (no caso de decisão de Tribunal), ambos do Código de Processo Penal, art. 83 da Lei 9.099/95 – Lei dos Juizados Especiais Criminais (no caso de Juizado Especial Criminal), pelos seguintes fundamentos:

1. **Vício(s) da decisão embargada:**

Deverá ser apontado que a decisão proferida contém uma omissão, contradição, obscuridade ou ambiguidade.

Importante: Não é pertinente questionar o mérito ou os fundamentos da decisão proferida, mas apenas os vícios acima elencados.

2. **Do Pedido:**

Acolhimento dos embargos de declaração, para sanar o vício apontado (omissão, contradição, obscuridade ou ambiguidade).

Termos em que,

Pede deferimento.

Comarca, data
Advogado, OAB

VAMOS TREINAR?

Camilo, primário e de bons antecedentes, foi denunciado pela prática do crime previsto no artigo 155 do Código Penal. A denúncia foi oferecida em 14/5/2012, pois Camilo não aceitou o *sursis* processual, e, em 23/5/2012, o Juízo da Primeira Vara Criminal da Comarca de São Paulo/SP recebeu a denúncia.

A Audiência de Instrução em Julgamento foi realizada em 14/7/2015, tendo o réu confessado a prática do crime exposto na denúncia.

O Magistrado de primeiro grau, após apresentação das respectivas alegações finais, o condenou nos exatos termos da denúncia, estabelecendo a pena em 2 anos e 6 meses, em regime aberto, e substituindo a pena privativa de liberdade por duas restritivas de direito. A sentença foi publicada em 30/8/2016 e a acusação não recorreu.

Inconformada, a defesa de Camilo interpôs recurso de apelação requerendo fosse reduzida a pena para 1 ano e, consequentemente, fosse declarada extinta a punibilidade pela prescrição.

Não obstante, a 1ª Câmara Criminal do Tribunal de Justiça de São Paulo, de forma unânime, deu provimento ao recurso defensivo, reduzindo a pena para 1 ano e 6 meses, mas não se manifestou acerca do segundo pedido defensivo.

Em face da situação hipotética apresentada, e considerando que a defesa foi intimada do acórdão no dia 07/02/2017 (terça-feira), redija, na qualidade de advogado(a) constituído(a) de Camilo, a peça processual, privativa de advogado, pertinente à defesa de seu cliente. Em seu texto, não crie fatos novos, inclua a fundamentação legal e jurídica, explore as teses defensivas e date o documento no último dia do prazo para protocolo.

PADRÃO DE RESPOSTA

EXCELENTÍSSIMO SENHOR DOUTOR DESEMBARGADOR RELATOR DO TRIBUNAL DE JUSTIÇA DO ESTADO DE SÃO PAULO

Processo número:

Camilo, já qualificado nos autos do processo que lhe move o Ministério Público/Querelante, às fls. ____, por seu advogado formalmente constituído que esta subscreve, vem, respeitosamente, à presença de Vossa Excelência, inconformado com o v. acórdão de fls.. opor tempestivamente

EMBARGOS DE DECLARAÇÃO

com fundamento no art. 619 do Código de Processo Penal, pelos seguintes fundamentos:

1. Omissão na decisão embargada:

Conforme se observa do recurso de apelação anteriormente interposto, requereu-se que a pena fixada pelo nobre magistrado de primeiro grau fosse reduzida para 1 ano e, consequentemente, fosse declarada extinta a punibilidade pela prescrição.

Não obstante a Colenda Câmara Criminal de Egrégio Tribunal de Justiça Estadual tenha dado provimento ao mencionado recurso para reduzir a pena de 2 anos e 6 meses para 1 ano e 6 meses, não se manifestou acerca do segundo pedido de extinção da punibilidade, donde se verifica a referida omissão.

Esclareça-se, por oportuno, que uma vez fixada a pena em 1 anos e 6 meses de reclusão, o prazo prescricional é de 4 anos, conforme artigo 109, inciso V, do Código Penal. Assim, considerando que a denúncia foi recebida em 23/05/2012 e a sentença pena condenatória publicada em 30/08/2016, a pretensão punitiva do Estado foi fulminada pela prescrição.

2. Do Pedido:

Por todo o exposto, requer o acolhimento dos presentes embargos de declaração para, suprindo a omissão apontada, declarar extinta a punibilidade pela prescrição da pretensão punitiva.

Termos em que,

Pede deferimento.

São Paulo, capital do Estado de São Paulo, 09 de fevereiro de 2017.
Advogado, OAB

GABARITO

Peça: EMBARGOS DE DECLARAÇÃO, com fundamento no art. 619, do Código de Processo Penal.

Competência: EXCELENTÍSSIMO SENHOR DOUTOR DESEMBARGADOR DO TRIBUNAL DE JUSTIÇA DE SÃO PAULO.

Tese:

- Indicação da omissão da tese de extinção de punibilidade pela prescrição.

Pedido:

- Pedido para acolher os embargos de declaração e sanar a omissão apontada, declarando-se extinta a punibilidade pela prescrição da pretensão punitiva.

Prazo: 09 de fevereiro de 2017.

10.
CARTA TESTEMUNHÁVEL

1. INTRODUÇÃO

A carta testemunhável é o recurso cabível contra a decisão de magistrado de primeiro grau que denegar o recurso ou, que após admiti-lo, obste à sua expedição e o seu seguimento.

Em regra geral, a carta testemunhável serve para testemunhar ao Tribunal que o juiz deveria ter remetido o recurso à superior instância. Como o recurso foi recebido, mas encontra-se inviabilizada sua análise pelo Tribunal competente em face da inércia do juiz, que não promoveu sua subida, será preciso garantir que o Tribunal seja cientificado do ocorrido para que tome as providências devidas.

2. FUNDAMENTO

Dispõe o artigo 639 do Código de Processo Penal:

> Art. 639. Dar-se-á carta testemunhável:
> I – da decisão que denegar o recurso;
> II – da que, admitindo embora o recurso, obstar à sua expedição e seguimento para o juízo ad quem.

3. CABIMENTO

Como visto acima, a carta testemunhável será cabível quando o recurso for denegado ou admitindo embora o recurso, obstar à sua expedição e seguimento para o juízo *ad quem*.

Contudo, é necessário destacar que o referido recurso tem **natureza residual**, ou seja, somente será cabível se não houver hipótese de interposição de outro recurso. Por exemplo, denegada a apelação caberá recurso em sentido estrito (art. 581, XV, do CPP). Por outro lado, denegado o recurso especial ou o recurso extraordinário será cabível o agravo de instrumento (art. 1.042, I, do CPC). Já se o recurso denegado for os embargos infringentes e de nulidade será possível interpor o agravo regimental (com previsão no regimento interno do respectivo Tribunal).

Assim, para a doutrina majoritária, somente será cabível a carta testemunhável nos casos de se tratar de recurso em sentido estrito ou agravo em execução.

Vejamos um exemplo:

DENEGAÇÃO DE:	RECURSO CABÍVEL:	DENEGAÇÃO DE:	RECURSO CABÍVEL:
APELAÇÃO	RESE	RESE	CARTA TESTEMUNHÁVEL

OBSERVAÇÃO:

O artigo 645 do CPP assevera que o *"processo da carta testemunhável na instância superior seguirá o processo do recurso denegado"*. Portanto, as mesmas particularidades do recurso em sentido estrito e do agravo em execução deverão ser aplicadas à carta testemunhável, inclusive, **o juízo de retratação**.

4. PRAZO

Embora o artigo 640 do CPP estabeleça que o prazo da carta testemunhável seja de **48 (quarenta e oito) horas**, a sua contagem em hora dependerá da certificação do horário exato da intimação do recorrente. Caso contrário, o prazo para interposição será de **2 (dois) dias e outros 2 (dois)** para apresentação das razões.

ESTRUTURA DA CARTA TESTEMUNHÁVEL - REVISÃO:

ENDEREÇAMENTO:

ILUSTRÍSSIMO SENHOR ESCRIVÃO CHEFE DA _____ VARA DO TRIBUNAL DO JÚRI DA COMARCA DE _____

Processo número:

(Nome do Recorrente), já qualificado nos autos do processo que lhe move o Ministério Público/Querelante, às fls. ____, por seu advogado formalmente constituído que esta subscreve, vem, respeitosamente, à presença de Vossa Excelência, inconformado com a respeitável decisão de _____, conforme fls. ____, requerer a extração da presente

CARTA TESTEMUNHÁVEL

com fundamento no art. 639 e seguintes do Código de Processo Penal.

Requer, assim, seja efetuado o traslado das seguintes peças, para a formação da presente carta:

Diante do exposto, requer seja extraída carta testemunhável e, após submetida ao juízo de retratação de que trata o art. 589 do Código de Processo Penal, se mantida a decisão pelo douto juízo, que seja a mesma encaminhada ao Egrégio Tribunal de Justiça.

Nestes termos,

Espera seguimento.

Local, data.

Advogado, OAB

ENDEREÇAMENTO:

RAZÕES DE CARTA TESTEMUNHÁVEL

RECORRENTE:

RECORRIDO:

PROCESSO NÚMERO:

EGRÉGIO TRIBUNAL

COLENDA CÂMARA

ÍNCLITOS DESEMBARGADORES

1. **Dos Fatos**

Seja mais sucinto no resumo dos fatos e mais enfático no resumo do processo. Cita-se o mínimo necessário para os fatos e o máximo para o processo.

2. **Do Direito:**

Você deverá demonstrar o equívoco do magistrado que denegou o recurso.

3. **Do Pedido:**

Conhecimento e provimento do recurso, para que seja regularmente processado o recurso denegado (recurso em sentido estrito ou agravo em execução).

Termos em que,

Pede deferimento.

> Comarca, data
> Advogado, OAB

CASO PRÁTICO

Cláudio foi denunciado pela prática do crime de homicídio duplamente qualificado, previsto no art. 121, § 2º, III e IV, Código Penal. Segundo consta na denúncia, o denunciado, juntamente com Ricardo, navega em uma lancha, quando, em razão de uma manobra imprudente de Cláudio, houve uma colisão com uma pedra, o que causou uma fissura no veículo. Ato contínuo, para se salvar, o denunciado golpeou Ricardo, que veio a falecer por afogamento.

Em suas declarações em juízo, Cláudio disse que, quando percebeu que a lancha ia afundar, a vítima correu para pegar a única boia e, para poder se proteger, o denunciado necessitou tomá-la, usando de sua força para derrubá-lo no chão. Disse, ainda, que, após empurrar Roberto, percebeu que ele estava desacordado, mas infelizmente não poderia salvá-lo, uma vez que a boia era para apenas uma pessoa.

Encerrada a instrução probatória, não havendo qualquer nulidade a ser sanada, as partes foram intimadas para apresentar as suas alegações finais por memoriais, tendo o representando do MP postulado pela pronúncia e a defesa pela absolvição sumária do denunciado.

Entendendo pela existência de prova de materialidade e de indícios suficientes de autoria, o magistrado proferiu decisão de pronúncia nos exatos termos da denúncia em 07/05/2019. Inconformada, a defesa de Cláudio interpôs, no dia 13/05/2018, Recurso em Sentido Estrito, fundamentando-o no art. 581, IV, do Código de Processo Penal.

Não obstante, o magistrado da 1ª Vara do Tribunal do Júri da Comarca do Rio de Janeiro/RJ entendeu por bem denegar o recurso, em razão de sua intempestividade, sendo a defesa intimada no dia

20/05/2019 (segunda-feira). Na condição de advogado do réu, e com base somente nas informações de que dispõe e nas que podem ser inferidas pela situação narrada acima, redija a peça cabível, no último dia do prazo, excluindo a possibilidade de impetração de *Habeas Corpus*, sustentando, para tanto, as teses jurídicas pertinentes.

PADRÃO DE RESPOSTA

ILUSTRÍSSIMO SENHOR ESCRIVÃO CHEFE DA 1ª VARA DO TRIBUNAL DO JÚRI DA COMARCA DO RIO DE JANEIRO DO ESTADO DO RIO DE JANEIRO.

Processo número:

Cláudio, já qualificado nos autos do processo que lhe move o Ministério Público/Querelante, às fls. ____, por seu advogado formalmente constituído que esta subscreve, vem, respeitosamente, à presença de Vossa Excelência, inconformado com a respeitável decisão de _____, conforme fls. ____, requerer a extração da presente

CARTA TESTEMUNHÁVEL

com fundamento no art. 639, inciso II, do Código de Processo Penal. Requer, assim, seja efetuado o traslado integral do presente processo, para a formação da presente carta.

Diante do exposto, requer seja extraída carta testemunhável e, após submetida ao juízo de retratação de que trata o art. 589 do Código de Processo Penal, se mantida a decisão pelo douto juízo, que seja encaminhada ao Egrégio Tribunal de Justiça do Estado do Rio de Janeiro.

Nestes termos,

Espera seguimento.

Rio de Janeiro, capital do Estado do Rio de Janeiro, 22 de maio de 2019.
Advogado, OAB

RAZÕES DE CARTA TESTEMUNHÁVEL

RECORRENTE:
RECORRIDO:
PROCESSO NÚMERO:
EGRÉGIO TRIBUNAL DE JUSTIÇA DO ESTADO DO RIO DE JANEIRO
COLENDA CÂMARA
ÍNCLITOS DESEMBARGADORES

1. Dos Fatos

O recorrente foi pronunciado pela suposta prática do crime de homicídio qualificado, previsto no art. 121, § 2º, III e IV, Código Penal, tendo ele sido intimado em 07/05/2019. Ato contínuo, foi interposto recurso em sentido estrito em 13/06/2019, mas o nobre magistrado de primeiro grau o denegou, sustentando, para tanto, a sua intempestividade.

Em face dessa absurda decisão, com todas as vênias devidas, é que se apresenta carta testemunhável.

2. Do Direito:

Dispõe o art. 586 do CPP que o recurso em sentido estrito será interposto no prazo de 5 dias. Por sua vez, o artigo 798, *caput* e seu § 1º, do CPP afirmam que todos os prazos correrão em cartório e serão contínuos e peremptórios, não se interrompendo por férias, domingo ou dia feriado, não se computando no prazo o dia do começo, incluindo-se, porém, o do vencimento.

No caso em apreço, a defesa foi intimada da decisão objeto do RESE no dia 07/05/2019, iniciando-se o quinquídio legal no dia 08/05/2019 e, portanto, finalizando dia 13/05/2019, data de sua interposição. Assim, o referido recurso foi interposto no último dia do prazo, não havendo, por conseguinte, que se falar em intempestividade.

3. Do Pedido:

Por todo o exposto, requer o conhecimento e provimento do recurso, para que seja regularmente processado o recurso denegado, afastando-se a alegada intempestividade recursal.

Termos em que,
Pede deferimento.

Rio de Janeiro, capital do Estado do Rio de Janeiro, 22 de maio de 2019.

Advogado, OAB

GABARITO

<u>Peça</u>: CARTA TESTEMUNHÁVEL, com fundamento no artigo 639, I, do Código de Processo Penal.

<u>Competência</u>:

- Interposição para: ESCRIVÃO DA 1ª VARA DO TRIBUNAL DO JÚRI DA COMARCA DO RIO DE JANEIRO/RJ;
- Razões para: TRIBUNAL DE JUSTIÇA DO ESTADO DO RIO DE JANEIRO.

<u>Retratação</u>:

- Considerando que o procedimento a ser aplicado no julgamento da carta testemunhável é o do recurso denegado, faz-se necessário requerer o juízo de retratação, conforme art. 645 c/c 589, ambos do CPP.

<u>Mérito</u>:

- Desenvolvimento fundamentado acerca do erro na contagem do prazo para interposição do recurso em sentido estrito. O prazo do referido recurso é de 5 (cinco) dias e, considerando que a defesa foi intimada no dia 07/05/2019, o último dia do quinquídio era dia 13/05/2019, data em que foi interposto pela defesa.

<u>Pedidos</u>:

- Recebimento e conhecimento do recurso para, dando-lhe provimento, determinar o normal prosseguimento do recurso em sentido estrito.

<u>Prazo</u>: 22 de maio de 2019 (segunda-feira).

11.
EMBARGOS INFRINGENTES E DE NULIDADE

1. INTRODUÇÃO

Os embargos infringentes e de nulidades, considerados pela doutrina majoritária como 2 (**dois**) recursos com o mesmo fundamento legal, destinam-se a impugnar acórdãos proferidos por Tribunais de segunda instância, não unânimes (ou seja, por maioria), em sede de apelação, recurso em sentido estrito, agravo em execução ou carta testemunhável, e desfavoráveis ao réu.

Em suma, são requisitos essenciais para o cabimento dos embargos infringentes e de nulidade:

A. Tenha sido proferido um acórdão por um Tribunal de segunda instância;
B. A decisão não tenha sido unânime;
C. O acórdão seja proferido em sede de apelação, recurso em sentido estrito ou agravo em execução; e
D. seja desfavorável ao réu.

> **OBSERVAÇÃO:**
> A acusação jamais poderá opor os embargos infringentes e de nulidade, pois trata-se de recurso exclusivo da defesa.

2. COMPETÊNCIA PARA JULGAMENTO

Quando um recurso é julgado por um Tribunal de 2º Grau, a decisão não mais será proferida por um único julgado, mas sim por um colegiado, o qual, em regra, é formado por pelo menos 3 (três) desembargadores. Uma vez iniciada a sessão de julgamento, o acórdão poderá ser proferido de forma unânime, quando todos os julgadores estiverem o mesmo posicionamento sobre determinada questão, ou por maioria, quando houver divergência entre os julgadores.

Nesse ponto, se a divergência existente for de alguma forma prejudicial ao réu, por exemplo, dois Desembargadores entenderam pela condenação e o terceiro pela absolvição, deverá haver um novo julgamento por meio outro órgão daquele mesmo Tribunal.

Note-se, não se tratar de um recurso a ser julgado por outro Tribunal. A alteração será apenas em relação ao órgão julgador. À título de exemplo, no Tribunal de Justiça de São Paulo, compete à Turma Criminal julgar o recurso de apelação, enquanto à Câmara Criminal julgar os embargos infringentes e de nulidade.

Importante destacar, ainda, que a divergência existente no acórdão poderá ser parcial. Por exemplo, em um recurso de apelação a defesa sustentou a existência de uma tese de extinção da punibilidade pela prescrição e outra tese de absolvição por atipicidade da conduta. Os Desembargadores, no entanto, entenderam, por unanimidade, não ter ocorrido a prescrição, mas, em relação à atipicidade da conduta, um dos Desembargadores entendeu pela absolvição do réu. Neste caso, somente será cabível os embargos em relação à absolvição pela atipicidade da conduta.

Assim, sempre que a divergência for apenas em relação à determinada matéria, os embargos serão restritos a ela, **não podendo a defesa requerer o reexame da matéria já decidida por unanimidade**.

3. FUNDAMENTO

Os embargos infringentes e de nulidade são previstos no art. 609, parágrafo único do Código de Processo Penal:

> *Art. 609. Os recursos, apelações e embargos serão julgados pelos Tribunais de Justiça, câmaras ou turmas criminais, de acordo com a competência estabelecida nas leis de organização judiciária.*
> *Parágrafo único. Quando não for unânime a decisão de segunda instância, desfavorável ao réu, admitem-se embargos infringentes e de nulidade, que poderão ser opostos dentro de 10 (dez) dias, a contar da publicação de acórdão, na forma do art. 613. Se o desacordo for parcial, os embargos serão restritos à matéria objeto de divergência.*

4. PRAZO

O prazo para oposição de embargos infringentes e de nulidade é de **10 dias** (nesse prazo deverá ser oposto o recurso e apresentada as razões recursais, **não havendo previsão legal para apresentação posterior das razões**).

> **CUIDADO:**
>
> Como apontado acima, havendo matéria unânime e matéria divergente no acórdão, os embargos infringentes e de nulidade somente poderão versar sobre a questão não unânime. Por outro lado, a questão unânime poderá ser questionada por meio de outros recursos (especial e/ou extraordinário), **mas a sua interposição somente deverá ocorrer após o julgamento dos embargos infringentes e de nulidade** (interposição sucessiva e não simultânea).

DICA: A doutrina majoritária entende que os embargos infringentes e de nulidade são dois recursos com o mesmo fundamento legal (art. 609, parágrafo único do CPP). Dessa maneira, será cabível os embargos infringentes quando a matéria divergente for de mérito (absolvição, desclassificação, dosimetria da pena, etc.) e os embargos de nulidade quando a divergência for sobre o reconhecimento de uma nulidade.

Ademais, havendo divergência sobre uma matéria de mérito e uma nulidade, será cabível a interposição dos embargos infringentes e de nulidade.

ESTRUTURA DOS EMBARGOS INFRINGENTES E DE NULIDADE - REVISÃO:

ENDEREÇAMENTO:

EXCELENTÍSSIMO SENHOR DOUTOR DESEMBARGADOR DO TRIBUNAL DE JUSTIÇA DO ESTADO _____ (Endereçamento do Tribunal de Justiça Estadual)

ou

EXCELENTÍSSIMO SENHOR DOUTOR DESEMBARGADOR DO TRIBUNAL REGIONAL FEDARAL DA _____ REGIÃO (Endereçamento do Tribunal Regional Federal)

Processo número:

(Nome do Recorrente), já qualificado nos autos do processo que lhe move o Ministério Público/Querelante, às fls. ____, por seu advogado formalmente constituído que esta subscreve, vem, respeitosamente, à presença de Vossa Excelência, inconformado com o respeitável acordão de _____, conforme fls. ____, opor tempestivamente

EMBARGOS DE INFRINGENTES E DE NULIDADE

com fundamento no art. 609, parágrafo único, do CPP, requerendo seja determinado o seu processamento, bem como das razões anexas.

Termos em que,

Pede deferimento.

Comarca, data
Advogado, OAB

RAZÕES DE EMBARGOS INFRINGENTES E DE NULIDADE

RECORRENTE:

RECORRIDO:

PROCESSO NÚMERO:

EGRÉGIO (TRIBUNAL DE JUSTIÇA OU TRIBUNAL REGIONAL FEDERAL)

COLENDA TURMA

ÍNCLITOS DESEMBARGADORES

1. **Dos Fatos**

Seja mais sucinto no resumo dos fatos e mais enfático no resumo do processo. Cita-se o mínimo necessário para os fatos e o máximo para o processo.

2. **Do Direito:**

Fale logo do mérito, diga o que você quer. Deve-se dizer logo o porquê de você está atacando o acórdão. O recurso é uma peça pesada para investir no mérito, mas se limitando ao ponto divergente.

Após falar do mérito você deve logo em seguida falar do direito, mencionando o direito pertinente ao caso e os artigos correlatos, bem como requer que "prevaleça o voto vencido".

3. **Do Pedido:**

Deve-se requer o provimento dos embargos infringentes e de nulidade, para, prevalecendo o voto vencido, reconhecer a tese pertinente (apontar qual a tese).

Termos em que,

Pede deferimento.

                          Comarca, data
                          Advogado, OAB

CASO PRÁTICO

Edivaldo foi denunciado pela suposta prática do crime de estupro, previsto no art. 213 do Código Penal, pois teria, mediante violência, praticado conjunção carnal com Eleonora. A denúncia foi recebida em 19/06/2017, vindo a ser recebida pelo magistrado da 1ª Vara Criminal de Porto Alegre/RS dois dias depois.

Após a apresentação da resposta à acusação e mantida a decisão que recebeu a denúncia, foi designada data para realização da audiência de instrução e julgamento. Ato contínuo, iniciado o ato, foram ouvidas a vítima, as testemunhas de acusação e defesa, nessa ordem, e, por último, o réu.

No dia 16/10/2018, o magistrado proferiu sentença penal condenatória, estabelecendo a pena de 10 (dez) anos de reclusão em regime inicial fechado. A referida decisão foi publicada no dia 18/10/2018 e apenas a defesa interpôs recurso de apelação, sustentando, para tanto, como única tese de defesa a aplicação do princípio do *in dubio pro reo*.

O Ministério Público apresentou as suas contrarrazões ao recurso de apelação e, posteriormente, os autos foram conclusos ao relator, Desembargador Nilton. No dia 12/03/2019, o aludido recurso foi levado a julgamento na 1ª Câmara Criminal do Tribunal de Justiça do Estado do Rio Grande do Sul. Em seu voto, o relator se manifestou pelo provimento do recurso, uma vez que, conquanto para crimes dessa natureza a palavra da vítima tenha especial importância, todas as testemunhas ouvidas em juízo disseram não terem presenciado o ocorrido. Além disso, em seu interrogatório, o apelante apresentou cópia de uma passagem de avião em seu nome com data de embarque no mesmo dia da suposta conduta praticada. Portanto, não havendo nos autos provas que corroborassem com as declarações da vítima, o absolveu com espeque no art. 386, inciso VII, do Código de Processo Penal.

Não obstante, os demais Desembargadores integrantes da citada Câmara Criminal proferiram votos pela manutenção integral da sentença condenatória. As partes foram intimadas do acórdão no dia 15/03/2019 (sexta-feira).

Com base somente nas informações de que dispõe e nas que podem ser inferidas pelo caso concreto acima, redija a peça cabível, no último dia do prazo, excluindo a possibilidade de impetração de Habeas Corpus, sustentando, para tanto, as teses jurídicas pertinentes.

PADRÃO DE RESPOSTA

EXCELENTÍSSIMO SENHOR DOUTOR DESEMBARGADOR RELATOR NILTON DA 1ª CÂMARA CRIMINAL DO TRIBUNAL DE JUSTIÇA DO ESTADO DO RIO GRANDE DO SUL.

Processo número:

Edivaldo, já qualificado nos autos do processo que lhe move o Ministério Público/Querelante, às fls. ____, por seu advogado formalmente constituído que esta subscreve, vem, respeitosamente, à presença de Vossa Excelência, inconformado com o respeitável acordão de _____, conforme fls. ____, opor tempestivamente

EMBARGOS DE INFRINGENTES E DE NULIDADE

com fundamento no art. 619, parágrafo único, do CPP, requerendo seja determinado o seu processamento, bem como das razões anexas.

Termos em que,

Pede deferimento.

Porto Alegre, capital do Estado do Rio Grande do Sul, 27/03/2019.
Advogado, OAB

RAZÕES DE EMBARGOS INFRINGENTES E DE NULIDADE

RECORRENTE:

RECORRIDO:

PROCESSO NÚMERO:

EGRÉGIO 1º GRUPO CRIMINAL DO TRIBUNAL DE JUSTIÇA DO ESTADO DO RIO GRANDE DO SUL

COLENDA TURMA

ÍNCLITOS DESEMBARGADORES

1. Dos Fatos

O embargante foi denunciado e condenado pela suposta prática do crime de estupro, previsto no art. 213 do Código Penal, a uma pena de 10 (dez) anos de reclusão em regime inicial fechado. Inconformada, a defesa interpôs recurso de apelação, mas a Colenda 1ª Câmara Criminal do Tribunal de Justiça do Estado do Rio Grande do Sul, por maioria, manteve o édito condenatório, vencido o voto do eminente Desembargador relator, que entendeu pela absolvição do ora embargante.

Com todas as vênias devidas, essa decisão não merece ser mantidas, conforme passa-se a expor.

2. Do Direito:

Como se observa das provas produzidas nos autos, a condenação do embargante se deu única e exclusivamente na palavra da vítima, uma vez que todas as testemunhas ouvidas em juízo disseram não terem presenciado o ocorrido. Além disso, em seu interrogatório, o embargante apresentou cópia de uma passagem de avião em seu nome com data de embarque no mesmo dia da suposta conduta praticada.

Aliás, esse entendimento foi corroborado pelo eminente Desembargador relator, quando proferiu voto pela absolvição do embargante.

Ora, conquanto em crimes dessa natureza a palavra da vítima possua especial relevância, esta deve ser verossímil e coerente com os demais elementos de prova, pois a dúvida deve ser interpretada em favor do acusado.

Nesse passo, a inexistência de prova idônea que de suporte às declarações da vítima enseja dúvida razoável sobre a existência do crime, devendo, portanto, esse Colendo Tribunal Estadual decidir em favor da liberdade em homenagem ao princípio do *in dubio pro reo*, nos moldes do art. 386, incisos II **ou** VII, prevalecendo-se, por conseguinte, o d. voto do Eminente Desembargador relator do recurso de apelação.

3. Do Pedido:

Ex positis, requer o provimento dos presentes embargos para, reformando o v. acórdão hostilizado, fazer prevalecer o d. voto vencido, da lavra do eminente Desembargador Nilton, absolver o embargante com espeque no art. 386, II ou VII, do Código de Processo Penal.

Termos em que,

Pede deferimento.

Porto Alegre, capital do Estado do Rio Grande do Sul, 27/03/2019.
Advogado, OAB

GABARITO

Peça: EMBARGOS INFRINGENTES E DE NULIDADE, com fundamento no artigo 609, parágrafo único, do Código de Processo Penal.

Competência:

- Interposição para: DESEMBARGADOR RELATOR NILTON DA 1ª CÂMARA CRIMINAL DO TRIBUNAL DE JUSTIÇA DO ESTADO DO RIO GRANDE DO SUL.
- Razões para: TRIBUNAL DE JUSTIÇA DO ESTADO DO RIO GRANDE DO SUL OU 1º GRUPO CRIMINAL DO TRIBUNAL DE JUSTIÇA DO ESTADO DO RIO GRANDE SO SUL.

Mérito:

- Desenvolvimento fundamentado acerca da absolvição do réu pela aplicação do princípio do *in dubio pro reo*. Embora a palavra da vítima tenha especial importância nos crimes contra a dignidade sexual, se a sua palavra estiver isolada de todo o acervo probatório, não é suficiente para amparar uma condenação. Portanto, forçoso concluir pela prevalência do voto vencido.

Pedidos:

- Conhecimento e provimento do recurso para, prevalecendo o entendimento esposado pelo Desembargador relator, absolver o embargante com fulcro no art. 386, II OU VII, do CPP.

Prazo: 27 de março de 2019 (quarta-feira).

12.
RECURSOS CONSTITUCIONAIS

1. INTRODUÇÃO

Os Recursos Constitucionais são aqueles previstos na Constituição Federal de 1988 e que a competência para julgamento será do Superior Tribunal de Justiça (Recurso Especial e Recurso Ordinário Constitucional) e do Supremo Tribunal Federal (Recurso Extraordinário e Recurso Ordinário Constitucional).

Esses meios de impugnação são cabíveis em situações expressamente determinadas pela Carta Magna e, portanto, a matéria neles discutidas é restrita, não sendo possível, por exemplo, o reexame de matéria fático-probatória. Por oportuno, confira-se o enunciado das Súmulas nº 07 e 279 do STJ e do STF, respectivamente:

> *A pretensão de simples reexame de prova não enseja recurso especial* (Súmula nº. 07 do STJ); e
> *Para simples reexame de prova não cabe recurso extraordinário* (Súmula nº. 279 do STF).

Destaque-se que o Recurso Extraordinário e o Recurso Especial serão processados e julgados no Supremo Tribunal Federal e no Superior Tribunal de Justiça, respectivamente, na forma estabelecida por leis especiais, pela lei processual civil e pelos respectivos regimentos internos, conforme disposição expressa do art. 638 do CPP.

2. RECURSO ESPECIAL (RESP)

O Recurso Especial tem previsão legal no art. 105, inciso III, da Constituição Federal e a competência para o seu julgamento é do Superior Tribunal de Justiça. As hipóteses de seu cabimento estão elencadas nas alíneas "a", "b" e "c" do referido artigo. Confira:

> *Art. 105. Compete ao Superior Tribunal de Justiça:*

(...)

III – julgar, em recurso especial, as causas decididas, em única ou última instância, pelos Tribunais Regionais Federais ou pelos tribunais dos Estados, do Distrito Federal e Territórios, quando a decisão recorrida:
a. contrariar tratado ou lei federal, ou negar-lhes vigência;
b. julgar válido ato de governo local contestado em face de lei federal;
c. der a lei federal interpretação divergente da que lhe haja atribuído outro tribunal.

Extrai-se do artigo acima transcrito que somente se mostra possível de aplicação na esfera processual penal as alíneas "a" e "c".

A primeira hipótese (alínea "a") ocorre quando um Tribunal de 2º Grau (Estadual ou Federal) aplicar de forma equivocada um dispositivo de uma legislação federal (por exemplo, Código Penal, Código de Processo Penal, ou mesmo uma Lei extravagante) ou mesmo em um tratado internacional. Por exemplo, analise o seguinte julgado do Colendo STJ:

> RECURSO ESPECIAL. TRÁFICO DE DROGAS. PENA BASE. MAUS ANTECEDENTES. REINCIDÊNCIA. CONDENAÇÕES DISTINTAS. BIS IN IDEM. NÃO OCORRÊNCIA. MINORANTE DO ART. 33, § 4º, DA LEI DE DROGAS. VEDAÇÃO LEGAL. RECURSO ESPECIAL PROVIDO.
> 1. A majoração da pena pelos maus antecedentes e o reconhecimento da reincidência, desde que com fundamento em condenações prévias e definitivas distintas, não caracteriza ofensa ao princípio do ne bis in idem.
> 2. Há vedação legal expressa à concessão da causa especial de diminuição prevista no art. 33, § 4º, da Lei de Drogas aos condenados possuidores de maus antecedentes e reincidentes.
> 3. A valoração dos maus antecedentes na primeira etapa da dosimetria, como circunstância judicial desfavorável, e da reincidência na segunda fase não é incompatível com a sua utilização, na terceira fase, para afastar a incidência da causa especial de diminuição prevista no § 4º do art. 33 da Lei n. 11.343/2006.
> 4. *Recurso provido para reconhecer as violações legais apontadas e, consequentemente, tornar a reprimenda do recorrido definitiva em 6 anos e 5 meses de reclusão e 641 dias-multa.* (REsp 1280993/SP, Rel. Ministro Rogerio Schietti Cruz, Sexta Turma, DJe 28/04/2016).

A segunda hipótese de cabimento do recurso especial no processo penal (alínea "c") ocorre quando um Tribunal de 2º Grau (Estadual ou Federal) der interpretação divergente a estabelecida pelo STJ a um dispositivo legal de uma norma federal.

À título exemplificativo, se o Superior Tribunal de Justiça entender que uma determinada circunstância somente poderá ser aplicada uma única vez na dosimetria da pena do condenado, não poderá as instâncias inferiores dar a um caso específico entendimento diverso, valorando-a negativamente em dois momentos (primeira e segunda fase, por exemplo). Neste sentido:

> RECURSO ESPECIAL. HOMICÍDIO QUALIFICADO. DOSIMETRIA. NÃO INCIDÊNCIA DA SÚMULA N. 7 DO STJ. AUSÊNCIA DE FUNDAMENTAÇÃO IDÔNEA QUANTO À CULPABILIDADE E ÀS CONSEQUÊNCIAS DO DELITO. OCORRÊNCIA DE BIS IN IDEM NO TOCANTE AOS MOTIVOS DO CRIME. COMPORTAMENTO NEUTRO DA VÍTIMA NÃO ENSEJA EXASPERAÇÃO DA PENA BASE. PRECEDENTES. RECURSO ESPECIAL PROVIDO.
> 1. "A dosimetria da pena é matéria sujeita a certa discricionariedade judicial. O Código Penal não estabelece rígidos esquemas matemáticos ou regras absolutamente objetivas para a fixação da pena. Cabe às instâncias ordinárias, mais próximas dos fatos e das provas, fixar as penas. Às Cortes Superiores, no exame da dosimetria das penas em grau recursal, compete o controle da legalidade e da constitucionalidade dos critérios empregados, bem como a correção de eventuais discrepâncias, se gritantes ou arbitrárias, nas frações de aumento ou diminuição adotadas pelas instâncias anteriores" (HC n. 114.246/SP, Rel. Ministra Rosa Weber, 1ª T. do STF, DJe 3/6/2013).
> 2. A culpabilidade, como medida de pena, nada mais é do que o maior ou o menor grau de reprovabilidade da conduta, justificada por meio de elementos concretos que, de fato, demonstrem merecer a conduta do recorrente maior reprovação. A simples classificação da culpabilidade como "patente" não é suficiente para majoração da pena base.
> 3. Ocorre bis in idem quando a torpeza é usada para qualificar o delito e como circunstância judicial negativa consistente no motivo do crime.
> 4. "Ceifar a vida de uma jovem" não é fundamentação idônea para exasperação da pena base pela análise desfavorável das consequências do crime, por constituir elementar do tipo penal pelo qual o ora recorrente se vê processado.
> 5. "O comportamento neutro da vítima não justifica o acréscimo da pena base. Precedentes do STJ" (HC n. 297.132/PE, Rel. Ministro Ericson Maranho – Desembargador convocado do TJ/SP, 6ª T., DJe 23/11/2015).
> 6. Recurso especial provido. (REsp 1655579/PA, Rel. Ministro Rogerio Schietti Cruz, Sexta Turma, DJe 06/04/2017)

3. RECURSO EXTRAORDINÁRIO (RE)

O Recurso Extraordinário tem previsão legal no art. 102, inciso III, da Constituição Federal e a competência para o seu julgamento é do Supremo Tribunal Federal. As hipóteses de seu cabimento estão elencadas nas alíneas "a", "b", "c" e "d" do referido artigo. Confira:

> "Art. 102. Compete ao Supremo Tribunal Federal, precipuamente, a guarda da Constituição, cabendo-lhe:

(...)

III – julgar, mediante recurso extraordinário, as causas decididas em única ou última instância, quando a decisão recorrida:

A. *contrariar dispositivo desta Constituição;*
B. *declarar a inconstitucionalidade de tratado ou lei federal;*
C. *julgar válida lei ou ato de governo local contestado em face desta Constituição.*
D. *julgar válida lei local contestada em face de lei federal."*

Assim como o Recurso Especial, nem todas as hipóteses estabelecidas no referido artigo são compatíveis com o processo penal. Neste aspecto, apenas as alíneas "a" e "b" são aplicáveis na seara criminal.

A primeira hipótese (alínea "a") ocorre quando a decisão proferida pelos Tribunais de instância inferior tenha contrariando dispositivo constitucional.

> **OBSERVAÇÃO:**
>
> A interposição do Recurso Extraordinário com fundamento na alínea "a" exige que a ofensa ao dispositivo constitucional seja **direta**. Dessa maneira, se antes de violar o mencionado dispositivo constitucional houver ofensa à dispositivo de lei infraconstitucional, **NÃO** será cabível o RE com base na alínea "a", pois ter-se-á um descumprimento indireto (reflexo).

A segunda hipótese (alínea "b") ocorre quando os Tribunais de instância inferior declararem a inconstitucionalidade de lei ou tratado com fundamento no art. 97 da Carta Magna, *verbis*:

> Art. 97. Somente pelo voto da maioria absoluta de seus membros ou dos membros do respectivo órgão especial poderão os tribunais declarar a inconstitucionalidade de lei ou ato normativo do Poder Público.

4. PROCEDIMENTO DO RECURSO ESPECIAL E DO RECURSO EXTRAORDINÁRIO

O processamento do Recurso Especial e do Recurso Extraordinário não está previsto no Código de Processo Penal, e sim no **Código de Processo Civil** (arts. 1.029 e seguintes).

A interposição dos recursos será sempre perante o Presidente ou Vice-Presidente do Tribunal de instância inferior que proferiu o acórdão guerreado e as razões para o Tribunal Superior competente para à apreciação do recurso (REsp para o STJ e RE para o STF).

O prazo de interposição é de **15 (quinze) dias**, todavia, **a sua contagem será em dias corridos** e não em dias úteis como no processo civil. Aliás, essa questão já foi devidamente pacificada pelo Colendo Superior Tribunal de Justiça:

> *AGRAVO REGIMENTAL NO AGRAVO EM RECURSO ESPECIAL. HOMICÍDIO QUALIFICADO E HOMICÍDIO QUALIFICADO TENTADO. RECURSO ESPECIAL INTEMPESTIVO. COMPROVAÇÃO DE FERIADO LOCAL NO MOMENTO DA INTERPOSIÇÃO DA INSURGÊNCIA, POR MEIO DE DOCUMENTO IDÔNEO. NÃO OCORRÊNCIA. AGRAVO EM RECURSO ESPECIAL. CONTAGEM DE PRAZOS. DIAS CORRIDOS. INTEMPESTIVIDADE CONFIRMADA. AGRAVO REGIMENTAL NÃO PROVIDO.*
> *1. É intempestivo o recurso especial interposto após o prazo de 15 dias, nos termos dos arts. 1.003, § 5º, do novo CPC e 26 da Lei n. 8.038/1990.*
> *(...)*
> *3. Quanto ao agravo em recurso especial, em ações que tratam de matéria penal ou processual penal, a contagem dos prazos correrá em cartório e será contínua e peremptória, sem interrupção por férias, domingo ou feriado, não se computará no prazo o dia do começo e incluir-se-á o do vencimento (art. 798 do CPP). Precedentes.*
> *4. Agravo regimental não provido.* (AgInt no AREsp 1175202/MG, Rel. Ministro Rogerio Schietti Cruz, Sexta Turma, DJe 08/10/2018)

Diferentemente dos outros recursos já estudados, no REsp e no RE é essencial que haja o **prequestionamento** da matéria que ensejou a sua interposição. Isto é, para que o recurso seja conhecido pelo Tribunal competente, o direito que ali será discutido deve ter sido examinado pelo Tribunal de instância inferior.

Esse entendimento veda a **supressão de instância**. Ou seja, que uma questão que não fora apreciada pelas instâncias inferiores seja apresentada diretamente aos Tribunais Superiores.

Prequestionar a matéria nada mais é do que apontar que o acórdão recorrido expressamente enfrentou a questão. Há divergência na doutrina e na jurisprudência acerca do prequestionamento implícito, mas o entendimento majoritário é pela sua **vedação no Recurso Extraordinário** e sua **possibilidade no Recurso Especial**.

> **ATENÇÃO:**
>
> Além do prequestionamento, o Recuso Extraordinário exige ainda como requisito de admissibilidade a demonstração da **REPERCUSSÃO GERAL**, como versa o artigo 102, § 3º da Constituição Federal. A Repercussão Geral trata-se de um filtro, no qual o Egrégio Supremo Tribunal Federal limita à sua apreciação os recursos de interesse de toda a sociedade.
>
> Portanto, a questão *sub judice* deve ser extremamente relevante do ponto de vista jurídico e transcender os limites da causa, assegurando o entendimento da c. Suprema Corte no tocante à aplicação daquela matéria.

Na hipótese de interposição conjunta de recurso extraordinário e recurso especial, os autos serão remetidos ao Superior Tribunal de Justiça e, somente depois de concluído o julgamento do recurso especial, é que os autos serão remetidos ao Supremo Tribunal Federal para apreciação do recurso extraordinário, se este não estiver prejudicado (art. 1.031, *caput*, e seu § 1º, do CPC).

Observe-se os seguintes dispositivos do Código de Processo Civil sobre o Recurso Especial e o Recurso Extraordinário:

> Art. 1.029. *O recurso extraordinário e o recurso especial, nos casos previstos na Constituição Federal, serão interpostos perante o presidente ou o vice-presidente do tribunal recorrido, em petições distintas que conterão:*
> *I – a exposição do fato e do direito;*
> *II – a demonstração do cabimento do recurso interposto;*
> *III – as razões do pedido de reforma ou de invalidação da decisão recorrida.*
> § 1o *Quando o recurso fundar-se em dissídio jurisprudencial, o recorrente fará a prova da divergência com a certidão, cópia ou citação do repositório de jurisprudência, oficial ou credenciado, inclusive em mídia eletrônica, em que houver sido publicado o acórdão divergente, ou ainda com a reprodução de julgado disponível na rede mundial de computadores, com indicação da respectiva fonte, devendo-se, em qualquer caso, mencionar as circunstâncias que identifiquem ou assemelhem os casos confrontados.*
> § 2º (Revogado).
> § 3o O Supremo Tribunal Federal ou o Superior Tribunal de Justiça poderá desconsiderar vício formal de recurso tempestivo ou determinar sua correção, desde que não o repute grave.
> § 4o *Quando, por ocasião do processamento do incidente de resolução de demandas repetitivas, o presidente do Supremo Tribunal Federal ou do Superior Tribunal de Justiça receber requerimento de suspensão de processos em que se discuta questão federal constitucional ou infraconstitucional, poderá, considerando razões de segurança jurídica ou de excepcional interesse social,*

estender a suspensão a todo o território nacional, até ulterior decisão do recurso extraordinário ou do recurso especial a ser interposto.

§ 5º O pedido de concessão de efeito suspensivo a recurso extraordinário ou a recurso especial poderá ser formulado por requerimento dirigido:

I – *ao tribunal superior respectivo, no período compreendido entre a publicação da decisão de admissão do recurso e sua distribuição, ficando o relator designado para seu exame prevento para julgá-lo;*

II – *ao relator, se já distribuído o recurso;*

III – *ao presidente ou ao vice-presidente do tribunal recorrido, no período compreendido entre a interposição do recurso e a publicação da decisão de admissão do recurso, assim como no caso de o recurso ter sido sobrestado, nos termos do art. 1.037.*

Art. 1.030. *Recebida a petição do recurso pela secretaria do tribunal, o recorrido será intimado para apresentar contrarrazões no prazo de 15 (quinze) dias, findo o qual os autos serão conclusos ao presidente ou ao vice-presidente do tribunal recorrido, que deverá:*

I – *negar seguimento:*

a. *a recurso extraordinário que discuta questão constitucional à qual o Supremo Tribunal Federal não tenha reconhecido a existência de repercussão geral ou a recurso extraordinário interposto contra acórdão que esteja em conformidade com entendimento do Supremo Tribunal Federal exarado no regime de repercussão geral;*

b. *a recurso extraordinário ou a recurso especial interposto contra acórdão que esteja em conformidade com entendimento do Supremo Tribunal Federal ou do Superior Tribunal de Justiça, respectivamente, exarado no regime de julgamento de recursos repetitivos;*

II – *encaminhar o processo ao órgão julgador para realização do juízo de retratação, se o acórdão recorrido divergir do entendimento do Supremo Tribunal Federal ou do Superior Tribunal de Justiça exarado, conforme o caso, nos regimes de repercussão geral ou de recursos repetitivos;*

III – *sobrestar o recurso que versar sobre controvérsia de caráter repetitivo ainda não decidida pelo Supremo Tribunal Federal ou pelo Superior Tribunal de Justiça, conforme se trate de matéria constitucional ou infraconstitucional;*

IV – *selecionar o recurso como representativo de controvérsia constitucional ou infraconstitucional, nos termos do § 6º do art. 1.036;*

V – *realizar o juízo de admissibilidade e, se positivo, remeter o feito ao Supremo Tribunal Federal ou ao Superior Tribunal de Justiça, desde que:*

a. *o recurso ainda não tenha sido submetido ao regime de repercussão geral ou de julgamento de recursos repetitivos;*

b. *o recurso tenha sido selecionado como representativo da controvérsia; ou*

c. *o tribunal recorrido tenha refutado o juízo de retratação.*

§ 1º Da decisão de inadmissibilidade proferida com fundamento no inciso V caberá agravo ao tribunal superior, nos termos do art. 1.042.

§ 2º Da decisão proferida com fundamento nos incisos I e III caberá agravo interno, nos termos do art. 1.021.

Art. 1.031. Na hipótese de interposição conjunta de recurso extraordinário e recurso especial, os autos serão remetidos ao Superior Tribunal de Justiça.
§ 1o Concluído o julgamento do recurso especial, os autos serão remetidos ao Supremo Tribunal Federal para apreciação do recurso extraordinário, se este não estiver prejudicado.
§ 2o Se o relator do recurso especial considerar prejudicial o recurso extraordinário, em decisão irrecorrível, sobrestará o julgamento e remeterá os autos ao Supremo Tribunal Federal.
§ 3o Na hipótese do § 2o, se o relator do recurso extraordinário, em decisão irrecorrível, rejeitar a prejudicialidade, devolverá os autos ao Superior Tribunal de Justiça para o julgamento do recurso especial.
Art. 1.032. Se o relator, no Superior Tribunal de Justiça, entender que o recurso especial versa sobre questão constitucional, deverá conceder prazo de 15 (quinze) dias para que o recorrente demonstre a existência de repercussão geral e se manifeste sobre a questão constitucional.
Parágrafo único. Cumprida a diligência de que trata o caput, o relator remeterá o recurso ao Supremo Tribunal Federal, que, em juízo de admissibilidade, poderá devolvê-lo ao Superior Tribunal de Justiça.
Art. 1.033. Se o Supremo Tribunal Federal considerar como reflexa a ofensa à Constituição afirmada no recurso extraordinário, por pressupor a revisão da interpretação de lei federal ou de tratado, remetê-lo-á ao Superior Tribunal de Justiça para julgamento como recurso especial.
Art. 1.034. Admitido o recurso extraordinário ou o recurso especial, o Supremo Tribunal Federal ou o Superior Tribunal de Justiça julgará o processo, aplicando o direito.
Parágrafo único. Admitido o recurso extraordinário ou o recurso especial por um fundamento, devolve-se ao tribunal superior o conhecimento dos demais fundamentos para a solução do capítulo impugnado.
Art. 1.035. O Supremo Tribunal Federal, em decisão irrecorrível, não conhecerá do recurso extraordinário quando a questão constitucional nele versada não tiver repercussão geral, nos termos deste artigo.
§ 1o Para efeito de repercussão geral, será considerada a existência ou não de questões relevantes do ponto de vista econômico, político, social ou jurídico que ultrapassem os interesses subjetivos do processo.
§ 2o O recorrente deverá demonstrar a existência de repercussão geral para apreciação exclusiva pelo Supremo Tribunal Federal.
§ 3o Haverá repercussão geral sempre que o recurso impugnar acórdão que:
I – contrarie súmula ou jurisprudência dominante do Supremo Tribunal Federal;
II – (Revogado);
III – tenha reconhecido a inconstitucionalidade de tratado ou de lei federal, nos termos do art. 97 da Constituição Federal.
§ 4o O relator poderá admitir, na análise da repercussão geral, a manifestação de terceiros, subscrita por procurador habilitado, nos termos do Regimento Interno do Supremo Tribunal Federal.

§ 5º Reconhecida a repercussão geral, o relator no Supremo Tribunal Federal determinará a suspensão do processamento de todos os processos pendentes, individuais ou coletivos, que versem sobre a questão e tramitem no território nacional.

§ 6º O interessado pode requerer, ao presidente ou ao vice-presidente do tribunal de origem, que exclua da decisão de sobrestamento e inadmita o recurso extraordinário que tenha sido interposto intempestivamente, tendo o recorrente o prazo de 5 (cinco) dias para manifestar-se sobre esse requerimento.

§ 7º Da decisão que indeferir o requerimento referido no § 6º ou que aplicar entendimento firmado em regime de repercussão geral ou em julgamento de recursos repetitivos caberá agravo interno.

§ 8º Negada a repercussão geral, o presidente ou o vice-presidente do tribunal de origem negará seguimento aos recursos extraordinários sobrestados na origem que versem sobre matéria idêntica.

§ 9º O recurso que tiver a repercussão geral reconhecida deverá ser julgado no prazo de 1 (um) ano e terá preferência sobre os demais feitos, ressalvados os que envolvam réu preso e os pedidos de habeas corpus.

§ 10. (Revogado).

§ 11. A súmula da decisão sobre a repercussão geral constará de ata, que será publicada no diário oficial e valerá como acórdão.

ESTRUTURA DO RECURSO ESPECIAL - REVISÃO

ENDEREÇAMENTO:

EXCELENTÍSSIMO SENHOR DOUTOR DESEMBARGADOR PRESIDENTE DO TRIBUNAL DE JUSTIÇA DO ESTADO _____ (Endereçamento do Tribunal de Justiça Estadual)

ou

EXCELENTÍSSIMO SENHOR DOUTOR DESEMBARGADOR PRESIDENTE DO TRIBUNAL REGIONAL FEDARAL DA _____ REGIÃO (Endereçamento do Tribunal Regional Federal)

Processo número:

(Nome do Recorrente), já qualificado nos autos do processo que lhe move o Ministério Público/Querelante, às fls. ____, por seu advogado formalmente constituído que esta subscreve, vem, respeitosamente, à presença de Vossa Excelência, inconformado com a respeitável decisão de _____, conforme fls. ____, interpor tempestivamente, nos termos do artigo 105, III, "alínea __", da Constituição Federal o presente

RECURSO ESPECIAL

pelos fatos e fundamentos em anexo, requerendo, desde já, seja o mesmo admitido, com seu regular processamento e consequente remessa ao Egrégio Superior Tribunal de Justiça.

Termos em que,

Pede deferimento.

Comarca, data
Advogado, OAB

ENDEREÇAMENTO:

RAZÕES (OU CONTRARRAZÕES) DE RECURSO ESPECIAL

RECORRENTE:

RECORRIDO:

PROCESSO NÚMERO:

EGRÉGIO SUPERIOR TRIBUNAL DE JUSTIÇA

ÍNCLITOS MINISTROS

Do Prequestionamento

Conforme se verifica do acórdão impugnado ____. Vê-se que quanto à incorreta aplicação da _____ no caso em apreço, *permissa venia*, a matéria não foi apenas examinada pelo Tribunal *a quo*, como o dispositivo pertinente (art. ___) está expressamente mencionado no v. acórdão, donde o prequestionamento explícito.

1. **Dos Fatos**

(Fazer breve resumo dos fatos).

2. **Do Mérito**

(Apresentar os aspectos da decisão que ofende lei federal ou tratado internacional, ou mesmo que contrarie o entendimento do STJ acerca daquela matéria).

3. **Do Pedido**

Diante do exposto, pede o recorrente seja o presente recurso devidamente conhecido e provido, para _____.

Termos em que,

Pede deferimento.

Comarca, data
Advogado, OAB

ESTRUTURA DO RECURSO EXTRAORDINÁRIO - REVISÃO

ENDEREÇAMENTO:

EXCELENTÍSSIMO SENHOR DOUTOR DESEMBARGADOR PRESIDENTE DO TRIBUNAL DE JUSTIÇA DO ESTADO _____ (Endereçamento do Tribunal de Justiça Estadual)

ou

EXCELENTÍSSIMO SENHOR DOUTOR DESEMBARGADOR PRESIDENTE DO TRIBUNAL REGIONAL FEDARAL DA _____ REGIÃO (Endereçamento do Tribunal Regional Federal)

Processo número:

(Nome do Recorrente), já qualificado nos autos do processo que lhe move o Ministério Público/Querelante, às fls. ____, por seu advogado formalmente constituído que esta subscreve, vem, respeitosamente, à presença de Vossa Excelência, inconformado com a respeitável decisão de _____, conforme fls. ____, interpor tempestivamente, nos termos do artigo 102, III, "alínea", da Constituição Federal o presente

RECURSO EXTRAORDINÁRIO

pelos fatos e fundamentos em anexo, requerendo, desde já, seja o mesmo admitido, com seu regular processamento e consequente remessa ao Egrégio Supremo Tribunal Federal.

Termos em que,

Pede deferimento.

                            Comarca, data
                            Advogado, OAB

ENDEREÇAMENTO:

RAZÕES (OU CONTRARRAZÕES) DE RECURSO EXTRAORDINÁRIO

RECORRENTE:

RECORRIDO:

PROCESSO NÚMERO:

EGRÉGIO SUPREMO TRIBUNAL FEDERAL

ÍNCLITOS MINISTROS

Do Prequestionamento

Conforme se verifica do acórdão impugnado ____. Vê-se que quanto à incorreta aplicação da _____ no caso em apreço, *permissa venia*, a matéria não foi apenas examinada pelo Tribunal *a quo*, como o dispositivo pertinente (art. ___) está expressamente mencionado no v. acórdão, donde o prequestionamento explícito.

Da Repercussão Geral

(opção 1)

O tema questionado no presente recurso, ou seja, _____, demonstra-se relevante do ponto de vista jurídico, de forma a ultrapassar o interesse subjetivo da causa, hipótese em que indiscutível sua repercussão geral.

(opção 2)

A decisão ora impugnada, ou seja, _____, demonstra-se contrária à súmula ou jurisprudência dominante do _____ Tribunal, hipótese em que indiscutível sua repercussão geral.

1. **Dos Fatos**

(Fazer breve resumo dos fatos).

2. **Do Mérito**

(apresentar os aspectos da decisão que se demonstram eivados de inconstitucionalidade).

3. **Do Pedido**

Diante do exposto, pede o recorrente seja o presente recurso devidamente conhecido e provido, para _____.

Termos em que,

Pede deferimento.

> Comarca, data
> Advogado, OAB

5. RECURSO ORDINÁRIO CONSTITUCIONAL (ROC)

O Recurso Ordinário Constitucional será cabível sempre que a decisão de Tribunal de instância inferior for **denegatória** de *habeas corpus* (HC) ou mandado de segurança (MS). O seu fundamento legal dependerá de qual for o Tribunal Superior ~~for~~ competente para julgamento do ROC. Isto porque, o Colendo Superior Tribunal de Justiça será competente para julgá-lo quando a decisão denegatória for de Tribunal de Justiça Estadual ou de Tribunal Regional Federal, enquanto o Colendo Supremo Tribunal Federal será competente quando a decisão denegatória for proferida pelo c. Superior Tribunal de Justiça.

SUPERIOR TRIBUNAL DE JUSTIÇA	SUPREMO TRIBUNAL FEDERAL
ART. 105, II, ALÍNEA "A" OU "B", DA CF/88: "Art. 105. Compete ao Superior Tribunal de Justiça: [...] II - julgar, em recurso ordinário: a. os habeas corpus decididos em única ou última instância pelos Tribunais Regionais Federais ou pelos tribunais dos Estados, do Distrito Federal e Territórios, quando a decisão for denegatória; b. os mandados de segurança decididos em única instância pelos Tribunais Regionais Federais ou pelos tribunais dos Estados, do Distrito Federal e Territórios, quando denegatória a decisão;" **ART. 30 E 32 (HC) OU 33 (MS) DA LEI Nº 8.038/90:** "Art. 30 - O recurso ordinário para o Superior Tribunal de Justiça, das decisões denegatórias de Habeas Corpus, proferidas pelos Tribunais Regionais Federais ou pelos Tribunais dos Estados e do Distrito Federal, será interposto no prazo de cinco dias, com as razões do pedido de reforma. Art. 32 - Será aplicado, no que couber, ao processo e julgamento do recurso, o disposto com relação ao pedido originário de Habeas Corpus." "Art. 33 - O recurso ordinário para o Superior Tribunal de Justiça, das decisões denegatórias de mandado de segurança, proferidas em única instância pelos Tribunais Regionais Federais ou pelos Tribunais de Estados e do Distrito Federal, será interposto no prazo de quinze dias, com as razões do pedido de reforma."	**ART. 102, II, ALÍNEA "A", DA CF/88:** "Art. 102. Compete ao Supremo Tribunal Federal, precipuamente, a guarda da Constituição, cabendo-lhe: [...] II - julgar, em recurso ordinário: a. o habeas corpus, o mandado de segurança, o habeas data e o mandado de injunção decididos em única instância pelos Tribunais Superiores, se denegatória a decisão;"

Note-se que, quando a competência for do c. Superior Tribunal de Justiça, os fundamentos para a interposição se encontram na Constituição Federal e na Lei nº 8.038/90. Assim, teremos:

TRIBUNAL COMPETENTE:	AÇÃO AUTÔNOMA DE IMPUGNAÇÃO:	FUNDAMENTO LEGAL:
SUPERIOR TRIBUNAL DE JUSTIÇA	HABEAS CORPUS	Art. 105, II, alínea "a", da CF/88, e arts. 30 e 32 da Lei nº 8.038/90
SUPERIOR TRIBUNAL DE JUSTIÇA	MANDADO DE SEGURANÇA	Art. 105, II, alínea "b", da CF/88, e art. 33 da Lei nº 8.038/90
SUPREMO TRIBUNAL FEDERAL	HABEAS CORPUS E MANDADO DE SEGURANÇA	Art. 102, II, alínea "a", da CF/88.

Em relação ao prazo para interposição do Recurso Ordinário Constitucional, é essencial que se atente ao Tribunal competente para seu julgamento. Veja-se:

TRIBUNAL COMPETENTE:	AÇÃO AUTÔNOMA DE IMPUGNAÇÃO:	PRAZO:
SUPERIOR TRIBUNAL DE JUSTIÇA	HABEAS CORPUS	5 DIAS
SUPERIOR TRIBUNAL DE JUSTIÇA	MANDADO DE SEGURANÇA	15 DIAS
SUPREMO TRIBUNAL FEDERAL	HABEAS CORPUS E MANDADO DE SEGURANÇA	5 DIAS

Ou seja, quando a interposição do ROC for contra decisão denegatória em habeas corpus, o prazo sempre será de 5 (cinco) dias, mas quando a interposição for contra decisão **denegatória** em mandado de segurança, ser for competente o c. STJ, o prazo será de 15 **(quinze) dias** (art. 33 da Lei nº 8.038/90), se for competente o c. STF, o prazo será de 5 **(cinco) dias** (Súmula nº 319 do STF).

ESTRUTURA DO RECURSO ORDINÁRIO CONSTITUCIONA - REVISÃO

ENDEREÇAMENTO:

EXCELENTÍSSIMO SENHOR DOUTOR DESEMBARGADOR PRESIDENTE DO TRIBUNAL DE JUSTIÇA DO ESTADO _____ (Endereçamento do Tribunal de Justiça Estadual)

ou

EXCELENTÍSSIMO SENHOR DOUTOR DESEMBARGADOR PRESIDENTE DO TRIBUNAL REGIONAL FEDARAL DA _____ REGIÃO (Endereçamento do Tribunal Regional Federal)

ou

EXCELENTÍSSIMO SENHOR MINISTRO PRESIDENTE DO SUPERIOR TRIBUNAL DE JUSTIÇA (Endereçamento do Superior Tribunal de Justiça).

Processo número:

(Nome do Recorrente), já qualificado nos autos do processo que lhe move o Ministério Público/Querelante, às fls. ____, por seu advogado formalmente constituído que esta subscreve, vem, respeitosamente, à presença de Vossa Excelência, inconformado com a respeitável decisão de _____, conforme fls. ____, interpor tempestivamente, nos termos do artigo 105, II, "a", da Constituição Federal e artigos. 30 e 32 da Lei nº 8.038/90, OU artigo 105, II, "b", da Constituição

Federal e artigo 30 da Lei nº 8.038/90, OU artigo 102, II, "a", da Constituição Federal, o presente

RECURSO ORDINÁRIO CONSTITUCIONAL

pelos fatos e fundamentos em anexo, requerendo, desde já, seja o mesmo admitido, com seu regular processamento e consequente remessa ao Egrégio Superior Tribunal de Justiça OU Egrégio Supremo Tribunal Federal.

Termos em que,

Pede deferimento.

Comarca, data
Advogado, OAB

ENDEREÇAMENTO:

RAZÕES (OU CONTRARRAZÕES) DE RECURSO ORDINÁRIO CONSTITUCIONAL

RECORRENTE:

RECORRIDO:

PROCESSO NÚMERO:

EGRÉGIO SUPERIOR TRIBUNAL DE JUSTIÇA

OU

EGRÉGIO SUPREMO TRIBUNAL FEDERAL

ÍNCLITOS MINISTROS

1. **Dos Fatos**

(Fazer breve resumo dos fatos).

2. **Do Mérito**

(apresentar os aspectos equivocados da decisão que denegou a ordem em *habeas corpus* ou em mandado de segurança).

3. **Do Pedido**

Diante do exposto, pede o recorrente seja o presente recurso devidamente conhecido e provido, para _____.

Termos em que,

Pede deferimento.

Comarca, data
Advogado, OAB

CASO PRÁTICO

Roberto foi preso em flagrante em 5/01/2015. Em 17/07/2015, o Juízo da 1ª Vara Criminal de Belo Horizonte/MG julgou procedente a exordial acusatória para condenar ROBERTO GOMES pela prática do crime previsto no art. 155 c/c o art. 14, II, ambos do Código Penal, a uma pena de 7 meses e 15 dias de reclusão, reconhecendo a atenuante da confissão espontânea e aplicando a diminuição de pena (tentativa) no máximo, qual seja, 2/3. Por fim, fixou regime inicial aberto para cumprimento da pena, substituindo-a por uma restritiva de direito, consistente em prestação de serviços à comunidade.

Inconformada, apenas a defesa interpôs recurso de apelação, requerendo a absolvição de Roberto pela atipicidade da conduta, em face da aplicação do princípio da insignificância. Em 20/11/2015, o Tribunal de Justiça de Minas Gerais por unanimidade negou provimento ao recurso da defesa, afastando, por outro lado, a aplicação da confissão espontânea e alterando o percentual da tentativa de 2/3 para 1/3. Opostos embargos de declaração, o acórdão foi mantido em sua integralidade.

A defesa foi intimada no dia 24/11/2015 (terça-feira)

Com base no exposto, proponha a medida processual privativa de advogado cabível à espécie em favor de Roberto, atentando-se para os requisitos e aspectos legais necessários para propositura da medida, bem como para o último dia de prazo.

GABARITO DO CASO PRÁTICO

Peça: RECURSO ESPECIAL, com fundamento no artigo 105, inciso III, alínea "a", da Constituição Federal.

Competência:

- Interposição para: PRESIDENTE DO TRIBUNAL DE JUSTIÇA DO ESTADO DE MINAS GERAIS.
- Razões para: SUPERIOR TRIBUNAL DE JUSTIÇA.

Prequestionamento:

- Demonstração de que a infringência ao disposto no art. 617 do Código de Processo Penal ocorreu no julgamento do recurso de apelação pelo Tribunal Estadual e, mesmo após oposição de embargos de declaração, a decisão foi mantida, satisfeito, portanto, o requisito do prequestionamento.

Mérito:

- Desenvolvimento jurídico acerca da violação expressa do art. 617 do CPP e da Súmula nº 160 do STF, uma vez que, em se tratando de recurso exclusivo da defesa, não poderia o Tribunal de Justiça de Minas Gerais, em sede de apelação ter agravado a pena do recorrente, afastando a atenuante de confissão espontânea e diminuído o percentual da tentativa.

Pedidos:

- Conhecimento e provimento do recurso para, reformando o acórdão do Tribunal de Justiça Estadual, reduzir a pena nos termos estabelecidos pelo magistrado de primeiro grau.

Prazo: 09 de dezembro de 2015 (quarta-feira).

VAMOS TREINAR?

Artur, funcionário público de um importante banco privado na cidade de Cuiabá/MT, ao chegar no seu local de trabalho, foi surpreendido com o desaparecimento de seu computador de uso profissional de sua mesa. Assustado com a situação, ele, imediatamente, indagou seu superior sobre o ocorrido, tomando ciência de que o computador havia sido apreendido para perícia, porque existiam indícios de que ele o utilizava para armazenar arquivos (imagens e vídeos) contendo cena de sexo explícito e pornografia envolvendo criança e adolescente.

O laudo pericial realizado no computador de Artur, que teve por objetivo a extração e análise do conteúdo existente, apontou que, após o levantamento e a identificação de todo material enviado para exame, não foram encontrados arquivos de pornografia infanto-juvenil, havendo, tão somente, inúmeras imagens de pornografia adulta.

Ato contínuo, o Ministério Público estadual, com base apenas nos indícios que autorizaram a busca e apreensão do computador de Artur, ofereceu denúncia pela prática do crime previsto no art. 241-B da Lei 8.069/199 (ECA), a qual foi recebida pelo magistrado da 1ª Vara Criminal da Comarca de Cuiabá/MT.

Inconformada, a defesa de Artur apresentou resposta à acusação, mas, concomitantemente, impetrou *habeas corpus* no Tribunal de Justiça do Mato Grosso. No dia 04/04/2019, a 1ª Câmara Criminal daquele Tribunal denegou a ordem, mantendo a decisão que recebeu a denúncia.

A defesa foi intimada no dia 10/04/2019 (quarta-feira).

Com base somente nas informações de que dispõe e nas que podem ser inferidas pelo caso concreto acima, redija a peça cabível para defender os direitos de Artur no último dia do prazo, sustentando, para tanto, as teses jurídicas pertinentes.

PADRÃO DE RESPOSTA

EXCELENTÍSSIMO SENHOR DESEMBARGADOR PRESIDENTE DO TRIBUNAL DE JUSTIÇA DO ESTADO DO ESTADO DE MATO GROSSO.

Processo número:

Artur, já qualificado nos autos do processo que lhe move o Ministério Público, às fls. ____, por seu advogado formalmente constituído que esta subscreve, vem, respeitosamente, à presença de Vossa Excelência, inconformado com a respeitável decisão de denegou a ordem em *habeas corpus*, conforme fls. ____, interpor tempestivamente, nos termos do artigo 105, II, "a", da Constituição Federal e artigos. 30 e 32 da Lei nº 8.038/90, o presente

RECURSO ORDINÁRIO CONSTITUCIONAL

requerendo, desde já, que seja ele admitido, com seu regular processamento e consequente remessa ao Egrégio Superior Tribunal de Justiça.

Termos em que,

Pede deferimento.

Cuiabá, capital do Estado do Mato Grosso, 15 de abril de 2019.

Advogado, OAB

Endereçamento:

RAZÕES DE RECURSO ORDINÁRIO CONSTITUCIONAL

RECORRENTE:

RECORRIDO:

PROCESSO NÚMERO:

EGRÉGIO SUPERIOR TRIBUNAL DE JUSTIÇA

ÍNCLITOS MINISTROS

1. Dos Fatos

O recorrente foi denunciado pela suposta prática do crime previsto no art. 241-B da Lei 8.069/1990 (ECA), vindo a exordial acusatória a ser recebida pelo magistrado da 1ª Vara Criminal da Comarca de Cuiabá/MT.

Inconformada, a defesa impetrou ordem de *habeas corpus* junto ao Colendo TJMT, mas a sua Egrégia 1ª Câmara Criminal denegou o *writ*, mantendo-se em sua integralidade a r. decisão que recebeu a referida peça acusatória.

Contra essa decisão é interposto o presente recurso ordinário constitucional, pelos fatos e fundamentos que se passa a expor.

2. Do Mérito

O artigo 241-B do Estatuto da Criança e do Adolescente tipifica a conduta de adquirir, possuir ou armazenar, por qualquer meio, fotografia, vídeo ou outra forma de registro que contenha cena de sexo explícito ou pornográfica envolvendo criança ou adolescente.

Veja-se, portanto, que para a consumação do crime é essencial a existência de cena de sexo explícito ou pornográfica envolvendo criança ou adolescente.

Não obstante, após realização de perícia no computador do recorrente, foi constatado, após o levantamento e a identificação de todo material enviado para exame, inexistir arquivos de pornografia infanto-juvenil, havendo, tão somente, inúmeras imagens de pornografia adulta.

Ou seja, não há qualquer material que tipificasse a conduta supostamente praticada pelo recorrente"

Por outro lado, considera-se justa causa como o conjunto de elementos mínimos probatórios acerca da materialidade do delito e de sua autoria ou participação. Como é cediço, o recebimento da exordia acusatória exige que o MP demonstre a existência da justa causa, sob pena de sua rejeição, com fundamento no art. 395, III, do Código de Processo Penal.

E é exatamente esse o caso em apreço! Se não há nos autos os arquivos contenham cena de sexo explícito ou pornográfica envolvendo criança ou adolescente, não há materialidade delitiva que dê suporte à acusação feita pelo MP, e, por conseguinte, deveria a referida denuncia ter sido rejeitada pelo nobre magistrado de primeiro grau.

Ademais, ter arquivos de pornografia adulta não é tipificado em nosso Ordenamento Jurídico como infração penal, razão pela qual, há que ser reconhecida a atipicidade da conduta praticada pelo recorrente.

Vê-se, pois, que o trancamento da ação penal por ausência de justa causa é medida que se impõe, seja pela falta de materialidade delitiva, seja pela atipicidade da conduta praticada!

3. Do Pedido

Por todo exposto, requer o conhecimento e provimento do presente recurso para, reformando o acórdão guerreado, determinar o trancamento da ação penal por ausência de justa causa, nos termos do art. 648, inciso I, do Código de Processo Penal.

Termos em que,

Pede deferimento.

Cuiabá, capital do Estado do Mato Grosso, 15 de abril de 2019.

Advogado, OAB

GABARITO

Peça: RECURSO ORDINÁRIO CONSTITUCIONAL, com fundamento no artigo 105, inciso II, alínea "a", da Constituição Federal, OU artigos 30 e 32 da lei 8.038/90.

Competência:

- Interposição para: PRESIDENTE DO TRIBUNAL DE JUSTIÇA DO ESTADO DE MATO GROSSO.

- Razões para: SUPERIOR TRIBUNAL DE JUSTIÇA.

  Mérito:

- Desenvolvimento fundamentado acerca do trancamento da ação penal pela ausência de prova da materialidade delitiva do crime previsto no art. 241-B da Lei 8.069/90, pois o citado tipo penal exige que os arquivos contenham cena de sexo explícito ou pornográfica envolvendo criança ou adolescente e o laudo pericial não identificou arquivos contendo pornografia infanto-juvenil, somente arquivos contendo pornografia adulta.
- Desenvolvimento fundamentado sobre a atipicidade da conduta, porque não há em nosso Ordenamento Jurídico a tipificação penal da conduta de ter arquivos contendo pornografia adulta.

  Pedidos:

- O trancamento da ação penal pela ausência de justa causa, com base no art. 648, I, do CPP.

  Prazo: 15 de abril de 2019 (segunda-feira).

13.
AGRAVO EM EXECUÇÃO

1. INTRODUÇÃO

Após o trânsito em julgado para a defesa e para a acusação, ter-se-á em definitivo o disposto no édito condenatório proferido. Ou seja, a sentença penal que reconheceu a prática de uma infração penal e apontou o(s) seu(s) autor(es) delitivo(s) não mais poderá ser objeto de nenhum recurso, podendo o Estado dar início à execução penal.

A execução penal tem por objetivo efetivar as disposições de sentença ou decisão criminal e proporcionar condições para a harmônica integração social do condenado e do internado (art. 2º da Lei nº 7.210/84):

> Art. 2º A jurisdição penal dos Juízes ou Tribunais da Justiça ordinária, em todo o Território Nacional, será exercida, no processo de execução, na conformidade desta Lei e do Código de Processo Penal.
> Parágrafo único. Esta Lei aplicar-se-á igualmente ao preso provisório e ao condenado pela Justiça Eleitoral ou Militar, quando recolhido a estabelecimento sujeito à jurisdição ordinária.

Destaque-se que a competência a partir do trânsito em julgado, em regra, não mais será do Juiz que proferiu a sentença penal condenatória (Vara Criminal, Vara de Entorpecentes, Vara do Tribunal do Júri, entre outros) e sim do **Juiz da Vara de Execuções Penais** (VEP). A exceção é quando existe um Juízo único na Comarca, o qual é responsável para presidir a fase de conhecimento e, também, a fase de execução da pena.

Vê-se, portanto, que todos os pedidos referentes à execução penal (progressão de regime, reconhecimento da detração, concessão de livramento condicional ou mesmo a aplicação de lei posterior mais benéfica) serão apreciados pelo Juiz da VEP. Dessa maneira, havendo decisão indeferindo o(s) requerimento(s) do apenado, o recurso cabível será o **agravo em execução**, salvo nas hipóteses de existir na decisão uma omissão, contradição ou obscuridade, a qual deverá, primeiramente, ser atacada por meio de embargos de declaração, para que o Juiz da VEP possa sanar o vício existente.

2. FUNDAMENTO

Dispõe o artigo 197 da Lei nº 7.210/84:

> Art. 197. Das decisões proferidas pelo Juiz caberá recurso de agravo, sem efeito suspensivo.

OBSERVAÇÃO:

O agravo em execução, por se tratar de recurso, terá duplo endereçamento. A sua interposição será endereçada ao Juiz da VEP e as suas razões ao Tribunal de Justiça Estadual ou ao Tribunal Regional Federal.

Pergunta: O agravo em execução possui efeito suspensivo?

Resposta: Não! Em regra, o agravo em execução somente é recebido com o **efeito devolutivo**, salvo na hipótese do art. 179 da Lei nº 7.210/84 (desinternação ou a liberação na execução da medida de segurança).

Aliás, essa exceção já foi tema da questão de nº 4 do XII Exame de Ordem Unificado FGV/OAB:

ENUNCIADO:

Marcos, jovem inimputável conforme o Art. 26 do CP, foi denunciado pela prática de determinado crime. Após o regular andamento do feito, o magistrado entendeu por bem aplicar medida de segurança consistente em internação em hospital psiquiátrico por período mínimo de 03 (três) anos. Após o cumprimento do período supramencionado, o advogado de Marcos requer ao juízo de execução que seja realizado o exame de cessação de periculosidade, requerimento que foi deferido. É realizada uma rigorosa perícia, e os experts atestam a cura do internado, opinando, consequentemente, por sua desinternação. O magistrado então, baseando-se no exame pericial realizado por médicos psiquiatras, exara sentença determinando a desinternação de Marcos. O Parquet, devidamente intimado da sentença proferida pelo juízo da execução, interpõe o recurso cabível na espécie. A

> partir do caso apresentado, responda, fundamentadamente, aos itens a seguir.
> **A.** Qual o recurso cabível da sentença proferida pelo magistrado determinando a desinternação de Marcos? (Valor: 0,75)
> **B.** Qual o prazo para interposição desse recurso? (Valor: 0,25)
> **C.** A interposição desse recurso suspende ou não a eficácia da sentença proferida pelo magistrado? (Valor: 0,25)

3. CABIMENTO

O agravo em execução será cabível sempre que a decisão for proferida pelo Magistrado da Vara de Execuções Penais, independentemente de ser ela favorável à acusação ou à defesa.

Por exemplo, a defesa requereu ao Juiz da VEP a progressão de regime do apenado. Caso a decisão seja favorável a ela, o Ministério Público poderá interpor o agravo. Caso a decisão não seja favorável à defesa, poderá ela interpor o mesmo recurso.

4. PROCEDIMENTO E PRAZO

A Lei nº 7.210/84 e o Código de Processo Penal são omissos quanto ao procedimento do agravo em execução e, também, quanto ao seu prazo.

Com efeito, coube a doutrina e a jurisprudência estabelecerem que o procedimento do agravo em execução é idêntico ao procedimento do recurso em sentido estrito (art. 581 a 592 do Código de Processo Penal). Nos moldes do RESE, o agravo em execução deverá ser remetido ao Tribunal competente para a sua apreciação por meio de instrumento. Além disso, interposto o recurso, o Juiz deverá analisá-lo e, entendendo por equivocada a sua própria decisão, poderá reconsiderá-la e conceder o requerido pela parte (art. 589 do Código de Processo Penal).

Portanto, é essencial que na **interposição do recurso** seja feito pedido para realização do "JUÍZO DE RETRATAÇÃO" pelo próprio Magistrado que proferiu a decisão agravada.

Por outro lado, assevera a Súmula nº 700 do Colendo Supremo Tribunal Federal:

É de cinco dias o prazo para interposição de agravo contra decisão do juiz da execução penal.

Assim como no RESE, a interposição do agravo em execução deverá ser feita em **5 (cinco) dias** e a apresentação das razões em **2 (dois)**.

5. MÉRITO E PEDIDOS DO AGRAVO EM EXECUÇÃO

Como dito acima, o agravo em execução será cabível contra toda a decisão proferida pelo Juízo da Vara de Execuções Penais. Logo, o mérito do recurso deverá tratar do(s) benefício(s) (ou requerimento) feito em favor do apenado, o qual poderá ser, entre outros, de:

1. Aplicação de lei posterior que de qualquer modo favorecer o condenado;
2. Declaração da extinção da punibilidade;
3. Soma ou unificação de penas;
4. Progressão de regimes;
5. Reconhecimento da detração e/ou remição da pena;
6. Concessão da suspensão condicional da pena;
7. Concessão do livramento condicional;
8. Autorização de saídas temporárias;
9. Conversão da pena privativa de liberdade em restritiva de direitos;
10. Revogação da medida de segurança;
11. Desinternação e o restabelecimento da situação anterior;
12. Cumprimento de pena ou medida de segurança em outra comarca;

Por exemplo, imagine que o agente delituoso foi condenado de forma definitiva a uma pena de 12 (doze) anos de reclusão pela prática do crime de peculato (art. 312 do Código Penal). Cumpridos mais de 2 (dois) anos da pena em regime fechado, a defesa requereu a sua progressão para o regime semiaberto, mas o d. Juízo da Vara de Execuções Penais indeferiu o requerimento. Contra essa decisão será cabível a interposição do agravo em execução e a tese de mérito a ser desenvolvida é que, por ser tratar de crime comum, a progressão de regime se dá após o cumprimento de 16% da pena imposta.

Os pedidos do agravo em execução estarão sempre associados ao requerimento feito junto à Vara de Execuções Penais. À título de exemplo, no caso narrado acima, a defesa havia pleiteado a progressão de regime, pois o apenado havia cumprido 16% da pena. Por conseguinte, o pedido no agravo em execução também será para a concessão da referida progressão, o qual será apreciado pelo Tribunal de Justiça Estadual ou Tribunal Regional Federal.

Destaque-se que, **se o apenado estiver preso**, será necessário, ainda, o requerimento de expedição do alvará de soltura.

Não há qualquer vedação para a formulação de pedidos alternativos ou mesmo subsidiários em sede de agravo em execução. Por exemplo, a defesa poderá requerer o reconhecimento da remição da pena pelo trabalho e, consequentemente, a progressão para um regime mais brando (semiaberto ou aberto, conforme a situação narrada), ou, caso outro seja o entendimento, a concessão do livramento condicional, todos devidamente fundamentados na legislação pertinente.

> **PROGRESSÃO DE REGIME:**
>
> A ressocialização é um direito de todo e qualquer condenado, independentemente da gravidade de sua conduta ou dos seus efeitos por ela alcançados, devendo, sempre, a ele ser ofertados os meios para lhe garantir o retorno ao convívio com seus pares.
>
> Nesse passo, a progressão de regime tem como finalidade permitir que o condenado seja, aos poucos, reintroduzido em seu convívio diário com os seus pares, desde que preenchidos requisitos objetivos e subjetivos. Entre estes, exige-se o cumprimento de parte da reprimenda aplicada ao apenado, o qual, **até a entrada em vigor da Lei nº 13.964/19**, era de 1/6 para crimes comuns, de 2/5 e 3/5 para os crimes hediondos e equiparados (primário e reincidente, respectivamente), e de 1/8 no caso de mulher gestante ou que for mãe ou responsável por crianças ou pessoas com deficiência.
>
> Com a Lei nº 13.964, de 24 de dezembro de 2019, o prazo para a progressão de regime, previsto no art. 112 da LEP, é de:
>
> I. 16% (dezesseis por cento) da pena, se o apenado for primário e o crime tiver sido cometido sem violência à pessoa ou grave ameaça;
>
> II. 20% (vinte por cento) da pena, se o apenado for reincidente em crime cometido sem violência à pessoa ou grave ameaça;
>
> III. 25% (vinte e cinco por cento) da pena, se o apenado for primário e o crime tiver sido cometido com violência à pessoa ou grave ameaça;
>
> IV. 30% (trinta por cento) da pena, se o apenado for reincidente em crime cometido com violência à pessoa ou grave ameaça;
>
> V. 40% (quarenta por cento) da pena, se o apenado for condenado pela prática de crime hediondo ou equiparado, se for primário;

VI. 50% (cinquenta por cento) da pena, se o apenado for condenado pela prática de crime hediondo ou equiparado, com resultado morte, se for primário, ou se condenado por exercer o comando, individual ou coletivo, de organização criminosa estruturada para a prática de crime hediondo ou equiparado, ou, ainda, se condenado pela prática do crime de constituição de milícia privada;

VII. 60% (sessenta por cento) da pena, se o apenado for reincidente na prática de crime hediondo ou equiparado;

VIII. 70% (setenta por cento) da pena, se o apenado for reincidente em crime hediondo ou equiparado com resultado morte, vedado o livramento condicional.

IX. 1/8 da pena, no caso de mulher gestante ou que for mãe ou responsável por crianças ou pessoas com deficiência, desde que preenchidos os demais requisitos do § 3º do art. 112 da LEP.

Esclareça-se, por derradeiro, que os prazos acima elencados somente serão aplicados aos crimes cuja prática ocorreu depois da entrada em vigor da Lei nº 13.964/19, sob pena de ofensa à irretroatividade *in malam partem*.

ESTRUTURA DO AGRAVO EM EXECUÇÃO - REVISÃO

ENDEREÇAMENTO:

EXCELENTÍSSIMO SENHOR DOUTOR JUIZ DE DIREITO DA _____ VARA DE EXECUÇÕES CRIMINAIS/PENAIS DA COMARCA DE_____ (Regra Geral)

ou

EXCELENTÍSSIMO SENHOR DOUTOR JUIZ FEDERAL DA _____ VARA DE EXECUÇÕES CRIMINAIS/PENAIS DA SECÇÃO JUDICIÁRIA DE _____ (Execução da Justiça Federal)

Processo número:

(Nome do Recorrente), já qualificado no processo de execução às fls., por seu advogado formalmente constituído que esta subscreve, vem, respeitosamente, à presença de Vossa Excelência, inconformado com a respeitável sentença, conforme fls., interpor tempestivamente o presente

AGRAVO EM EXECUÇÃO

com fundamento no artigo 197 da Lei 7.210/84– Lei de Execuções Penais.

Requer a realização do juízo de retratação e, em sendo mantida a decisão atacada, seja o presente recurso encaminhado a superior instância para o devido processamento e julgamento.

Nestes termos,

Espera seguimento.

Local, data.
Advogado, OAB

ENDEREÇAMENTO:

RAZÕES DE AGRAVO EM EXECUÇÃO

RECORRENTE:

RECORRIDO:

PROCESSO NÚMERO:

EGRÉGIO TRIBUNAL

COLENDA CÂMARA

ÍNCLITOS DESEMBARGADORES

1. **Dos Fatos**

Seja mais sucinto no resumo dos fatos e mais enfático no resumo do processo. Cita-se o mínimo necessário para os fatos e o máximo para o processo.

No final dos fatos, é para, sem pular linhas, fazer um parágrafo com o seguinte teor:

"A respeitável decisão proferida merece ser reformada pelos motivos de fato e direito a seguir aduzidos".

2. **Do Direito:**

Fale inicialmente qual foi o equívoco cometido pelo juiz das execuções penais para depois mencionar o direito aplicado ao caso concreto que será o fundamento do agravo em execução.

3. **Do Pedido:**

Deve-se fazer o pedido pleiteando o provimento do recurso para aplicar o direito referente a execução da pena ao caso concreto.

Termos em que,

Pede deferimento.

                        Comarca, data
                        Advogado, OAB

VAMOS TREINAR?

Sabrina foi condenada pela prática do crime de peculato (art. 312 do Código Penal) a uma pena de 9 (nove) anos de reclusão, em regime inicial fechado, no ano de 2009. A referida sentença transitou em julgado em 16/08/2012 (quinta-feira) e o cumprimento da pena se iniciou no dia 18/08/2014 (segunda-feira).

No dia 25/10/2017 (quarta-feira), João, esposo de Sabrina, o procura em seu escritório e o consulta sobre a possibilidade dela cumprir o restante de sua pena em regime mais brando, pois, além do tempo de pena já cumprido, a apenada contava com diversos dias remidos por trabalho, o contratando para tomar todas as medidas cabíveis para resguardar os direitos de Sabrina.

Protocolado requerimento de progressão de regime e, subsidiariamente, a concessão do livramento condicional, em favor da apenada, o Juiz da Vara de Execuções da cidade de Brasília/DF indeferiu todos os pedidos, justificando na decisão que Sabrina havia sido punida pela ocorrência de falta grave no dia 10/06/2016 (sexta-feira) e, portanto, houve reinício da contagem do prazo para a progressão de regime. Destacou, ainda, a perda de todos os dias remidos pela apenada e, ainda, que a prática de falta grave interrompe o prazo para obtenção do benefício de livramento condicional.

Sabrina e a sua defesa foram intimadas da decisão no dia 08/11/2017 (quarta-feira).

Com base somente nas informações de que dispõe e nas que podem ser inferidas pelo caso concreto acima, redija a peça cabível, no último dia do prazo, excluindo a possibilidade de impetração de *habeas corpus*, sustentando, para tanto, as teses jurídicas pertinentes. (Valor: 5,0)

PADRÃO DE RESPOSTA

EXCELENTÍSSIMO SENHOR DOUTOR JUIZ DE DIREITO DA VARA DE EXECUÇÕES PENAIS DA CIRCUNSCRIÇÃO JUDICIÁRIA DE BRASILIA/DF.

Processo número:

Sabrina, já qualificada nos autos do processo que lhe move o Ministério Público às fls., por seu advogado e bastante procurador formalmente constituído, que esta subscreve, vem, respeitosamente, à presença de Vossa Excelência, inconformado com a respeitável decisão, conforme fls., interpor tempestivamente o presente

AGRAVO EM EXECUÇÃO

com fundamento no art. 197 da Lei nº 7.210/84.

Requer a realização do juízo de retratação, e, em sendo mantida a decisão atacada, seja o presente recurso encaminhado a superior instância para o devido processamento e julgamento.

Pede deferimento.

Brasília/DF, 13 de novembro de 2017.
Advogado, OAB

RAZÕES DO AGRAVO EM EXECUÇÃO

RECORRENTE:

RECORRIDO:

PROCESSO NÚMERO:

EGRÉGIO TRIBUNAL DE JUSTIÇA DO ESTADO DE SÃO PAULO

COLENDA CÂMARA

ÍNCLITOS JULGADORES

1. Dos Fatos:

A recorrente foi condenada em sentença penal condenatória transitada em julgado a uma pena de 9 (nove) anos de reclusão, em regime inicial fechado, pela prática do crime de peculato, previsto no art. 312 do Código Penal.

Ato contínuo, e após o início do cumprimento de sua pena, fora requerida ao douto juízo *a quo* a progressão de regime do recorrente, bem como fora requerida, subsidiariamente, a concessão livramento condicional da apenada, mas, em decisão equivoca, *data venia*, o magistrado de primeiro grau indeferiu ambos os benefícios, conforme se passa a expor.

2. Do Direito:

Em primeiro lugar, Excelências, necessário se faz reconhecer que a recorrente não deve ter decretada a perda de todos os seus dias remidos devido ao cometimento da falta grave mencionada pelo r. Juízo *a quo*, cometida pela apenada no dia 10/06/2016.

Nesse sentido, faz-se mister frisar que o art. 127 da Lei nº 7.210/84 (Lei de Execuções Penais) dispõe que o cometimento de falta grave pode acarretar a perda de até 1/3 dos dias remidos e não de sua totalidade.

Assim sendo, a falta grave cometida pela recorrente não pode acarretar a perda de todos os seus dias remidos, conforme entendimento exarado na decisão do douto magistrado.

Em segundo lugar, importa destacar que o cometimento da referida falta grave também não interrompe o prazo para concessão do benefício de livramento condicional, conforme preconiza a Súmula nº 441 do STJ.

Nesse diapasão, novamente, observa-se, com todas as devidas vênias, o grande equívoco da decisão proferida pelo Juízo *a quo*, o qual também negou a concessão do benefício de livramento condicional à agravante, alegando que não poderia ser concedido o livramento condicional porquanto a apenada havia cometido falta grave e isto interromperia a contagem do prazo para a concessão do benefício em questão

Assim, ante o exposto, verifica-se que a referida decisão proferida em sede do Juízo *a quo* não merece prosperar e deve ser imediatamente reformada, por estar contrariando flagrantemente o direito da agravada e violando dispositivos do infraconstitucionais que lhe asseguram tais benefícios.

3. Pedidos:

Por todo o exposto, a defesa requer seja conhecido e provido o presente agravo em execução, para reformar a respeitável decisão de primeiro grau, reconhecendo-se o período de pena cumprido pelo recorrente, determinando a perda máxima de 1/3 dos dias remidos pela agravante devido ao cometimento de falta grave por parte da referida.

Ao mesmo passo, requer seja concedido o benefício do livramento condicional à agravante por ser medida de justiça para com a referida.

Por fim, requer seja expedido o competente alvará de soltura da agravante.

Termos em que,

Pede deferimento.

Brasília/DF, 13 de novembro de 2017.

Advogado, OAB

GABARITO DO CASO PRÁTICO

Peça: AGRAVO EM EXECUÇÃO, com fundamento no art. 197 da Lei nº 7.210/84 (LEP).

Competência:

Interposição: EXCELENTÍSSIMO SENHOR JUÍZO DA VARA DE EXECUÇÕES PENAIS DA COMARCA DE BRASÍLIA/DF.

Razões: EGRÉGIO TRIBUNAL DE JUSTIÇA DO DISTRITO FEDERAL E TERRITÓRIOS.

- Teses:
- O cometimento de falta grave por parte da apenada poderá acarretar, no máximo, a perda de até 1/3 (um terço) dos dias remidos e não todo o tempo, nos termos do disposto no art. 127 da Lei nº 7.210/84 (LEP).
- A prática de falta grave não interrompe o prazo para concessão do benefício do livramento condicional, consoante preconizado na Súmula nº 441 do Superior Tribunal de Justiça.

Pedidos:
- Seja conhecido e provido o presente recurso para reformar a decisão proferida e determinar a perda máxima de 1/3 (um terço) dos dias remidos pela agravante, com a concessão do benefício do livramento condicional.
- Por fim, a expedição do alvará de soltura.

Prazo: 13/11/2017 (segunda-feira).

14.

MANDADO DE SEGURANÇA

1. INTRODUÇÃO

Assim como a revisão criminal e o habeas corpus, o mandado de segurança é uma ação autônoma de impugnação, com *status* constitucional, que visa proteger direito líquido e certo, não amparado por *habeas corpus* ou *habeas data*, quando o responsável pela ilegalidade ou abuso de poder for autoridade pública ou agente de pessoa jurídica no exercício de atribuições do Poder Público

O Mandado de Segurança poderá ser impetrado pelo Ministério Público, pelo assistente de acusação, pelo defensor do acusado, ou, ainda, pelo querelante, querelado, réu ou terceiro interessado, **desde que representados por um advogado**. Quando o direito ameaçado ou violado couber a várias pessoas, qualquer delas poderá requerer o mandado de segurança (art. 1º, § 3º, da Lei nº 12.016/2009).

Já o impetrado é a autoridade que praticou o ato ilegal ou abusivo. Aliás, a Lei nº 12.016/2009, dispõe que se considera autoridade coatora aquela que tenha praticado o ato impugnado ou da qual emane a ordem para a sua prática (art. 6º, § 3º). Confira:

> Art. 6º A petição inicial, que deverá preencher os requisitos estabelecidos pela lei processual, será apresentada em 2 (duas) vias com os documentos que instruírem a primeira reproduzidos na segunda e indicará, além da autoridade coatora, a pessoa jurídica que esta integra, à qual se acha vinculada ou da qual exerce atribuições.
> [...]
> § 3o Considera-se autoridade coatora aquela que tenha praticado o ato impugnado ou da qual emane a ordem para a sua prática.

Como dito anteriormente, o mandado de segurança é o remédio constitucional cabível quando houver violação a direito líquido e certo não amparado pelo *habeas corpus* ou *habeas data*. Merece destaque que, diferentemente do HC, no mandado de segurança, não se admite a sua impetração quando o ato ilegal ou abusivo for praticado por particular, mas, tão somente, pela **autoridade pública**.

A propósito, equiparam-se à autoridade pública, como estipula o artigo 1º, parágrafo primeiro da lei 12.016/2009, os representantes ou órgãos de partidos políticos, administradores de autarquias, bem como dirigentes de pessoas jurídicas ou pessoas naturais com atribuição do poder público.

Por outro lado, *"a noção de direito líquido e certo ajusta-se, em seu específico sentido jurídico-processual, ao conceito de situação decorrente de fato incontestável e inequívoco, suscetível de imediata demonstração mediante prova literal pré-constituída"*, consoante entendimento esposado pelo Eminente Ministro Celso de Mello, no julgamento do Mandado de Segurança nº 26.552.

Nesse mesmo sentido, eis o entendimento jurisprudencial do Colendo Superior Tribunal de Justiça:

> RECURSO ORDINÁRIO EM MANDADO DE SEGURANÇA. CRIMES DA LEI DE LICITAÇÕES. ASSOCIAÇÃO CRIMINOSA. INCOMPETÊNCIA DO TRIBUNAL A QUO. IRRETROATIVIDADE DA LEI PENAL. CERCEAMENTO DE DEFESA. MATÉRIAS NÃO EXAMINADAS NA ORIGEM. SUPRESSÃO DE INSTÂNCIA. NÃO CABIMENTO.
> *Não merece conhecimento as matérias não apreciadas na origem e sob as quais a parte não apresentou sequer o recurso integrativo, a fim de sanar eventuais vícios no julgado, sob pena de configuração da indevida prestação jurisdicional em supressão de instância.*
> SUSPENSÃO DA ATIVIDADE ECONÔMICA. ACÓRDÃO RECORRIDO DEVIDAMENTE FUNDAMENTADO. DIREITO LÍQUIDO E CERTO INEXISTENTE. RECURSO IMPROVIDO.
> **1. Nos termos da jurisprudência deste Superior Tribunal de Justiça, o cabimento do mandado de segurança está atrelado à existência de direito líquido e certo a ser tutelado, não podendo ser utilizado o remédio heróico para impugnar decisões judiciais das quais caibam recurso próprio, exceto quando evidenciada flagrante ilegalidade ou teratologia que se pretenda desconstituir.**
> *2. É entendimento deste Sodalício que as medidas cautelares de caráter pessoal previstas no art. 319, inciso VI, do Código de Processo Penal podem ser decretadas, mediante fundamentação adequada, em que sejam consideradas a sua necessidade e urgência, de forma proporcional, com vistas à prevenção de reiteração delitiva 3. Não há que se falar em direito líquido e certo das partes em contratar com a administração pública, nos casos em que há indícios suficientes de que as empresas estariam sendo utilizadas para a prática de delitos em detrimento dos entes federados.*
> *4. Recurso improvido.*

(STJ, RMS 50.246/AP, Rel. Min. Jorge Mussi, Quinta Turma, DJe 19/12/2018, destaque acrescido).

Isto porque, não se admite em sede de mandado de segurança questões controvertidas que envolvam fatos e provas, em razão da impossibilidade de dilação probatória. Neste sentido, analisemos o entendimento já pacificado pelo Egrégio Supremo Tribunal Federal:

> EMENTA: AGRAVO REGIMENTAL. RECURSO ORDINÁRIO EM MANDADO DE SEGURANÇA. PENAL E PROCESSO PENAL. ARQUIVAMENTO DE INQUÉRITO POLICIAL A PEDIDO DO MINISTÉRIO PÚBLICO. FALTA DE INDÍCIOS DE MATERIALIDADE E AUTORIA. TERATOLOGIA. AUSÊNCIA. REVOLVIMENTO DE FATOS E PROVAS. INVIABILIDADE. AGRAVO REGIMENTAL DESPROVIDO. *1. É manifestamente inadmissível o mandado de segurança contra ato jurisdicional, exceto em caso de flagrante ilegalidade ou teratologia da decisão questionada. Precedente: MS 30.669-ED, Tribunal Pleno, DJe de 06/04/2016. 2. A admissão do mandado de segurança contra decisão judicial pressupõe, exclusivamente: i) não caber recurso, com vistas a integrar ao patrimônio do impetrante o direito líquido e certo a que supostamente aduz ter direito; ii) não ter havido o trânsito em julgado; e iii) tratar-se de decisão manifestamente ilegal ou teratológica. Precedente: RMS 32.932-AgR, Segunda Turma, Rel. Min. Gilmar Mendes, DJe 25/02/2016. 3. A pretensão de revolvimento do contexto fático-probatório revela-se manifestamente incabível em sede de mandado de segurança, conforme consolidada jurisprudência: RMS 33.937, Segunda Turma, Rel. Min. Cármen Lúcia, DJe 06/09/2016; RMS 32.811-AgR, Primeira Turma, Rel. Min. Luiz Fux, DJe 28/10/2016. 4. In casu, o Juízo de primeira instância acolheu pedido de arquivamento de inquérito policial formulado pelo Ministério Público, em decisão juridicamente fundamentada e submetida à revisão do Tribunal de Justiça do Distrito Federal e Territórios e do Superior Tribunal de Justiça, que atuaram legitimamente no exercício de suas competências, observados os limites legais. 5. Deveras, o Superior Tribunal de Justiça, no âmbito do MS 21.081-DF, evidenciou a inexistência de teratologia, ilegalidade ou abuso de poder na decisão proferida pelo juízo de primeira instância. Consignou, ainda, a ausência de direito líquido e certo da impetrante, tendo em vista que a decisão de arquivamento de inquérito a requerimento do Parquet, titular da ação penal pública, não está sujeita a impugnação quanto ao mérito. 6. Para superar o entendimento firmado nas instâncias a quo, seria necessário o revolvimento do contexto fático-probatório, manifestamente inviável em sede de Recurso em Mandado de Segurança. 7. Agravo regimental a que se NEGA PROVIMENTO.* (STF, RMS 33995 AgR, Rel. Min. Luiz Fux, Primeira Turma, DJe 29/09/2017, destaques acrescidos).

Destarte, a complexidade da matéria jurídica não impede a utilização do Mandado de Segurança, desde que haja prova pré-constituída do direito invocado, nos exatos termos do disposto na Súmula 625 do C. STF:

> Súmula 625: Controvérsia sobre matéria de direito não impede concessão de mandado de segurança.

2. FUNDAMENTO DO MANDADO DE SEGURANÇA

O Mandado de Segurança possui duplo fundamento. O primeiro é o art. 5º, inciso LXIX, da Constituição Federal/88:

> LXIX – conceder-se-á mandado de segurança para proteger direito líquido e certo, não amparado por habeas corpus ou habeas data, quando o responsável pela ilegalidade ou abuso de poder for autoridade pública ou agente de pessoa jurídica no exercício de atribuições do Poder Público;

Já o segundo fundamento é no art. 1º da Lei nº 12.016/2009:

> Art. 1º Conceder-se-á mandado de segurança para proteger direito líquido e certo, não amparado por habeas corpus ou habeas data, sempre que, ilegalmente ou com abuso de poder, qualquer pessoa física ou jurídica sofrer violação ou houver justo receio de sofrê-la por parte de autoridade, seja de que categoria for e sejam quais forem as funções que exerça.

3. PRAZO DO MANDADO DE SEGURANÇA

Conforme disciplina o art. 23 da Lei nº 12.016/2009, o direito de requerer mandado de segurança extinguir-se-á decorridos 120 (cento e vinte) dias, contados da ciência, pelo interessado, do ato impugnado:

> Art. 23. O direito de requerer mandado de segurança extinguir-se-á decorridos **120 (cento e vinte) dias**, contados da ciência, pelo interessado, do ato impugnado.

Destaque-se que esse é um **prazo decadencial**.

Portanto, decorridos os 120 dias da ciência do ato ilegal ou abusivo praticado, o interessado **não** mais poderá se valer do Mandado de Segurança.

4. PROCEDIMENTO DO MANDADO DE SEGURANÇA

A petição inicial do mandado de segurança deverá ser instruída com todos os documentos comprobatórios do direito líquido e certo violado pelo ato ilegal ou abusivo. Repita-se: em sede de MS **não** se permite dilação probatório e, por isso, o documento necessário para comprovação do alegado deve ser apresentado juntamente com a exordial.

A competência para apreciar o mandado de segurança será da Justiça Federal quando as consequências de ordem patrimonial do ato contra o qual se requer o mandado houverem de ser suportadas pela União ou entidade por ela controlada (art. 2º, Lei 12.016/2009), *verbis*:

> Art. 2º Considerar-se-á federal a autoridade coatora se as consequências de ordem patrimonial do ato contra o qual se requer o mandado houverem de ser suportadas pela União ou entidade por ela controlada.

Após a sua impetração, o magistrado ou relator (nos casos de competência dos tribunais) deverá notificar a autoridade coatora para que apresente informações sobre as questões apresentadas no MS, consoante art. 7º da Lei nº 12.016/2009:

> Art. 7º Ao despachar a inicial, o juiz ordenará:
> I – que se notifique o coator do conteúdo da petição inicial, enviando-lhe a segunda via apresentada com as cópias dos documentos, a fim de que, no prazo de 10 (dez) dias, preste as informações;
> II – que se dê ciência do feito ao órgão de representação judicial da pessoa jurídica interessada, enviando-lhe cópia da inicial sem documentos, para que, querendo, ingresse no feito;
> III – que se suspenda o ato que deu motivo ao pedido, quando houver fundamento relevante e do ato impugnado puder resultar a ineficácia da medida, caso seja finalmente deferida, sendo facultado exigir do impetrante caução, fiança ou depósito, com o objetivo de assegurar o ressarcimento à pessoa jurídica.

OBSERVAÇÃO:

Não se concederá mandado de segurança quando se tratar:
I. de ato do qual caiba recurso administrativo com efeito suspensivo, independentemente de caução;
II. de decisão judicial da qual caiba recurso com efeito suspensivo;
III. de decisão judicial transitada em julgado.

Ato contínuo, o Ministério Público deverá ser intimado para apresentar a sua manifestação na condição de fiscal da lei dentro do prazo de **10 (dez) dias** e, em seguida, os autos serão conclusos para o magistrado competente proferir decisão concedendo ou negando a segurança vindicada.

> **ATENÇÃO:**
> Da decisão **DENEGAR** a segurança será cabível o seguinte recurso:

COMPETÊNCIA	RECURSO
JUIZ SINGULAR	APELAÇÃO
TRIBUNAL de 2º INSTÂNCIA	RECURSO ORDINÁRIO CONSTITUCIONAL para o STJ
STJ ou STM	RECURSO ORDINÁRIO CONSTITUCIONAL para o STF

Já da decisão que <u>CONCEDER</u> a segurança será cabível os seguintes recursos:

COMPETÊNCIA	RECURSO
JUIZ SINGULAR	APELAÇÃO
TRIBUNAL de 2º INSTÂNCIA	RESP para o STJ ou RE para o STF (desde que preenchidos os requisitos legais)
STJ ou STM	RE para o STF (desde que preenchidos os requisitos legais)

O Mandado de Segurança em matéria penal é um instrumento de alcance limitado, pois o seu cabimento é residual (cabível apenas quando não for possível a impetração de *habeas corpus* ou *habeas data*). Ainda, assim, existem determinados exemplos de sua utilização no âmbito penal:

A. Indeferimento de pedido de habilitação como assistente de acusação;
B. Atribuição de efeito suspensivo a recurso que originalmente não for o detém;
C. For negado ao advogado acesso ao processo ou inquérito policial, desde que não haja sigilo.

Nesses casos, o mérito a ser discutido no mandado de segurança será a simples demonstração de que se trata de um direito líquido e certo e que o ato praticado pela autoridade coatora é ilegal e abusivo. A prova deve ser pré-constituída e, dessa maneira, não haverá audiência de instrução e julgamento para oitiva de testemunhas ou outros atos processuais que visam a produção de provas.

Em relação aos pedidos, estes deverão ser construídos para que, se for o caso, conceda-se a liminar pleiteada, que tem natureza cautelar e dependerá da demonstração do *fumus boni iuris* e do *periculum in mora*, e, no mérito, haja a concessão da ordem de Mandado de Segurança.

Ressalte-se, por fim, a necessidade de se apontar o valor da causa na petição inicial do Mandado de Segurança.

ESTRUTURA DO MANDADO DE SEGURANÇA - REVISÃO

ENDEREÇAMENTO:

EXCELENTÍSSIMO SENHOR DOUTOR JUIZ DE DIREITO DA _____ VARA CRIMINAL DA COMARCA DE _____ (Regra Geral)

ou

EXCELENTÍSSIMO SENHOR DOUTOR JUIZ FEDERAL DA _____ VARA CRIMINAL DA SEÇÃO JUDICIÁRIA DE _____ (Crimes da Competência da Justiça Federal)

ou

EXCELENTÍSSIMO SENHOR DOUTOR JUIZ DE DIREITO DA _____ VARA DO TRIBUNAL DO JÚRI DA COMARCA DE _____ (Regra geral)

ou

EXCELENTÍSSIMO SENHOR DOUTOR JUIZ FEDERAL DA _____ VARA DO TRIBUNAL DO JÚRI DA SEÇÃO JUDICIÁRIA DE _____ (Crimes da Competência da Justiça Federal)

ou

EXCELENTÍSSIMO SENHOR DOUTOR JUIZ DE DIREITO DA ____ ZONA ELEITORAL DA COMARCA DE _____ (Crimes Eleitorais)

ou

EXCELENTÍSSIMO SENHOR DOUTOR DESEMBARGADOR PRESIDENTE DO TRIBUNAL DE JUSTIÇA DO ESTADO _____ (Endereçamento do Tribunal de Justiça Estadual)

ou

EXCELENTÍSSIMO SENHOR DOUTOR DESEMBARGADOR PRESIDENTE DO TRIBUNAL REGIONAL FEDARAL DA _____ REGIÃO (Endereçamento do Tribunal Regional Federal)

ou

EXCELENTÍSSIMO SENHOR MINISTRO PRESIDENTE DO SUPERIOR TRIBUNAL DE JUSTIÇA (Endereçamento do Superior Tribunal de Justiça).

Identificação

(Fazer parágrafo) Nome, nacionalidade, estado civil, profissão, portador da Cédula de Identidade número _____, expedida pela _____ inscrito no Cadastro de Pessoa Física do Ministério da Fazenda sob o número _____, residência e domicílio, por seu advogado abaixo assinado, conforme procuração anexa a este instrumento, vem, com fundamento no art. 5º, inc. LXIX, da Constituição Federal e arts. 1º e ss. da Lei 12.016/2009, impetrar

MANDADO DE SEGURANÇA

contra ato do (indicar a autoridade coatora), pelas razões de fato e de direito as seguir expostas:

1. **Dos Fatos:**

(Fazer breve resumo dos fatos).

2. **Do Direito:**

Demonstrar o direito líquido e certo violado do impetrante. Falar sobre todo aspecto legal pertinente ao caso em tela.

3. **Do Pedido liminar**

Deverá ser demonstrado o *fumus boni iuris* (direito líquido e certo), bem como o *periculum in mora* (necessidade de se ter de imediato a tutela do Estado).

4. **Do Pedido**

Diante do exposto, requer seja concedida medida liminar, e, após as informações prestadas pela autoridade coatora, bem como a manifestação do Ministério Público, que seja definitivamente concedida a segurança, confirmando-se, no todo, a liminar concedida.

Dá-se a causa, para fins meramente fiscais, o valor de R$ __. .

Termos em que,

Pede deferimento.

Comarca, data
Advogado, OAB

CASO PRÁTICO

Em 15/11/2015, foi instaurado inquérito policial para apurar a prática de diversos crimes de roubo na cidade do Florianópolis/SC. As informações preliminares colhidas pela autoridade policial associavam a autoria dos crimes a Lauro e Leonardo, ambos primários e de bons antecedentes.

No dia 21/11/2015, Lauro foi notificado a comparecer na 2ª Delegacia de Polícia de Florianópolis na data de 30/11/2015 e prestar esclarecimentos acerca dos fatos apurados. Na mesma data, o investigado compareceu ao escritório de advocacia de Paulo e solicita a ele a realização de diligências junto à citada delegacia, a fim de que fossem realizadas cópias do inquérito policial.

Em 23/11/2015, foi requerido junto à referida delegacia de polícia cópia do citado inquérito policial, sendo o pleito indeferido pela autoridade policial, alegando esta, para tanto, que mesmo sendo juntada a procuração de Lauro, outorgando plenos poderes ao advogado, o acesso ao inquérito antes da sua oitiva poderia comprometer o andamento das investigações.

Com base somente nas informações de que dispõe e nas que podem ser inferidas pelo caso concreto acima, redija a peça cabível exclusiva de advogado para defender os interesses de Lauro e obter acesso aos autos, sustentando, para tanto, todas as teses jurídicas pertinentes.

PADRÃO DE RESPOSTA

EXCELENTÍSSIMO SENHOR DOUTOR JUIZ DE DIREITO DA ____ VARA CRIMINAL DA COMARCA DE FLORIANÓPOLIS DO ESTADO DE SANTA CATARINA.

Paulo, nacionalidade, estado civil, advogado, portador da Cédula de Identidade número _____, expedida pela _____ inscrito no Cadastro de Pessoa Física do Ministério da Fazenda sob o número _____, residência e domicílio, em causa própria, vem, com fundamento no art. 5º, inc. LXIX, da Constituição Federal e art. 1º da Lei 12.016/2009, impetrar

MANDADO DE SEGURANÇA

contra ato do praticado pelo Delegado da 2ª Delegacia de Polícia de Florianópolis/SC, que lhe negou acesso ao inquérito policial instaurado para apurar a prática de crimes roubo, no qual figura como investigado Lauro, pelas razões de fato e de direito as seguir expostas:

1. Dos Fatos:

Em 15/11/2015, foi instaurado inquérito policial para apurar a prática de diversos crimes de roubo na cidade do Florianópolis/SC. As informações preliminares colhidas pela autoridade policial associavam a autoria dos crimes a Lauro e Leonardo, ambos primários e de bons antecedentes.

No dia 21/11/2015, Lauro foi notificado a comparecer na 2ª Delegacia de Polícia de Florianópolis na data de 30/11/2015 e prestar esclarecimentos acerca dos fatos apurados. Na mesma data, o investigado compareceu ao escritório do ora impetrante, solicitando a realização de diligências junto à citada delegacia, a fim de que fossem realizadas cópias do inquérito policial.

Em 23/11/2015, o impetrante requereu junto à autoridade coatora cópia do citado inquérito policial, sendo o pleito indeferido sob o argumento de que, mesmo sendo juntada procuração outorgando plenos poderes ao impetrante, o acesso ao inquérito antes da oitiva de Lauro poderia comprometer o andamento das investigações.

Portanto, não restou outra saída ao impetrante, senão a impetração de mandado de segurança, para ter os seus direitos e o de seu cliente resguardados pelo Poder Judiciário.

2. Do Direito:

Conforme art. 7º, inciso XIV, da Lei nº 8.906/94, é direito do advogado examinar, em qualquer instituição responsável por conduzir investigação, mesmo sem procuração, autos de flagrante e de investigações de qualquer natureza, findos ou em andamento, ainda que conclusos à autoridade, podendo copiar peças e tomar apontamentos, em meio físico ou digital.

Por sua vez, a Súmula Vinculante nº 14, editada pelo Colendo Supremo Tribunal Federal, preconiza que é direito do defensor, no interesse do representado, ter acesso amplo aos elementos de prova que, já documentados em procedimento investigatório realizado por órgão com competência de polícia judiciária, digam respeito ao exercício do direito de defesa.

Portanto, não há qualquer impedimento para acesso do impetrante ao inteiro teor do inquérito policial instaurado e a sua negativa evidencia-se ofensa expressa ao seu exercício profissional, bem como fere o direito de seu cliente de constituir advogado para acompanhar eventual investigação contra a sua pessoa.

3. Do Pedido liminar

Para justificar a concessão de liminar em mandado de segurança, o art. 7º da Lei nº 12.016/2009 estabeleceu dois requisitos, quais sejam, o *fumus boni iuris* e o *periculum in mora*.

A simples exposição sumária do direito ameaçado, com o robusto acervo probatório apresentado, é suficiente para constatar o *fumus boni iuris*, que não exige um juízo de certeza, mas de mera probabilidade.

O *periculum in mora*, por sua vez, se afigura presente porquanto há justo receio de lesão grave irreparável, ou de difícil reparação. Isso porque, acaso não se conceda o acesso ao impetrante da íntegra do inquérito policial, haverá clara e manifesta ofensa ao seu exercício profissional!

Assim, a urgência e a importância do provimento jurisdicional em tempo hábil são evidentes, e sua concessão antecipada é medida que se impõe.

4. Do Pedido

Por todo exposto, requer

A. a concessão de liminar, *inaudita altera parte*, para determinar que a autoridade coatora conceda imediatamente acesso ao referido inquérito policial;
B. a notificação da autoridade impetrada para que preste as informações que entender necessárias, nos termos do art. 7º, I, da Lei nº 12.016/2009;
C. a intimação do representante do Ministério Público para que opine, nos termos do art. 12 da Lei nº 12.016/2009;
D. ao final, a procedência do pedido, ensejando a necessidade de concessão da ordem e a confirmação da decisão liminar.

Dá-se a causa, para fins meramente fiscais, o valor de R$ 100,00.

Termos em que,

Pede deferimento.

Florianópolis/SC, Data.

Advogado, OAB

GABARITO

Peça: MANDADO DE SEGURANÇA, com fundamento no artigo 5º, inciso LXIX, da Constituição Federal e artigo 1º da Lei nº 12.016/2009.

Competência:

- Vara Criminal da Comarca de Florianópolis/SC.

Mérito:

- Desenvolvimento fundamentado acerca do direito do advogado de examinar, em qualquer instituição responsável por conduzir investigação, mesmo sem procuração, autos de flagrante e de investigações de qualquer natureza, findos ou em andamento, ainda que conclusos à autoridade, podendo copiar peças e tomar apontamentos, em meio físico ou digital, conforme art. 7º, XIV da Lei nº 8.906/94 e Súmula Vinculante nº 14.

Liminar:

- Desenvolvimento jurídico acerca da concessão da liminar, com pedido de urgência, pois a demora no acesso ao inquérito por parte do advogado, além de estar impedindo o exercício profissional do impetrante, está trazendo transtornos à defesa.

Pedidos:

- Concessão de liminar para determinar que a autoridade policial, imediatamente, conceda o acesso aos autos;
- Notificação da autoridade impetrada para prestar informações em até 10 dias, art. 7º, incisos I e II, da Lei 12016/2009;
- No mérito, procedência do pedido, ensejando a necessidade de concessão da ordem e a confirmação da decisão liminar;
- Valor da causa.

15.

HABEAS CORPUS

1. INTRODUÇÃO

O *habeas corpus* ou *writ* é uma ação de impugnação autônoma com previsão na Constituição Federal e no Código de Processo Penal, como será explicado em tópico específico. A sua utilização **não** é exclusiva de advogado, podendo ser utilizada por qualquer pessoa que vislumbre ameaça ou coação ilegal ao seu direito de locomoção.

> **OBSERVAÇÃO:**
> É possível a utilização de *habeas corpus* em favor de terceiro, salvo na hipótese de já haver procurador constituído ou quando a sua utilização puder representar algum prejuízo para a defesa do interessado. Nesse sentido, eis o entendimento pacificado do Colendo Superior Tribunal de Justiça:
> PROCESSUAL PENAL. EXECUÇÃO PROVISÓRIA DE PENA. AGRAVO REGIMENTAL CONTRA DECISÃO QUE NÃO CONHECEU DO HABEAS CORPUS. LEGITIMAÇÃO UNIVERSAL PARA IMPETRAÇÃO DO MANDAMUS. IMPOSSIBILIDADE. **NÃO AUTORIZAÇÃO EXPRESSA DOS PROCURADORES DEVIDAMENTE CONSTITUÍDOS PELO PACIENTE.** RECURSO DESPROVIDO.
> *I - Não obstante o habeas corpus constitua relevante garantia constitucional voltada à tutela do direito de locomoção e conviva com ampla legitimidade ativa, não há como se admitir que essa legitimação universal interfira na conveniência e oportunidade da formalização da impetração, as quais se inserem no contexto da estratégia defensiva, quadrante no qual, por óbvio, deve ser prestigiada a atuação da defesa constituída* (STF - HC n. 155.215/ PR - Rel. Min. Edson Fachin).
> *II - In casu, observa-se que no julgamento do AgRg no HC n. 444.152/ PR, de minha relatoria, houve pronunciamento pelos patronos do paciente no sentido de que, "**Em que pesem as considerações do nobre Impetrante, o Paciente, de maneira expressa, não autoriza qualquer forma de representação judicial ou extrajudicial em seu nome que*

> *não seja através de seus advogados legalmente constituídos para representá-lo e defender os seus direitos e interesses."*
> *III - Destarte, considerando que não houve autorização pelos procuradores devidamente constituídos, para que terceiros representassem e defendessem os direitos do paciente, mantenho a decisão agravada por seus próprios fundamentos, o que faço nos termos do artigo 202, parágrafo 1º do RISTJ. Precedente.*
> ***Agravo Regimental desprovido.*** (STJ, AgRg no HC 460.829/PR, Rel. Min. Felix Fischer, Quinta Turma, DJe 18/09/2018, destaques crescidos).

Em sede de *writ*, existem três sujeitos: o **impetrante**, o **paciente** e a **autoridade coatora**. O primeiro é a pessoa que busca a concessão da ordem e, como dito anteriormente, não necessita ser exatamente o detentor do direito violado. O segundo é a pessoa a favor de quem se busca a concessão da ordem, ou seja, a pessoa cujo direito de locomoção se encontra ameaçado ou violado. Por fim, o terceiro é a pessoa que de alguma forma ameaçou ou violou indevidamente o direito de locomoção do paciente.

O *habeas corpus* sofreu diversas **limitações** em nosso ordenamento jurídico ao longo dos últimos anos. Embora seja considerado uma importante garantia constitucional, voltada à defesa do direito de locomoção, os Tribunais Superiores definiram algumas restrições para a sua utilização:

1.1. HABEAS CORPUS SUBSTITUTIVO DE RECURSO

A interposição de recursos exige sempre que a parte interessada observe o prazo estabelecido em Lei ou em disposições expressamente estabelecidas para o seu conhecimento. Uma vez esgotado o prazo para a sua interposição, não é permitida a impetração de *habeas corpus* como seu substituto.

Por exemplo, imagine que o réu foi condenado pelo magistrado de primeiro grau e, posteriormente, a sentença condenatória foi confirmada por unanimidade pelo Tribunal de Justiça estadual. Nesse caso, não havendo omissões, contradições ou obscuridades, restaria apenas a interposição de recurso especial e/ou extraordinário. Como anteriormente estudado, o prazo para interposição desses dois recursos é de 15 dias. Agora, esgotado esse prazo, seria possível o réu impetrar *habeas corpus* substitutivo ao recurso especial? A resposta é **negativa**, conforme se verifica da ementa do seguinte julgado:

> AGRAVO REGIMENTAL EM HABEAS CORPUS. EXECUÇÃO PENAL. WRIT SUBSTITUTIVO DE RECURSO ESPECIAL. FALTA DE CABIMENTO. INDEFERIMENTO LIMINAR DO MANDAMUS, TENDO EM VISTA A AUSÊNCIA DE MANIFESTA COAÇÃO ILEGAL À LIBERDADE DE LOCOMOÇÃO. IMPUTAÇÃO DE FALTA DISCIPLINAR DE NATUREZA GRAVE. POSSE DE ACESSÓRIOS DE APARELHO DE TELEFONIA CELULAR. PRETENSÃO DE RECONHECIMENTO DE NULIDADE NO PAD. AUSÊNCIA DO APENADO À INQUIRIÇÃO DAS TESTEMUNHAS. PRESENÇA DA DEFESA TÉCNICA.
> PREJUÍZO. AUSÊNCIA. ALEGAÇÃO DE ATIPICIDADE DA CONDUTA. IMPROCEDÊNCIA. CONSTRANGIMENTO ILEGAL. INEXISTÊNCIA.
> **1. Deve ser mantida por seus próprios fundamentos a decisão monocrática em que se indefere liminarmente o writ, substitutivo de recurso, quando não evidenciado manifesto constrangimento ilegal à liberdade de locomoção.**
> 2. Inviável o acolhimento da alegação de nulidade do procedimento administrativo disciplinar em que se reconheceu a prática de falta disciplinar de natureza grave, uma vez que não verificado o indispensável prejuízo. 3. No caso, embora o agravante não tenha participado da audiência de inquirição de testemunhas, o advogado da FUNAP participou ativamente do ato.
> 4. A posse de fones de ouvido no interior do presídio configura falta grave, ou seja, é conduta formal e materialmente típica, portanto, idônea para o reconhecimento da falha e a aplicação dos consectários (AgRg no HC n. 419.902/SP, Ministro Felix Fischer, Quinta Turma, DJe 16/2/2018).
> 5. Agravo regimental improvido.
> (STJ, AgRg no HC 438.835/SP, Rel. Min. Sebastião Reis Júnior, Sexta Turma, DJe 07/12/2018, destaques acrescidos).

Vejamos outro precedente no mesmo sentido, mas do Colendo Supremo Tribunal Federal:

> "Ementa: Processual Penal. Habeas Corpus substitutivo de agravo regimental. Inadequação da via eleita. Concessão da ordem de ofício. Impossibilidade. **1. O Supremo Tribunal Federal não admite a impetração de habeas corpus em substituição ao agravo regimental cabível na origem. Precedentes.** 2. Ausência de teratologia, ilegalidade flagrante ou abuso de poder que autorize a concessão da ordem de ofício. 3. Habeas corpus não conhecido, revogada a liminar."
> (HC 143722, Rel. Min. Marco Aurélio, Rel. p/ Acórdão: Min. Roberto Barroso, Primeira Turma, DJe 10/12/2018, destaque acrescido).

> **OBSERVAÇÃO:**
> Os Tribunais Superiores entendem que, se verificada a existência de manifesta ilegalidade, teratologia ou abuso de poder, é possível a concessão da ordem de ofício. Por exemplo, o réu requer a sua progressão de regime ao d. Juízo da Vara de Execuções Penais, mas ele indefere o pedido, mesmo já havendo o cumprimento de todos os requisitos para a sua progressão. Nesse caso, o recurso cabível é o agravo em execução a ser interposto no prazo de 5 dias. Decorrido esse prazo e impetrado o *habeas corpus* substitutivo, o Tribunal de 2ª instância não conhecerá da impetração, mas poderá, de ofício, determinar a progressão de regime do paciente.

1.2. HABEAS CORPUS SUCEDÂNEO DE REVISÃO CRIMINAL

A segunda vedação é em relação a utilização do *writ* como sucedâneo de revisão criminal. Ou seja, ainda que ambos sejam ações autônomas de impugnação, não é possível a utilização do *habeas corpus* com o fim de desconstituir o trânsito em julgado de uma sentença penal condenatória. Aliás, esse entendimento é pacificado pelos Tribunais Superiores. Confira:

> *Ementa: Penal. Habeas Corpus substitutivo de revisão criminal. Furto tentado. Aplicação do princípio da insignificância. Impossibilidade. Ordem concedida de ofício. 1. **A orientação jurisprudencial do Supremo Tribunal Federal é no sentido de que o habeas corpus não pode ser utilizado como sucedâneo de revisão criminal.** 2. O Plenário do STF, no julgamento do HC 123.734, Rel. Min. Luís Roberto Barroso, decidiu que: "(i) a reincidência não impede, por si só, que o juiz da causa reconheça a insignificância penal da conduta, à luz dos elementos do caso concreto; e (ii) na hipótese de o juiz da causa considerar penal ou socialmente indesejável a aplicação do princípio da insignificância por furto, em situações em que tal enquadramento seja cogitável, eventual sanção privativa de liberdade deverá ser fixada, como regra geral, em regime inicial aberto, paralisando-se a incidência do art. 33, § 2º, c, do CP no caso concreto, com base no princípio da proporcionalidade (...)". 3. Não obstante a reincidência, o reduzido grau de reprovabilidade da conduta (tentativa de furto de 6 unidades de salame avaliados em R$ 135,26) justifica a substituição da pena privativa de liberdade por duas penas restritivas de direitos, tal como decidido no HC 137.217, Redator para o acórdão o Min. Alexandre de Moraes. 4. **Habeas Corpus não conhecido**. Ordem concedida de ofício para substituir a pena privativa de liberdade por duas penas restritivas de direito a serem fixadas pelo Juízo da execução penal. (STF, HC 142083, Rel. Min. Marco Aurélio, Rel. p/ Acórdão: Min. Roberto Barroso, Primeira Turma, DJe 16/10/2018, destaques acrescidos);* e

PROCESSUAL PENAL. HABEAS CORPUS. HOMICÍDIO QUALIFICADO. VIOLAÇÃO AO ART. 155 DO CPP. SUPRESSÃO DE INSTÂNCIA. DECOTE DE QUALIFICADORA. IMPOSSIBILIDADE. DESCLASSIFICAÇÃO E DESISTÊNCIA VOLUNTÁRIA. INVIABILIDADE NA VIA ELEITA. ÓBICE AO REVOLVIMENTO FÁTICO-COMPROBATÓRIO. WRIT NÃO CONHECIDO. 1. O Supremo Tribunal Federal e o Superior Tribunal de Justiça não têm admitido o habeas corpus como sucedâneo do meio processual adequado, seja o recurso ou a revisão criminal, salvo em situações excepcionais, quando manifesta a ilegalidade ou sendo teratológica a decisão apontada como coatora.
2. No caso, a alegação de violação ao art. 155 do CPP não foi objeto de cognição pela Corte de origem, o que obsta o exame de tal matéria por este Superior Tribunal de Justiça, sob pena de incidir em indevida supressão de instância e em violação da competência constitucionalmente definida para esta Corte 3. Firmou-se nesta Corte o entendimento de que a exclusão de qualificadoras constantes na pronúncia somente pode ocorrer quando manifestamente improcedentes e descabidas, sob pena de usurpação da competência do Tribunal do Júri, juiz natural para julgar os crimes dolosos contra a vida, o que não se verifica na hipótese dos autos.
4. O fato de haver indícios de que os agentes não conseguiram a consumação do delito por circunstâncias alheias as suas vontades, torna inviável o reconhecimento da desistência voluntária. Ademais, a Corte de origem pontuou que o meio utilizado pelo paciente para o intento delituoso (disparo de arma de fogo) é incompatível com a ausência de animus necandi, não havendo falar em desclassificação da conduta. Assim, para infirmar tais conclusões seria necessário reexame detido do conjunto fático-probatório dos autos, o que não se revela possível na via do habeas corpus.
5. Habeas corpus não conhecido. (STJ, HC 402.617/RS, Rel. Min. Ribeiro Dantas, Quinta Turma, DJe 15/08/2018, destaque acrescido).

> **OBSERVAÇÃO:**
>
> **SÚMULA 695:** Não cabe *habeas corpus* quando já extinta a pena privativa de liberdade.

1.3. HABEAS CORPUS IMPETRADO CONTRA DECISÃO QUE INDEFERIU PEDIDO LIMINAR

A terceira vedação a ser estudada ocorre quando o *writ* é impetrado em um determinado Tribunal com pedido liminar e este é indeferido pelo relator. Neste caso, o impetrante não poderá se valer de outro *habeas corpus* para o Tribunal superior contra a decisão que indeferiu a liminar, sob pena de supressão de instância. Isto porque, os Tribunais Superiores entendem que a negativa de liminar pelo relator não significa que a matéria foi analisada pelo respectivo Tribunal, havendo, portanto, a necessidade de seu julgamento pelo órgão colegiado.

À título de exemplo, imagine que um *habeas corpus* é impetrado no Tribunal de Justiça estadual com um pedido liminar para suspender a execução provisória. O Desembargador relator indefere o pedido liminar e solicita informações à autoridade coatora sobre o que é alegado. Nesse caso, não é permitida a impetração de outro HC no Colendo STJ para que se analise o pedido liminar de suspensão da execução provisória, enquanto o mérito do *habeas corpus* não for julgado pelo tribunal estadual.

Aliás, eis o disposto na Súmula 691 do Egrégio STF:

> *Não compete ao Supremo Tribunal Federal conhecer de habeas corpus impetrado contra decisão do relator que, em habeas corpus requerido a tribunal superior, indefere a liminar.*

Eis o entendimento do Colendo Superior Tribunal de Justiça:

> *AGRAVO REGIMENTAL EM HABEAS CORPUS. SÚMULA 691/STF. AUSÊNCIA DE PATENTE ILEGALIDADE. TRÁFICO DE DROGAS. PRISÃO PREVENTIVA. APREENSÃO DE GRANDE QUANTIDADE DE DROGAS NO INTERIOR DA RESIDÊNCIA DO PACIENTE. AGRAVO REGIMENTAL IMPROVIDO.*
> *1. O Superior Tribunal de Justiça tem compreensão firmada no sentido de não ser cabível habeas corpus contra decisão que indefere o pleito liminar em prévio mandamus, a não ser que fique demonstrada flagrante ilegalidade, o que não ocorre na espécie. Inteligência do verbete n. 691 da Súmula do Supremo Tribunal Federal.*
> *2. Caso em que o decreto prisional demonstrou, ainda que de forma sucinta, a necessidade da medida extrema diante da apreensão de elevada quantidade de drogas em sua residência – 10,95 kg de maconha, distribuída em 13 tijolos, e 12 porções menores; 239 g também de maconha, divididos em outros 10 tabletes; e, por fim, duas porções empedradas de cocaína, pesando 86,3 g -, além de três balanças de precisão e vários instrumentos típicos da traficância apreendidos. Prisão preventiva devidamente justificada nos termos do art. 312 do CPP.*
> *3. Agravo regimental a que se nega provimento.* (STJ, AgRg no HC 471.195/SP, Rel. Min Reynaldo Soares da Fonseca, Quinta Turma, DJe 19/12/2018, destaque acrescido).

2. FUNDAMENTO DO HABEAS CORPUS

O *habeas corpus* tem duplo fundamento. O primeiro está disposto na Constituição Federal/88, em seu artigo 5º, inciso LXVIII, *verbis*:

> LXVIII – *conceder-se-á habeas corpus sempre que alguém sofrer ou se achar ameaçado de sofrer violência ou coação em sua liberdade de locomoção, por ilegalidade ou abuso de poder;*

O segundo fundamento é o art. 647 do Código de Processo Penal. Confira-se:

> Art. 647. *Dar-se-á habeas corpus sempre que alguém sofrer ou se achar na iminência de sofrer violência ou coação ilegal na sua liberdade de ir e vir, salvo nos casos de punição disciplinar.*

3. PROCEDIMENTO DO HABEAS CORPUS

O *writ* deverá ser elaborado em petição simples e endereçada a autoridade imediatamente superior àquela considerada como coatora. Por exemplo, se a autoridade coatora for um delegado de polícia, o endereçamento será ao Magistrado de primeiro grau competente. Agora, se a autoridade coatora for um juiz de piso, a competência será do Tribunal de 2ª Instância.

Na prática, exige-se que o impetrante instrua o *habeas corpus* com todos os documentos necessários para a compreensão da matéria, pois não é permitido ali qualquer produção de prova ou mesmo análise aprofundada de questões fático-probatórias.

Após a impetração, e havendo pedido liminar, o *writ* irá concluso para o juiz ou relator para sua apreciação e, após a decisão (que poderá ou não deferir a liminar pleiteada), serão solicitadas informações à autoridade coatora dentro do prazo a ser estabelecido.

> **OBSERVAÇÃO:**
>
> Não é cabível o ***habeas corpus*** contra a prisão administrativa, atual ou iminente, dos responsáveis por dinheiro ou valor pertencente à Fazenda Pública, alcançados ou omissos em fazer o seu recolhimento nos prazos legais, salvo se o pedido for acompanhado de prova de quitação ou de depósito do alcance verificado, ou se a prisão exceder o prazo legal, conforme disposto no § 2º, do art. 650, do CPP.

Apresentadas as informações pela autoridade coatora, os autos retornarão ao juiz ou relator para apreciação do mérito do *habeas corpus*. Se a competência for de juiz singular, será proferida uma sentença que poderá ser atacada por meio do **recurso em sentido estrito** (art. 581, inciso X, do CPP).

Por outro lado, se a competência for de Tribunal, será proferido um acórdão (decisão do colegiado) e este poderá ser atacado por meio do Recurso Ordinário Constitucional.

> **HC PREVENTIVO X HC RESTAURADOR**
>
> Em nosso ordenamento, há **duas espécies** de *habeas corpus*: o preventivo e o restaurador. A primeira é cabível quando há uma real e notória ameaça à liberdade de locomoção por ato ilegal. Por sua vez, a segunda é cabível quando o ato (ameaça ou coação à liberdade de locomoção) já tiver sido praticado pela autoridade coatora.

4. DIREITO E PEDIDO

Como dito anteriormente, o *habeas corpus* será cabível quando alguém **sofrer** ou se achar na **iminência de sofrer** violência ou coação ilegal na sua liberdade de ir e vir. Neste sentido, o Código de Processo Penal, em seu art. 648, estabelece um rol exemplificativo de quando será considerada ilegal a coação, vejamos:

I. **quando não houver justa causa:**
A justa causa é o **conjunto mínimo** de elementos probatórios associados à materialidade delitiva ou à autoria da infração penal praticada. Portanto, não havendo prova mínima quanto a um desses dois elementos, faltará justa causa à ação penal, o que permite o **trancamento da ação penal**.

II. **quando alguém estiver preso por mais tempo do que determina a lei:**
Determinada a expedição de um mandado de prisão (temporária, por exemplo), o agente não poderá ser submetido a tempo maior do que o estabelecido na decisão. Uma vez extrapolado esse prazo, aquela prisão se torna **ilegal**, autorizando o manejo do *habeas corpus* para que o paciente seja imediatamente posto em liberdade.

III. **quando quem ordenar a coação não tiver competência para fazê-lo:**

Em nosso ordenamento jurídico, são estabelecidas as competências para julgar determinadas situações. Por exemplo, compete ao Juiz da Vara do Tribunal do Júri julgar os crimes dolosos contra a vida e os conexos. Por outro lado, compete ao Superior Tribunal de Justiça julgar os crimes comuns praticados pelos Governadores dos Estados (art. 105, I, a, da CF/88). Imagine agora que um Magistrado de primeiro grau determine a expedição de um mandado de prisão preventiva contra um Governador de Estado. Essa prisão será considerada **ilegal**, pois quem a ordenou não era competente para isso.

IV. **quando houver cessado o motivo que autorizou a coação:**

Imagine a seguinte situação: João é investigado pela prática do crime de homicídio (art. 121 do CP). A única testemunha ocular alega que está sendo ameaçada por João. Nesse caso, o Magistrado determina a prisão preventiva de João para assegurar a conveniência da instrução criminal (art. 312 do CPP), ressaltando que o único motivo que ensejou a prisão foram as ameaças praticadas contra a testemunha. Decorridos 20 (vinte) dias da prisão de João, é noticiada a morte da testemunha.

Não havendo mais o motivo que justificou a prisão de João, uma vez que a testemunha morreu, a restituição de sua liberdade é medida necessária, caso outro motivo não exista.

V. **quando não for alguém admitido a prestar fiança, nos casos em que a lei a autoriza:**

A fiança é uma garantia prestada pelo agente delituoso nos casos expressamente previstos em Lei. Nessa esteira, o art. 322 do Código de Processo Penal estabelece que a *"autoridade policial somente poderá conceder fiança nos casos de infração cuja pena privativa de liberdade máxima não seja superior a 4 (quatro) anos"*. Ou seja, se houver a prisão em flagrante pela prática do crime de furto, cuja pena é de 1 a 4 anos (art. 155 do CP), a autoridade policial deverá conceder a fiança e, caso assim não proceda, haverá uma coação ilegal que justifica a impetração do *writ*.

VI. **quando o processo for manifestamente nulo:**

No ordenamento jurídico brasileiro, existem disposições que devem ser obedecidas para a prática de determinados atos ou mesmo da ação penal. Uma vez descumpridas essas disposições, ter-se-ão nulidades, que poderão ser relativas ou absolutas.

As nulidades relativas são aquelas que poderão ser reparadas ou quando não houver prejuízo às partes.

Por outro lado, as absolutas são aquelas que provocam prejuízo às partes e, portanto, os atos necessitarão ser novamente produzidos ou até mesmo o processo *in totem*.

Imagine que Paulo se encontre preso preventivamente pela prática de um crime no estado de São Paulo. Concomitantemente, Paulo é denunciado pela prática de outro delito no estado de Minas Gerais. Contudo, o Magistrado da Vara Criminal do estado de Minas Gerais, depois de tentar localizá-lo em diversos endereços, determina a sua citação por edital e o processo corre a sua revelia. Veja-se que nesse caso teremos uma nulidade absoluta, por ofensa ao disposto no art. 360 do Código de Processo Penal, o qual determina a citação pessoal do preso.

Assim, todo o processo será considerado nulo, uma vez que o vício foi praticado pela autoridade coatora ainda no nascedouro da ação penal.

VII. quando extinta a punibilidade:

A última hipótese de coação ilegal apontada no art. 648 do CPP é quando o Estado não tiver mais interesse naquela persecução penal em decorrência da extinção da punibilidade. Por exemplo, o crime de furto tem pena máxima de 4 anos (art. 155 do CP). Logo, a regra é que a denúncia seja oferecida, no máximo, até 8 anos após a prática do fato. Uma vez oferecida após esse prazo de 8 anos e havendo o seu recebimento pelo Magistrado competente, ter-se-á uma coação ilegal, pois a pretensão punitiva já foi fulminada pela prescrição em abstrato.

Quanto aos pedidos do *habeas* corpus, em regra, estão associados à **concessão de liberdade do paciente, com a imediata expedição do alvará de soltura**, ao trancamento da ação penal ou do inquérito policial e, por fim, **ao reconhecimento de uma nulidade, com consequente a anulação do processo em sua totalidade ou de algum ato praticado.**

Portanto, podemos fazer a seguinte correlação entre as hipóteses do art. 648 do CPP com os pedidos do *habeas corpus*:

INCISO(S)	PEDIDO
I e VII	TRANCAMENTO DA AÇÃO PENAL OU DO INQUÉRITO POLICIAL
II, III, IV e V	CONCESSÃO DA LIBERDADE E EXPEDIÇÃO DO ALAVARÁ DE SOLTURA
VI	RECONHECIMENTO DE NULIDADE E ANULAÇÃO DO PROCESSO OU ATO PRATICADO

ESTRUTURA DO HABEAS CORPUS - REVISÃO

ENDEREÇAMENTO:

EXCELENTÍSSIMO SENHOR DOUTOR JUIZ DE DIREITO DA _____ VARA CRIMINAL DA COMARCA DE _____ (Regra Geral)

ou

EXCELENTÍSSIMO SENHOR DOUTOR JUIZ FEDERAL DA _____ VARA CRIMINAL DA SEÇÃO JUDICIÁRIA DE _____ (Crimes da Competência da Justiça Federal)

ou

EXCELENTÍSSIMO SENHOR DOUTOR JUIZ DE DIREITO DA _____ VARA DO TRIBUNAL DO JÚRI DA COMARCA DE _____ (Regra geral)

ou

EXCELENTÍSSIMO SENHOR DOUTOR JUIZ FEDERAL DA _____ VARA DO TRIBUNAL DO JÚRI DA SEÇÃO JUDICIÁRIA DE _____ (Crimes da Competência da Justiça Federal)

ou

EXCELENTÍSSIMO SENHOR DOUTOR JUIZ DE DIREITO DA _____ ZONA ELEITORAL DA COMARCA DE _____ (Crimes Eleitorais)

ou

EXCELENTÍSSIMO SENHOR DOUTOR DESEMBARGADOR PRESIDENTE DO TRIBUNAL DE JUSTIÇA DO ESTADO _____ (Endereçamento do Tribunal de Justiça Estadual)

ou

EXCELENTÍSSIMO SENHOR DOUTOR DESEMBARGADOR PRESIDENTE DO TRIBUNAL REGIONAL FEDARAL DA _____ REGIÃO (Endereçamento do Tribunal Regional Federal)

ou

EXCELENTÍSSIMO SENHOR MINISTRO PRESIDENTE DO SUPERIOR TRIBUNAL DE JUSTIÇA (Endereçamento do Superior Tribunal de Justiça)

Identificação

(Fazer parágrafo) Nome, nacionalidade, estado civil, profissão, portador da Cédula de Identidade número _____, expedida pela _____ inscrito no Cadastro de Pessoa Física do Ministério da Fazenda sob o número _____, residência e domicílio, por seu advogado abaixo assinado, conforme procuração anexa a este instrumento, vem, com fundamento no art. 5º, LXVIII, da Constituição Federal, e no art. 647 e seguintes do Código de Processo Penal, impetrar

HABEAS CORPUS

em favor de (nome do paciente), nacionalidade, estado civil, profissão, portador da Cédula de Identidade número   , expedida pela inscrito no Cadastro de Pessoa Física do Ministério da Fazenda sob o número, residência e domicílio _____, que se encontra atualmente custodiado na _____ (indicar o local em que se encontra preso o paciente, se for o caso), em razão de decisão manifestamente ilegal proferida pelo _____, ora identificado como autoridade coatora, pelas razões de fato e direito a seguir expostas:

1. **Dos Fatos**

(Fazer breve resumo dos fatos).

2. **Do Mérito**

Aqui deverá ser demonstrado o porquê de a coação ser considerada ilegal, correlacionando-a com os artigos pertinentes.

3. **Do Pedido liminar**

Deverá ser demonstrado o *fumus boni iuris* (violação/cerceamento/ameaça ao direito de liberdade do paciente), bem como o *periculum in mora* (necessidade de se ter de imediato a tutela do Estado).

4. **Do Pedido**

Deverá ser requerer a concessão da ordem de *habeas corpus* e com ____ (o trancamento da ação penal, ou a concessão da liberdade ao paciente, ou, ainda, a anulação do processo).

Importante, se o paciente estiver preso é essencial pedir a expedição do alvará de soltura.

Termos em que,

Pede deferimento.

Comarca, data

Advogado, OAB

CASO PRÁTICO

Guilherme, no dia 05 de fevereiro de 2013, na véspera de seu aniversário de 20 anos, subtraiu um famoso modelo de tênis da loja pé amigo, avaliado em R$ 899,00 (oitocentos e noventa e nove reais). Contudo, dois dias depois do ocorrido, após ser indagado sobre a origem do calçado pelo seu pai, Beto, o jovem confessou a sua subtração e disse estar muito arrependido. Ato contínuo, acompanhado de seu pai, Guilherme foi até o estabelecimento conversar com o proprietário da loja, desculpar-se e ressarci-lo pelo prejuízo. O dono do estabelecimento, sensibilizado pela conduta do jovem, não comunicou o ocorrido à autoridade policial.

Ocorre que, no dia 16 de abril de 2019, Guilherme foi notificado para prestar esclarecimento na 1ª Delegacia de Polícia de Goiânia/Goiás acerca da subtração do referido tênis. De posse de cópia do inquérito policial, o genitor do investigado tomou ciência de que o gerente da loja pé amigo, Pedro, inconformado com a condescendência do proprietário do estabelecimento, comunicou a subtração à autoridade policial.

Desesperado, o pai de Guilherme o contrata para adotar as medidas necessárias para obstar a o prosseguimento da investigação, mormente, a sua oitiva perante a autoridade policial. Com base somente nas informações de que dispõe e nas que podem ser inferidas pelo caso concreto acima, redija a peça cabível em nome de Beto para defender os direitos de Guilherme, sustentando, para tanto, as teses jurídicas pertinentes.

PADRÃO DE RESPOSTA

EXCELENTÍSSIMO SENHOR DOUTOR JUIZ DE DIREITO DA VARA CRIMINAL DA COMARCA DE GOIÂNIA DO ESTADO DE GOIÁS.

Beto, nacionalidade, estado civil, profissão, portador da Cédula de Identidade número _____, expedida pela _____ inscrito no Cadastro de Pessoa Física do Ministério da Fazenda sob o número _____, residência e domicílio, por seu advogado abaixo assinado, conforme procuração anexa a este instrumento, vem, com fundamento no art. 5º, LXVIII, da Constituição Federal, e no art. 647 e seguintes do Código de Processo Penal, impetrar

HABEAS CORPUS

em favor de Guilherme, nacionalidade, estado civil, profissão, portador da Cédula de Identidade número, expedida pela inscrito no Cadastro de Pessoa Física do Ministério da Fazenda sob o número, residência e domicílio _____, que se encontra atualmente custodiado na _____ (indicar o local em que se encontra preso o paciente, se for o caso), em razão de ato ilegal e arbitrário, *data* venia, praticado pela autoridade policial da 1º Delegacia de Polícia de Goiânia/GO ora identificado como autoridade coatora, pelas razões de fato e direito a seguir expostas:

1. Dos Fatos

No dia 05 de fevereiro de 2013, na véspera de seu aniversário de 20 anos, o paciente subtraiu um famoso modelo de tênis da loja pé amigo, avaliado em R$ 899,00 (oitocentos e noventa e nove reais). Contudo, dois dias depois do ocorrido, após ser indagado sobre a origem do calçado pelo seu pai, ora impetrante, o jovem confessou a sua subtração e disse estar muito arrependido. Ato contínuo, acompanhado de seu pai, o paciente foi até o estabelecimento conversar com o proprietário da loja, desculpar-se e ressarci-lo pelo prejuízo.

Não obstante, depois de mais de 6 anos do ocorrido, o paciente foi notificado para prestar esclarecimento na 1ª Delegacia de Polícia de Goiânia/Goiás acerca da subtração do referido tênis, o que, com todas as vênias, é por demais abusivo, em face da manifesta e clara extinção da punibilidade pela prescrição.

2. Do Mérito

Como é cediço, o crime imputado ao paciente, qual seja, furto (art. 155, CP), tem pena máxima de 4 anos e, conforme art. 109, IV, do CP, o prazo prescricional, em regra, é de 8 anos. Contudo, à época dos fatos, o paciente era menor de 21 anos, fazendo jus à redução do prazo prescricional pela metade (art. 115 do CP). Assim, o prazo prescricional a ser aplicado ao caso é de 4 anos. Considerando que o fato foi praticado em 05/02/2013, o prazo máximo para recebimento da denúncia era dia 04/02/2017.

Portanto, ultrapassado o prazo prescricional de 4 anos, forçoso concluir pela extinção da punibilidade pela prescrição, conforme art. 107, IV, 109, IV, e 115, todos do Código Penal.

E nesse contexto, o Código de Processo Penal, em seu artigo 648, inciso VII, considera coação ilegal, apta a ensejar a impetração de *habeas corpus*, quando ocorrer a extinção da punibilidade.

Forte no que foi exposto, não há dúvida, *data maxima venia*, da flagrante ilegalidade evidenciada pela instauração de inquérito policial para apurar a prática de um crime prescrito, que deve ser corrigida imediatamente, sob pena grave violação ao *status libertatis* do paciente.

3. **Da liminar**

A argumentação acima exposta, demonstra à evidência, *data venia*, a ilegalidade no prosseguimento do IP para investigação de um crime, donde a presença do *fumus boni iuris*. De outro lado, o periculum in mora encontra-se no risco de ser o paciente submetido ao constrangimento de figurar em um processo administrativo sem finalidade legal, com, inclusive, data para realização de seu interrogatório.

Em face do exposto é que se impõe, em caráter liminar, o sobrestamento do IP, a fim de evitar prejuízo irreparável ao paciente!

4. **Do Pedido**

Por todo o exposto, requer a concessão de liminar para suspender o inquérito policial instaurado e, no mérito, a concessão da ordem para determinar o seu trancamento, com a declaração da extinção da punibilidade pela prescrição da pretensão punitiva.

Termos em que,

Pede deferimento.

Goiânia, capital do Estado do Goiás, Data.
Advogado, OAB

GABARITO

Peça: HABEAS CORPUS, com fundamento no artigo 647 do Código de Processo Penal e art. 5º, inciso LXVIII, da Constituição Federal

Competência: EXCELENTÍSSIMO SENHOR DOUTOR JUIZ DE DIREITO DA VARA CRIMINAL DA COMARCA DE GOIÂNIA DO ESTADO DE GOIÁS.

Mérito:

- Desenvolvimento fundamentado sobre o trancamento da ação penal pela extinção da punibilidade. O crime imputado ao paciente tem pena máxima de 4 anos e, conforme art. 109, IV, do CP, o prazo prescricional, em regra, é de 8 anos. Contudo, à época dos fatos, o paciente era menor de 21 anos, fazendo jus à redução do prazo prescricional pela metade (art. 115 do CP). Assim, o prazo prescricional a ser aplicado ao caso é de 4 anos. Considerando que o fato foi praticado em 05/02/2013, o prazo máximo para recebimento da denúncia era dia 04/02/2017. Não obstante, até a presente data, não houve manifestação da acusação, razão pela qual há que ser reconhecido que pretensão punitiva foi fulminada pela prescrição, conforme art. 107, IV, 109, IV, e 115, todos do Código Penal.

Por sua vez, o Código de Processo Penal considera coação ilegal, apta a ensejar a impetração de habeas corpus, quando extinta a punibilidade.

Liminar:

- Considerando a ocorrência da extinção da punibilidade no caso em apreço, não há razão para prosseguimento da investigação, razão pela qual, permitir o seu prosseguimento, especialmente para submeter o paciente a um interrogatório, evidencia-se verdadeiro constrangimento ilegal. Portanto, forçoso concluir pela concessão de liminar para suspender o prosseguimento da investigação policial até a análise definitiva do presente *habeas corpus*.

Pedidos:

- A concessão de medida liminar para suspender a investigação policial;
- No mérito, a concessão da ordem para determinar o trancamento do inquérito policial, declarando-se extinta a punibilidade pela prescrição da pretensão punitiva em abstrato.

16.
REVISÃO CRIMINAL

1. INTRODUÇÃO

Trata-se de ação autônoma de impugnação com fundamento no artigo 621 do Código de Processo Penal que visa desconstituir o trânsito em julgado de uma sentença penal condenatória ou absolutória imprópria, única e exclusivamente, em benefício do condenado, desde que a sentença tenha sido contrária ao texto expresso da lei penal ou à evidência dos autos, ou se fundar em depoimentos, exames ou documentos comprovadamente falsos, ou ainda quando, após a sentença, se descobrirem novas provas de inocência do condenado ou de circunstância que determine ou autorize diminuição especial da pena.

2. PRESSUPOSTOS

São pressupostos da Revisão Criminal:

A. A existência de sentença penal condenatória ou absolutória imprópria;
B. Demonstração de uma das hipóteses estabelecidas nos incisos do art. 621 do CPP:
I. quando a sentença condenatória for contrária ao texto expresso da lei penal ou à evidência dos autos;
II. quando a sentença condenatória se fundar em depoimentos, exames ou documentos comprovadamente falsos;
III. quando, após a sentença, se descobrirem novas provas de inocência do condenado ou de circunstância que determine ou autorize diminuição especial da pena.

3. COMPETÊNCIA

A competência para julgamento da revisão criminal será do próprio Tribunal que proferir o julgado, mesmo que a decisão seja oriunda de juízes diretamente subordinados a ele. Teremos, assim:

1. Tribunal de Justiça estadual, Tribunais Regionais Federais e Tribunais Eleitorais – Quando a decisão for proferida por juiz de primeiro grau ou pelo próprio Tribunal;
2. Superior Tribunal de Justiça – Quando a condenação for proferida pelo próprio Superior Tribunal em competência originária;
3. Supremo Tribunal Federal – Quando a condenação for proferida pelo próprio Supremo Tribunal em competência originária

> **OBSERVAÇÃO:**
> A interposição de recurso para os Tribunais Superiores e/ou para o Supremo Tribunal Federal por si só não os torna competentes para o julgamento da Revisão Criminal. Isto, porque, para que assim seja, o recurso interposto deverá ser conhecido, **havendo a manutenção da condenação**, e o fundamento da revisão criminal deverá ser a matéria **apreciada** pelo Tribunal *ad quem*. Ou seja, o seu fundamento deverá coincidir com a questão federal apreciada em sede de recurso extraordinário (art. 263, parágrafo único, do Regimento Interno do STF) ou em sede de recurso especial (art. 240 do Regimento Interno do STJ).

4. PROCEDÊNCIA DA REVISÃO CRIMINAL

Julgado procedente o(s) pedido(s) da Revisão Criminal, poderá haver (art. 626 c/c 630, ambos do CPP):

1. Alterar a classificação da infração penal;
2. Absolver o réu;
3. Modificar a pena;
4. Anular o processo;
5. Fixar indenização pelos prejuízos sofridos.

> **ATENÇÃO:**
>
> JUÍZO RESCINDENTE X JUÍZO RESCISÓRIO
> O **Juízo Rescindente** ocorre quando a sentença atacada é desconstituída, ou seja, haverá a sua cassação. Por outro lado, o **Juízo Rescisório** ocorre quando a sentença atacada é substituída pela nova decisão, ou seja, haverá a sua reforma.

Pergunta: É possível a utilização da revisão criminal em favor da sociedade (*pro societate*)?

Resposta: Não! A revisão criminal somente poderá ser utilizada em favor do condenado!

> **OBSERVAÇÃO:**
>
> Na hipótese de se tratar de uma **DECISÃO EXTINTIVA DE PUNIBILIDADE**, teremos as seguintes situações:
> **1.** Causa Extintiva de Punibilidade **anterior** ao trânsito em julgado da sentença penal condenatória ou absolutória imprópria – Não será cabível. Exemplo: Prescrição da Pretensão Punitiva;
> **2.** Causa Extintiva de Punibilidade **posterior** ao trânsito em julgado da sentença penal condenatória ou absolutória imprópria – Será cabível. Exemplo: Prescrição da Pretensão Executória.

Indaga-se: e na hipótese do **Perdão Judicial**?

Nesse caso, por se tratar de uma sentença declaratória, na qual não subsiste qualquer efeito da condenação, conforme Súmula 18 do Superior Tribunal de Justiça, NÃO será cabível o ajuizamento da revisão criminal.

Pergunta: É cabível o ajuizamento da revisão criminal quando a condenação ocorrer no âmbito dos Juizados Especiais Criminais?

Resposta: Sim, mesmo não havendo previsão legal. A competência para julgar será da Turma Recursal.

5. LEGITIMIDADE

A Revisão poderá ser pedida pelo próprio réu ou por procurador legalmente habilitado ou, no caso de morte do réu, pelo cônjuge, ascendente, descendente ou irmão, nos termos do estabelecido no art. 623 do Código de Processo Penal.

> **ATENÇÃO:**
>
> O Colendo Superior Tribunal de Justiça entende que o art. 623 do Código de Processo Penal autoriza o ajuizamento, pelo próprio condenado, sem intervenção de advogado ou defensor, de revisão criminal, conforme se observa da ementa do seguinte julgado:
> PROCESSO PENAL. HABEAS CORPUS. PRETENSÃO DE RESTABELECIMENTO DA SENTENÇA ABSOLUTÓRIA. MATÉRIA NÃO ANALISADA PELA CORTE A QUO.
> SUPRESSÃO DE INSTÂNCIA. NÃO-CONHECIMENTO. REVISÃO CRIMINAL. DISPENSA DE CAPACIDADE POSTULATÓRIA. ART. 623 DO CPP. HABEAS CORPUS CONCEDIDO DE OFÍCIO.
> 1. A ausência de manifestação do Tribunal de origem impede o Superior Tribunal de Justiça de analisar o pedido de restabelecimento da sentença absolutória, sob pena de indevida supressão de instância.
> 2. A revisão criminal, nos termos do art. 623 do Código de Processo Penal, pode "ser pedida pelo próprio réu ou por procurador legalmente habilitado"; portanto, a exigência de capacidade postulatória do autor caracteriza constrangimento ilegal.
> 3. Ordem não conhecida. Habeas corpus, de ofício, concedido para que o Tribunal a quo, dispensando a exigência de capacidade postulatória, analise o pedido formulado pelo impetrante/paciente na revisão criminal ali ajuizada. (HC 80.038/SP, Rel. Ministro Arnaldo Esteves Lima, Quinta Turma, DJ 10/09/2007).

Pergunta: Qual o prazo para o ajuizamento da revisão criminal?

Resposta: Não há! A revisão criminal poderá ser requerida **em qualquer tempo**, antes da extinção da pena ou após, não sendo admitido a reiteração do pedido, salvo se fundado em novas provas, consoante preconiza o art. 622 do Código de Processo Penal e seu parágrafo único, *verbis*:

> Art. 622. *A revisão poderá ser requerida em qualquer tempo, antes da extinção da pena ou após.*
> *Parágrafo único. Não será admissível a reiteração do pedido, salvo se fundado em novas provas.*

Pergunta: Caso o Tribunal altere a classificação da infração penal ou modifique a pena, a nova pena poderá ser superior ao *quantum* estabelecido na pena anterior?

Resposta: Não! Caso isso ocorra, haverá a *reformatio in pejus* indireta.

Pergunta: É cabível a interposição de apelação contra a decisão proferida em sede de revisão criminal?

Resposta: Não! Por se tratar de julgamento proferido por Tribunais, será proferido um acórdão. Dessa forma, não serão cabíveis os recursos de apelação, recurso em sentido estrito, ou mesmo dos embargos infringentes e de nulidade. Não obstante, poderão ser interpostos os embargos de declaração, recurso especial ou recurso extraordinário, desde que respeitadas as suas hipóteses legais.

A jurisprudência tem entendido, ainda, ser cabível a impetração de *habeas corpus*.

6. JUSTIFICAÇÃO PRÉVIA

Trata-se de uma **medida cautelar prévia de natureza preparatória**, a qual deverá tramitar em primeira instância, nos termos dos arts. 381 a 383 do Código de Processo Civil.

A sua finalidade é produzir a prova que embasará o ajuizamento da revisão criminal, pois no procedimento da ação revisional **não há dilação probatória**, ou seja, a prova deve estar pré-constituída.

Importante destacar que a admissibilidade da **Ação de Justificação** exige 3 (três) requisitos:

A. que a instrução criminal da ação penal que se busca rever esteja concluída (vedada a instrução paralela);
B. a demonstração concreta da possibilidade de mudança na prova que se pretende produzir; e
C. a manifesta intenção em constituir prova para processo regular de revisão criminal.

ESTRUTURA DA REVISÃO CRIMINAL

ENDEREÇAMENTO:

EXCELENTÍSSIMO SENHOR DOUTOR DESEMBARGADOR PRESIDENTE DO TRIBUNAL DE JUSTIÇA DO ESTADO _____

ou

EXCELENTÍSSIMO SENHOR DOUTOR DESEMBARGADOR PRESIDENTE DO TRIBUNAL REGIONAL FEDERAL DA ____ REGIÃO (Crimes da Competência da Justiça Federal)

ou

EXCELENTÍSSIMO SENHOR DOUTOR MINISTRO PRESIDENTE DO EGRÉGIO SUPERIOR TRIBUNAL DE JUSTIÇA.

ou

EXCELENTÍSSIMO SENHOR DOUTOR MINISTRO PRESIDENTE DO EGRÉGIO SUPREMO TRIBUNAL FEDERAL.

Identificação

(Fazer parágrafo – regra dos dois dedos) Nome, nacionalidade, estado civil, profissão, portador da Cédula de Identidade número, expedida pela   inscrito no Cadastro de Pessoa Física do Ministério da Fazenda sob o número, residência e domicílio, por seu advogado abaixo assinado, conforme procuração anexa a este instrumento, vem oferecer

REVISÃO CRIMINAL

com fundamento no art. 621 (indicar inciso correspondente), do Código de Processo Penal, não se conformando com a sentença (indicar o tipo da sentença), já transitada em julgado, conforme certidão em anexo, pelas razões de fato e direito a seguir expostas.

1. **Dos Fatos**

Falar os pontos principais dos fatos que ensejam a interposição da revisão criminal.

No final dos fatos, é para, sem pular linhas, fazer um parágrafo com o seguinte teor:

"A respeitável decisão proferida merece ser rescindida pelos motivos de fato e direito a seguir aduzidos"

2. Do Direito

Fale inicialmente qual foi o equívoco cometido pelo juiz para depois mencionar o direito aplicado ao caso concreto que será o fundamento da Revisão Criminal.

3. Do Pedido

Deve-se fazer o pedido pleiteando o deferimento do pedido revisional e a reforma da decisão (indicando qual é o tipo de reforma que se quer nos termos do art. 626 do CPP – absolvição; desclassificação; diminuição da pena; anulação da sentença). Possibilidade ainda de pedido de justa indenização com fundamento no art. 630 do mesmo diploma legal.

Termos em que,

Pede deferimento.

Comarca, data
Advogado, OAB

CASO PRÁTICO

Carleto foi denunciado pela suposta prática do crime de furto, previsto no art. 155 do Código Penal. Conforme consta nos autos, no dia 22/04/2016, Carleto teria subtraído a carteira da vítima Luana dentro da academia "Viva Bem" na cidade de São Paulo/SP.

Em 15/07/2016, foi realizada a audiência de instrução e julgamento, ocasião na qual foram ouvidas a vítima e Maria, única testemunha de acusação. A vítima afirmou que havia mantido um relacionamento com o réu por 2 (dois) anos e que, no dia da prática do fato delituoso, encontrou o réu saindo do vestiário feminino da aludida academia. Em seguida, após trocar de roupa, notou que a sua bolsa estava aberta, momento em que percebeu que a sua carteira não mais estava ali. Ato contínuo, procurou de forma desesperada o segurança da academia, que, ao verificar que o réu estava indo embora, o abordou e encontrou dentro de sua mochila a carteira da vítima. Destacou, ao final, que o réu de forma espontânea permitiu que seus pertences fossem verificados pelo segurança da academia.

A testemunha de acusação confirmou estar presente na data do fato e que presenciou todo o ocorrido, ratificando as informações prestadas pela vítima. Em seu interrogatório, o réu se limitou a negar a autoria dos fatos. Encerrada a Audiência, foi dada palavra para a acusação e, após, para a defesa, para apresentação das respectivas alegações finais orais.

No dia 31/10/2016, foi proferida sentença penal condenatória fixando a pena em 2 (dois) anos de reclusão em regime aberto, substituída por pena restritiva de direito, sendo a decisão publicada no mesmo dia. Após a interposição do recurso de apelação, houve o trânsito em julgado do édito condenatória para ambas as partes.

No dia 13/06/2017, Carleto, acompanhado de Maria, testemunha de acusação ouvida em juízo, e informa que, segundo a própria testemunha, o fato nunca existiu. Na verdade, Luana, inconformada com o término do relacionamento, colocou a sua própria carteira na mochila do condenado, e pagou R$ 1.000,00 (mil reais) para que Maria confirmasse o ocorrido em seu depoimento. Em 14/11/2017, foi realizada audiência de justificação para a oitiva da referida testemunha, nos termos do art. 3º do Código de Processo Penal c/c art. 381, § 5º, do Código de Processo Civil, a qual reiterou a versão apresentada após o trânsito em julgado da sentença condenatória acerca da falsidade de suas declarações.

Com base somente nas informações de que dispõe e nas que podem ser inferidas pelo caso concreto acima, redija a peça cabível exclusiva de advogado para defender os direitos de Carleto, sustentando, para tanto, as teses jurídicas pertinentes.

GABARITO DO CASO PRÁTICO

Peça: REVISÃO CRIMINAL, com fundamento no art. 621, inciso II, do Código de Processo Penal.

Competência: EXCELENTÍSSIMO SENHOR DESEMBARGADOR PRESIDENTE DO EGRÉGIO TRIBUNAL DE JUSTIÇA DE SÃO PAULO.

Teses:

- Conforme declarações da testemunha de acusação ouvida em sede de audiência de justificação, não há materialidade delitiva, pois restou demonstrado que não houve a prática do crime de furto, razão pela qual, deve o revisionando deve ser absolvido, nos termos do art. 626 do CPP.

- Subsidiariamente, caso não entenda pela prova da inexistência do fato, há que ser aplicado o princípio do in dubio pro reo, pois não existe prova suficiente para condenação, devendo o réu ser absolvido, nos termos do art. 626 do CPP.

Pedidos:
- A absolvição do revisionando pela inexistência do fato, nos termos do art. 626 do Código de Processo Penal;
- A absolvição do revisionando pela ausência de provas suficientes sobre a materialidade do fato, nos termos do art. 626 do Código de Processo Penal;
- A fixação de indenização, conforme artigo 630 do Código de Processo Penal.

VAMOS TREINAR?

Sara e Rafael são amigos há mais de 10 (dez) anos. Durante esse período, Rafael nunca escondeu de Sara os seus verdadeiros sentimentos por ela e nem que estaria disposto a qualquer sacrifício para ter uma oportunidade de namorá-la. No entanto, esses sentimentos nunca foram correspondidos, pois ela era compromissada com Fabrício, colega de trabalho de Rafael. No ano de 2017, Sara terminou o seu noivado com Fabrício, após descobrir que ele havia mantido por anos um relacionamento simultâneo com outra mulher.

3 (três) meses após o término de seu noivado, Sara decide se vingar de Fabrício. Para tanto, ela pede que Rafael, valendo-se das facilidades de trabalhar na mesma sala que Fabrício, comunique a seu superior que a quantia de R$ 5.000,00 (cinco mil reais) desapareceu de sua carteira e, ainda, aponte seu ex-noivo como o possível autor do delito. Determinado a conquistar Sara, Rafael executa o plano exatamente como o solicitado por ela, provocando a demissão de Fabrício e a instauração de inquérito policial para apurar eventual prática do crime de furto.

Ato contínuo, e após a conclusão da investigação, o Ministério Público do Estado de Sergipe denuncia Fabrício pela prática do crime de furto qualificado por abuso de confiança (art. 155, § 4º, II, do CP). A instrução processual é realizada sem qualquer desrespeito à legislação, vindo Fabrício a ser condenado nos exatos termos da denúncia a uma pena de 3 (três) anos de reclusão em regime inicial aberto, substituída a pena privativa de liberdade por restritiva de direito. A sentença penal condenatória transitou em julgado no dia 19/02/2019.

No dia 08/03/2019, Rafael, depois de descobrir ser portador de uma grave doença e muito arrependido de ter participado da trama, procura você em seu escritório, acompanhado de Fabrício, e conta que tudo não passou de uma armação de Sara. Além disso, o informa que o condenado, mesmo sabendo ser inocente, restituiu integralmente a ele o montante supostamente furtado antes mesmo do oferecimento da denúncia, destacando que esse fato nunca foi comunicado ao magistrado ou ao delegado de polícia. Por fim, ofereceu-se para esclarecer em juízo todo o ocorrido.

Na condição de advogado de Fabrício, e sabendo-se que a audiência de justificação para a oitiva de Rafael foi realizada em 09/04/2019, nos termos do art. 3º do Código de Processo Penal c/c art. 381, § 5º, do Código de Processo Civil, redija a peça cabível apenas com as informações contidas no enunciado, excluindo a possibilidade de impetração de *Habeas Corpus*, sustentando, para tanto, as teses jurídicas pertinentes.

PADRÃO DE RESPOSTA

EXCELENTÍSSIMO SENHOR DESEMBARGADOR PRESIDENTE DO EGRÉGIO TRIBUNAL DE JUSTIÇA DO ESTADO DE SERGIPE

Fabrício, nacionalidade..., estado civil..., profissão..., portador da Cédula de Identidade número ..., expedida pela ..., inscrito no Cadastro de Pessoa Física do Ministério da Fazenda sob o número ..., residência e domicílio ..., por seu advogado abaixo assinado, conforme procuração anexa a este instrumento, vem oferecer

REVISÃO CRIMINAL

com fundamento no art. 621, inciso II (OU inciso III) do Código de Processo Penal, não se conformando com a sentença penal condenatória transitada em julgado, conforme certidão em anexo, pelas razões de fato e direito a seguir expostas.

1. Dos Fatos:

O revisionando foi condenado pela prática do crime de furto qualificado por abuso de confiança, previsto no art. 155, § 4º, inciso II, do Código Penal, a uma pena de 3 (três) anos de reclusão em regime inicial aberto, substituída a pena privativa de liberdade por restritiva de direito, cujo trânsito em julgado ocorreu em 19/02/2019.

Ocorre que, menos de 1 (um) mês após a sentença penal condenatória transitar em julgado, descobriu-se nova prova capaz de demonstrar a inexistência do fato imputado ao revisionando, razão pela qual a respeitável decisão proferida merece ser rescindida pelos motivos de fato e direito a seguir aduzidos.

3. Mérito

O revisionando foi denunciado e, posteriormente, condenado, pela prática do crime de furto qualificado por abuso de confiança, previsto no art. 155, § 4º, inciso II, do Código Penal, pois teria subtraído a quantia de R$ 5.000,00 (cinco mil reais) da carteira de Rafael, seu colega de trabalho. Como dito, em face dessa acusação, o nobre magistrado sentenciante fixou pena de 3 (três) anos de reclusão.

Como é cediço, a revisão criminal visa desconstituir o trânsito em julgado de uma sentença penal condenatória ou absolutória imprópria, única e exclusivamente, em benefício do condenado, desde que a sentença tenha sido contrária ao texto expresso da lei penal ou à evidência dos autos, ou se fundar em depoimentos, exames ou documentos comprovadamente falsos, ou ainda quando, após a sentença, se descobrirem novas provas de inocência do condenado ou de circunstância que determine ou autorize diminuição especial da pena.

E é exatamente esse o caso em tela!

Logo após o trânsito em julgado do édito condenatório, Rafael, suposta vítima do mencionado crime de furto, procurou o revisionando e o informou que a subtração da dita quantia de sua carteira nunca existiu. E mais, disse, também, que o ocorrido foi uma armação de Sara, ex-noiva do revisionando, com o intuito de prejudicá-lo.

Abre-se parêntese para esclarecer que, aproximadamente, 3 (três) meses antes do suposto crime de furto, o revisionando e Sara terminaram o seu noivado.

Ora, se a suposta vítima do crime imputado ao revisionando comunicou que o fato jamais ocorreu, inclusive, na audiência de justificação realizada em 09/04/2019, forçoso concluir pela sua absolvição, nos termos do art. 626 do CPP, bem como do art. 386, inciso I, do mesmo *Códex*.

Na remota hipótese de se entender de forma diversa, o que se cogita apenas por amor ao debate, evidencia-se causa de diminuição de pena não aplicada pelo nobre magistrado na dosimetria da pena. Isto porque, a testemunha, além de informar que o fato não existiu, disse, ainda, que o revisionando, mesmo sabendo ser inocente, restituiu integralmente a ele o montante supostamente furtado antes mesmo do oferecimento da denúncia, destacando que esse fato nunca foi comunicado ao magistrado ou ao delegado de polícia.

Tem-se, por conseguinte, aplicável à espécie a causa de diminuição de pena do arrependimento posterior!

Portanto, não se tratando de crime cometido com violência ou grave ameaça e reparado o dano antes do oferecimento da denúncia por ato voluntário do revisionando, a pena deverá ser reduzida de um a dois terços, nos exatos termos do disposto no art. 16 do Código Penal.

4. Pedidos:

Por todo o exposto, a defesa requer a absolvição do revisionando pela inexistência do fato, nos termos do arts. 626 e 386, inciso I, ambos do Código de Processo Penal ou, caso outro seja o entendimento, o que se cogita apenas por amor ao debate, seja aplicada à espécie a causa de diminuição de pena do arrependimento posterior, nos moldes do art. 16 do Código Penal.

Por fim, seja reconhecido o direito a uma justa indenização pelos prejuízos sofridos, nos moldes do art. 630 do Código de Processo Penal.

Termos em que,

Pede deferimento.

Sergipe, Data....
Advogado, OAB

GABARITO DO CASO PRÁTICO

<u>Peça</u>: REVISÃO CRIMINAL, com fundamento no art. 621, inciso II, do Código de Processo Penal.

<u>Competência</u>: EXCELENTÍSSIMO SENHOR DESEMBARGADOR PRESIDENTE DO EGRÉGIO TRIBUNAL DE JUSTIÇA DO ESTADO DE SERGIPE.

<u>Teses</u>:

- Absolvição pela Inexistência do Fato: o revisionando foi condenado pela prática do crime de furto qualificado por abuso de confiança. No entanto, a vítima do referido crime informou que o fato jamais aconteceu, sendo, na verdade, uma trama criada pela ex-noiva do revisionando. Portanto, não há que se falar de prática de qualquer delito, devendo ser ele absolvido por estar provada a inexistência do fato.
- Subsidiariamente: reconhecimento e aplicação da causa de diminuição de pena do arrependimento posterior, previsto no art. 16 do Código Penal: conforme narrado por Rafael, o revisionando restituiu integralmente a quantia supostamente furtada antes mesmo do oferecimento da denúncia, sendo, portanto, aplicável à espécie a causa de diminuição de pena do art. 16 do Código Penal

Pedidos:
- A absolvição do revisionando pela inexistência do fato, nos termos do art. 626 do Código de Processo Penal;
- A incidência da causa de diminuição de pena do arrependimento posterior;
- A fixação de indenização, conforme artigo 630 do Código de Processo Penal.

editoraletramento
editoraletramento.com.br
editoraletramento
company/grupoeditorialletramento
grupoletramento
contato@editoraletramento.com.br
editoraletramento

editoracasadodireito.com.br
casadodireitoed
casadodireito
casadodireito@editoraletramento.com.br